列车优化运行与操纵

主　编　韩长虎　刘杰民
副主编　高　军　谭南林　杜志辉
主　审　单力军　曹松荫

中国铁道出版社
2015年·北京

内 容 简 介

本书共分八章，内容包括列车优化运行(操纵)基本观点；机车牵引及动力制动特性；列车牵引、惰行、制动节能运行基本问题；列车两种宏观优化操纵方法；列车跟踪运行优化(操纵)问题；优化列车运行(操纵)环境问题；列车微观优化操纵方法；列车优化操纵示意图。

本书可作为机车乘务员学习机车优化操纵基本观点及应用技术的参考教材，也可作为优化调度、优化工电施工等教学科研的参考资料，还可作为机车优化操纵、列车优化调度计算机软件开发设计的参考资料。

本书所提供的观点、知识和方法仅作为参考。

图书在版编目(CIP)数据

列车优化运行与操纵/韩长虎，刘杰民主编. —北京：中国铁道出版社，2012.9 (2015.7 重印)
ISBN 978-7-113-15103-4

Ⅰ.①列… Ⅱ.①韩…②刘… Ⅲ.①列车-操纵 Ⅳ.①U292.9

中国版本图书馆 CIP 数据核字(2012)第 216643 号

书　　名：列车优化运行与操纵
作　　者：韩长虎　刘杰民　主编

策划编辑：王风雨
责任编辑：孙　楠　　**编辑部电话**：021-73421　　**电子信箱**：tdpress@126.com
编辑助理：侯跃文　王佳琦
封面设计：郑春鹏
责任校对：王　杰
责任印制：陆　宁

出版发行：中国铁道出版社(100054，北京市西城区右安门西街 8 号)
网　　址：http://www.tdpress.com
印　　刷：北京新魏印刷厂
版　　次：2012 年 9 月第 1 版　2015 年 7 月第 3 次印刷
开　　本：787 mm×1 092 mm　1/16　印张：11.5　字数：285 千
书　　号：ISBN 978-7-113-15103-4
定　　价：30.00 元

编 委 会

主　编：韩长虎　刘杰民

副主编：高　军　谭南林　杜志辉

编　委：王慧林　沈　泓　张　勇　苏树强

王建彪　李忠富　张天清　徐浩东

梁绍敏　郭洪忠　许振国　徐　强

魏　旭　李宇光　李玉山　陈永林

尹义伟　李　文　曲　冰　方海鹏

刘明杰　汪朋辉　陈全有　史东升

韩　飞　刘胜伟　宋宇平　王军委

侯寿疆　周　原　潘京勋　常永清

董　晖　郝建杰　王志刚　韩丙国

主　审：单力军　曹松荫

前　言

列车优化运行(操纵)理论是实践性很强的一门应用软科学,它不仅具有理论意义,更具有现实安全和经济意义。

济南铁路局对列车优化操纵理论及应用技术研究已开展多年,从最初的经济操纵、节能操纵到在国内提出优化操纵,其研究不断深入,并结合实际制定和采取了多项措施。

对该项问题的有关研究,在1999年曾引发济南铁路局以节能、降耗、提效为目的"三项攻关"活动,该活动在济南铁路局持续数年,取得巨大成功。

济南铁路局在2006年7月1日开始使用电力机车,由于机车司机操纵技术等方面的问题,HXD_3型机车牵引的重货列车运缓、坡停等问题时有发生,这些问题也亟待研究解决。

针对列车优化操纵问题,国内外研究大多数只限于节能问题的研究,并且这些研究大多停留在理论探讨上,而对于节能驾驶指导装置目前还没有进入大面积推广使用阶段。由于大多数学模型是依据给定的运行时间作为约束条件,而这一时间多为图定时间,所以数学模型只能给出在给定时间或前方信号显示状态下的驾驶指导,因此目前对于普通客车、货物列车还无法适时给出对应于实际限制条件的优化驾驶方案。

现阶段由于列车运行限制条件的复杂性等客观条件限制,货物列车在相当长时间内是离不开人工控制的。对以人工控制为主的列车优化运行(操纵)理论及应用技术进行研究是非常有必要的。

本书是铁道部科技立项课题"机车乘务员优化操纵及节能技术研究"(课题编号2010Z002-D)研究成果的一个重要组成部分。出版本书主要目的有两个,一是向机车乘务员培训机车优化操纵基本知识、观点和具体的操纵方法,纠正错误操纵习惯,提高优化操纵技术水平;二是通过本书出版,促进国内对列车优化运行(操纵)问题的研究。

本书作为机车乘务员培训教材时,对机车优化操纵基本知识方面,可只重点要求掌握有关结论;而对具体的操纵方法,应详细进行培训。

本书得以面世,得益于许多领导和同志的支持与帮助,第七章第九节内容由济南机务段提供,在此也一并表示感谢。

由于经验不足,加之我们水平所限,书中难免有不足之处,敬请读者批评指正,以便使之不断改进完善。

编者

2012年6月

目　录

第一章 列车优化运行(操纵)基本观点

一、列车优化运行(操纵)理论及应用研究的对象

列车优化运行(操纵)(即机车优化操纵以下简称优化操纵)理论及应用是研究列车在一定运行(操纵)环境条件下,使列车运行安全(平稳、减少断钩、坡停、分相区停车等)、经济(节省能源)、效率(减少运缓提高技术速度、旅行速度)相统一的一门科学。

在优化操纵方面,按操纵方法适用的层次不同可分为宏观和微观操纵方法两类(参见第七章第一节);按操纵目的或侧重点的不同优化操纵可分为经济(节能)操纵、平稳操纵、安全操纵等;按操纵环境优化度来分,可分为广义和狭义两种。

1. 列车运行(操纵)环境

列车运行(操纵)环境的定义参见第六章第一节第四部分内容。

2. 广义和狭义的优化操纵

优化操纵从广义上讲是指列车运行(操纵)环境和列车(机车)司机(以下称列车司机)操纵技术同步进行优化,使列车运行各系统得到整合,产生出最佳的安全、效率、经济成果。

优化操纵从狭义上讲,就是仅从列车司机单方面挖潜,存有局限性。

通常我们所讲的优化操纵是从狭义上讲的,主要靠列车司机自身的素质。鉴于列车运行(操纵)环境的重要性,正日益受到铁路各级领导及科研部门的关注。

3. 安全、效率、经济在优化操纵中的涵义

安全、效率、经济效益在优化操纵理论中存在一定的联系,安全是前提,效率是根本,经济效益是中心。其内涵主要如下。

所谓安全主要是指列车司机应严格按信号显示要求运行,并严格遵守各种限制速度,使列车平稳运行,遇有紧急情况,果断采取措施,防止事故发生。

所谓效率是指在安全的前提下,列车司机要尽可能提高列车运行速度,缩短运行时间,加速机车、车辆周转,提高社会效益。在列车密度高的区段,尤其要掌握好列车跟踪操纵技术,在优化运行秩序上狠下工夫,这是提高运行效率的关键。

所谓经济是指依据实际限制条件,只有当采用与之相对应的优化操纵方法时,才能使列车运行得到优化,达到相对应运行条件下的最佳节能状态。节能是明显且直接的经济效益,而效率是间接的经济效益,如旅行速度提高会加速机车、车辆周转,减少机班供应,减少空载耗能;运行秩序优化会减少制动损失。其实效率所产生的间接经济效益比直接经济效益更为广泛。

4. 列车运行限制条件

列车运行是有一定限制条件的,这种限制条件主要是列车运行某段距离时的限定时间。在不同的限定条件下,列车司机要采用与之相对应的优化操纵方法,才会产生出最佳的效益。列车运行限制条件从宏观上可分为理想和非理想条件两类。

理想条件是指列车在较长的距离范围内按列车运行图规定的运行时刻运行且不受任何波及(阻碍影响);或列车司机早已知道前方站安排停车,并且前方站进路能及时准备妥当时。

非理想条件是指列车按运行图规定的运行时刻通过某一地点必将受到柔性或刚性波及(柔性波及为弱阻碍影响、刚性波及为强阻碍影响,参见第五章第一节);或当前方站安排停车,并且进路不能及时准备妥当时。

列车运行限制条件是优化操纵理论的重要内容之一,优化操纵理论反复强调机车司机在操纵列车时必须以实际限制条件为依据,针对不同限制条件,适时采用与之对应的优化操纵方法。另外,比较任意两种操纵方法优劣与否,也是离不开列车运行限制条件的。

二、列车优化运行(操纵)理论及应用研究采用的方法

1. 列车优化运行(操纵)在节能方面寻求的是满意解

关于优化操纵在节能方面寻求解(解在此指耗能量)的问题,历来存有争议。有人可能认为不寻求最优解或寻不到最优解的操纵就不能算做优化操纵。理性分析表明,无论是人工控制,还是计算机寻求最优化方案,都很难得到真正的最优解。因此,通常优化操纵所得到的是满意解,而不是真正的最优解。

满意解不同于一般解。满意解是采用优化操纵方法才能取得的,它接近于真正的最优解。但其接近真正的最优解的程度取决于列车司机的优化操纵技术水平或计算机寻优所采集的各种约束条件(参数)的真实性或准确性。

通常在一定时间和路程限制下的操纵组合方式(包括牵引手柄位的组合,牵引、惰行、制动工况的组合)可以有很多种。因此,要寻求真正的最优解的操纵方式是相当困难的。以计算机动态寻优为例,暂且不谈它所依据的理论分析模型如何,它只能够利用此模型取得在其计算条件下的最优解。但这个最优解却不能等同于真正的最优解。这是因为在计算条件下,计算机所取用的各种参数,如运行基本阻力特性参数、机车油耗或机车总效率特性参数等都是经验数据,难以准确反映当时、当地的真实情况;加之某些区间运行时分不合理或列车运行在非理想条件下运行限制时间难以确定等,都给得到真正的最优解造成很大困难。

2. 列车优化运行(操纵)理论主要研究工具和方法

列车牵引计算理论是优化操纵理论研究的主要工具,它还要借鉴数学、力学、热力学等各种学科的研究成果。它主要是采用系统的、宏观的、逻辑的、辩证的、抓主要矛盾的、具体问题具体分析的、试验和比较的研究方法。

列车优化运行(操纵)理论及应用技术研究就是实事求是、具体问题具体分析。它反对一刀切,反对形而上学;它是辩证地、系统地、全面地去看问题。因为现实中在运输繁忙的铁路干线,非理想条件也是经常存在的。如果不区分列车运行限制条件,只是盲目地、一味地采用开放式操纵追求所谓高技速,将遭受客观规律惩罚。不仅无经济、效率可言,也无安全可言。

三、列车优化运行(操纵)理论、应用研究现状及展望

1. 列车优化运行(操纵)理论及应用研究现状

在列车节能操纵方面,国内最早出现的提法是经济操纵、节能操纵,后来也有人把经济或节能操纵称为优化操纵,应当说这种提法是不准确的。优化操纵应涵盖所有的操纵(涉及安全、节能、效率等各个方面),不应把节能操纵和优化操纵混为一谈,也不应把优化操纵简单地等同为节能或经济操纵。

在理论上,国内外对此都已有较多的理论探讨,但大多较为分散,还没有形成完整的、系统的理论体系,更没有形成这方面较为系统完整的培训教材。

在应用上，国内外不少机构或个人也已进行了较多的探索，但进行节能数学模型、节能算法的研究较多，进行节能驾驶指导装置研究的较少。目前节能驾驶指导装置还没有进入应用阶段，至少还没有大面积推广使用。因为大多数数学模型是依据给定的运行时间作为约束条件，而这一时间多为图定时间，所以数学模型只能给出在给定时间或前方信号显示状态下的驾驶指导。目前对于在普通线路上运行的旅客列车、货物列车，因为无法得到列车运行前方足够远的准确的列车运行限制信息，所以无法适时给出对应于实际限制条件的优化驾驶指导方案。因此，也就使推广应用受到了限制。

对于在客运专线或高速铁路上运行的动车组，目前已具备适时给出优化驾驶方案的客观条件，即动车组能够适时得到列车运行前方足够远距离的准确的列车运行限制信息。但是由于缺乏优化调度和优化操纵装置（系统）的研究，目前仍然不能适时给出优化驾驶方法的指导。

2. 列车优化运行（操纵）理论及应用研究展望

(1)首先应进行以人工控制为主的列车优化运行（操纵）理论及应用研究

采用优化操纵方法，不仅能节省大量的能源，减少闸瓦、车轮磨耗，减少列车冲动，提高旅行速度，优化运行秩序，提高运输效率；而且能延长机车使用寿命，减少冲突、追尾、冒进、溜逸等事故的发生。因此优化操纵理论及应用研究是一项极具有理论和应用价值的课题。

现阶段由于列车运行限制条件的复杂性等客观条件限制，尤其是货物列车和普通旅客列车在相当长时间内是离不开人工控制的；并且货物列车优化操纵在节能方面弹性空间很大，因此对以人工控制为主的优化操纵理论及应用研究是非常有必要的。

以人工控制为主的优化操纵理论及应用研究取得的成果，主要可产生以下几方面影响。

一是可据此成果编制较为系统的优化操纵培训教材，作为机车司机培训的必学教材，不断提高机车司机优化操纵技术水平。

二是促进列车运行（操纵）环境的优化，带动列车优化调度、站场、线路、信号、运行径路优化设计等相关课题的研究发展。

三是为优化调度、优化操纵装置（包括软件、硬件组成的系统）研究积累经验。

(2)列车优化运行（操纵）理论及应用研究应和列车运行（操纵）环境结合起来

因操纵环境对优化操纵有巨大反作用，如果外部制约条件即操纵环境不进行优化，在节能和效率方面仅凭列车司机单方面采用优化操纵，潜力将很有限。因此，优化操纵理论及应用研究应和操纵环境结合起来，以便及时使机车操纵的外部制约条件得到优化。

(3)优化调度、优化操纵装置（系统）应结合起来进行研究

要利用计算机参与列车优化操纵指导或具体控制，应进行以下几方面研究。

①应进行列车运行限制条件的深入研究

包括前方足够远距离内各信号机显示状态；距前行列车距离和前行列车运行速度；各种限制速度；调度指令数据（调度指令应数据化，包括前方站是安排正线还是侧线通过或跟踪通过，是正线还是侧线停车，前方站安排停车时的到达时限等）。

②应进行列车运行限制条件相关数据传输的研究

前方足够远距离是指能使列车有用动能得到充分利用的距离，在此距离内的运行经路上的地面各信号机显示状态应通过有关装置传输到车载计算机上；前行列车位置和运行速度的检测和数据传输（可利用卫星技术）；各种限制速度可参照 LKJ 或 ATP 方式取得；调度指令数据可参照 GSMR 的方式取得。

③应进行优化操纵数学模型的研究

参照优化操纵理论有关成果建立数学模型，在节能方面应以尽量避免不必要的制动损失为侧重点。

此数学模型必须以安全为前提，应遵循导向安全原则。其目的是得出在列车运行各种限制条件下的优化方案，在确保安全和保证效率的情况下，以便取得在这些限制条件下的最优节能效果。

车载计算机根据机型、列车编组、运行线路、图定时间及列车运行限制条件的各种参数，利用分析模型适时进行比对计算形成优化操纵指导方案或实施自动驾驶。

④优化调度、优化操纵装置（系统）应结合起来进行研究

列车优化运行离不开优化调度和优化操纵，只研制优化操纵装置，因得到的列车运行限制条件数据少、范围窄，推广价值不大，只有将优化调度、优化操纵装置（系统）结合起来进行研究，才具有巨大经济价值和推广应用价值。

优化操纵装置（系统）的研究可在 LKJ 或 ATP 功能的基础上进行功能扩展，显示屏应共用。优化调度装置（系统）的研究可在 CTCS、GSMR 功能的基础上进行功能扩展，并且这两个系统应有机联系起来。

在优化操纵装置（系统）的研究方面，可先进行优化操纵指导装置研究，在 LKJ 或 ATP 显示屏安全速度限制线下形成优化操纵指导速度线或有关指导提示。条件成熟后，再进行优化操纵自动驾驶装置的研究。

第二章　机车牵引及动力制动特性

第一节　机车牵引特性

一、机车牵引力的定义

机车牵引力是由动力传动装置产生的，与列车运行方向相同，使列车运行并可由司机根据需要调节的外力。

动力装置产生的机械能（热力牵引）或直接由接触网获得的电能（电力牵引），通过传动装置产生使动轮回转的扭矩，在动轮轮周上形成切线力，依靠轮轨间的黏着产生由钢轨作用于动轮轮周上的反作用力，从而使列车发生平移运动。这种由钢轨作用于动轮轮周上的切向反力，即为机车牵引力。

对于动车组、城市轨道列车和地铁列车而言，动力集中配置的，可称为动车牵引力；动力分散配置的，称为列车牵引力更为合适。

二、机车牵引力的几个概念

1. 按能量传递顺序对机车牵引力的分类

(1)指示牵引力 F_i

假定原动机（内燃牵引时就是柴油机）所做的指示功毫无损失地传到动轮上所得到的机车牵引力。指示牵引力是个假想的概念。

(2)轮周牵引力 F

实际作用在轮周上的机车牵引力，$F<F_i$。

(3)车钩牵引力 F_g

除去机车阻力的消耗，实际作用在机车车钩上的牵引力。

在列车作等速运行时，车钩牵引力与轮周牵引力关系如式(2-1)所示。

$$F_g=F-W' \tag{2-1}$$

式中　W'——机车阻力。

我国《列车牵引计算规程》（以下简称《牵规》）规定，机车牵引力以轮周牵引力为计算标准，即以轮周牵引力来衡量和表示机车牵引力的大小。

由于动轮直径的变化会影响轮周牵引力的大小，《牵规》规定，机车牵引力按轮箍半磨耗状态计算。机车轮箍半磨耗状态的动轮直径叫做计算动轮直径。我国常速电力机车的计算动轮直径是 1 200 mm；常速内燃机车的计算动轮直径是 1 013 mm；动力分散式动车组的动轮直径与客车轮径相同，计算动轮直径是 880 mm。

2. 按能量转换过程的限制关系，对机车牵引力的分类

(1)电力机车

①牵引电动机牵引力：受牵引电动机功率限制的轮周牵引力。

②黏着牵引力：受轮轨间黏着能力限制的轮周牵引力。

(2)热力机车

①原动机牵引力：受原动机功率限制的轮周牵引力，内燃机车为受柴油机功率限制的轮周牵引力。

②传动装置牵引力：受传动装置能力限制的轮周牵引力。

③黏着牵引力：受轮轨间黏着能力限制的轮周牵引力。

实际条件下，能够实现的机车牵引力，是上述这些牵引力中的最小者。

三、机车黏着牵引力

1. 黏着牵引力

轮周上的切线力大于轮轨间的黏着力时动轮就要发生空转。在不发生空转的前提条件下，所能实现的最大轮周牵引力称为黏着牵引力，如图 2-1 所示。其计算公式为：

$$F_{\mu}=P_{\mu}\cdot g\cdot \mu_{j} \tag{2-2}$$

式中 F_{μ}——计算黏着牵引力，kN；

P_{μ}——机车黏着质量，t；

μ_{j}——计算黏着系数；

g——重力加速度，$g\approx 9.81\ \mathrm{m/s^2}$。

也即黏着牵引力的大小与机车计算黏着质量成正比，与计算黏着系数成正比。

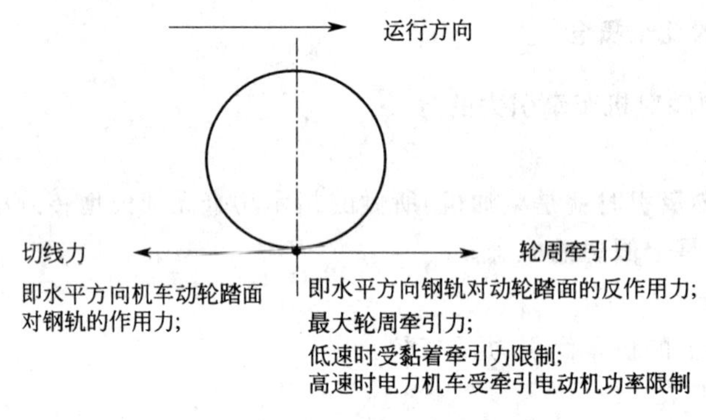

图 2-1 切线力、轮周牵引力示意图

2. 计算黏着系数

计算黏着系数小于理论黏着系数（轮轨间的最大静摩擦系数），它包含了机车轴重和牵引力的分配不均、运行中轴重增减载、牵引力的波动、轮轨间的滑动（纵向和横向的）等不利因素的影响，并且主要与轮轨表面清洁状况和机车运行速度有关。

黏着条件不好时可以用撒砂来改善。采用交流传动及改进机车走行部结构可以提高黏着系数。采用径向转向架可以提高曲线上的黏着系数。采用防空转装置可以提高黏着系数利用程度。

计算黏着系数的影响因素复杂，只能用专门试验得出的试验公式表达。试验公式表示在正常黏着条件下计算黏着系数和机车运行速度的关系。

我国《牵规》规定的计算黏着系数公式如下：

(1)电力机车

国产各型电力机车 $$\mu_{j}=0.24+12/(100+8v) \tag{2-3}$$

6K 型电力机车　　　　$\mu_j=0.189+8.86/(44+v)$　　(2-4)

8G 型电力机车　　　　$\mu_j=0.28+[4/(50+6v)]-0.0006v$　　(2-5)

HXD_3 型交流传动货运机车培训教材推荐的交流传动电力机车的黏着系数公式为：

$$\mu_j=0.31+3/(30+10v) \tag{2-6}$$

式中　v——运行速度，km/h。

机车在曲线上运行时，黏着系数比直线上有所降低，尤其在小半径曲线上更为明显。三轴转向架电力机车在曲线半径 R 小于 600 m 的线路上运行时，曲线上的计算黏着系数 μ_r 按式(2-7)计算

$$\mu_r=\mu_j(0.67+0.00055R) \tag{2-7}$$

(2)内燃机车

国产各型电传动内燃机车　　$\mu_j=0.248+5.9/(75+20v)$　　(2-8)

ND_5 型内燃机车　　　　$\mu_j=0.242+72/(800+11v)$　　(2-9)

内燃机车在曲线半径 R 小于 550 m 的线路上运行时，曲线上的计算黏着系数 μ_r 按式(2-10)计算

$$\mu_r=\mu_j(0.805+0.000355R) \tag{2-10}$$

从表 2-1 中可见，随着运行速度的提高，各种机车的计算黏着系数都有所下降。不同类型机车的区别，主要是因它们的走行部结构不同。直流传动机车随着运行速度提高黏着系数降幅较大，交流传动机车降幅较小。交流传动比直流传动机车的黏着系数要大些，在 40 km/h 以下国产电力机车比交流传动电力机车黏着系数平均低 12.1%。直流传动的电力机车 6K 型计算黏着系数最高，与它所采用的 $B_0—B_0—B_0$ 转向架和低位牵引拉杆等结构有关。运行速度在 40 km/h 以下时，6K 型的计算黏着系数比国产电力机车高 10%以上。不同类型机车的区别，主要是因它们的走行部结构不同。

表 2-1　各种机车不同运行速度下的计算黏着系数

速度(km/h)	0	10	20	30	40	50	60
国产各型电力机车	0.360	0.307	0.286	0.275	0.269	0.264	0.261
6K 型电力机车	0.390	0.353	0.327	0.309	0.294	0.283	0.274
8G 型电力机车	0.360	0.310	0.292	0.279	0.270	0.261	0.254
交流传动电力机车	0.410	0.333	0.323	0.319	0.317	0.316	0.315
国产电传动内燃机车	0.327	0.269	0.260	0.257	0.255	0.253	0.253
ND_5 型内燃机车	0.332	0.321	0.313	0.306	0.300	0.295	0.291

我国尚缺交流传动机车计算黏着系数的正规资料。对于 HXD_3 型电力机车的计算黏着系数建议采用 HXD_3 型交流传动货运机车培训教材推荐的交流传动电力机车的黏着系数公式进行计算。

3. 黏着牵引力曲线

将表 2-1 中的计算黏着系数和机车黏着质量带入式(2-2)，即可得出各型机车的计算黏着牵引力。根据各型机车不同速度下的黏着牵引力，可以在坐标图中绘出黏着牵引力与速度的关系曲线，称为黏着牵引力曲线，如机车牵引特性曲线图中带阴影的曲线。由于客运机车的黏着牵引力一般要比传动装置牵引力大许多，机车牵引力不受黏着牵引力的限制，所以客运机车的牵引特性曲线图上通常不把黏着牵引力曲线画出来。

四、电力机车牵引特性

1. 电力机车牵引电机牵引力

(1)牵引电机的电流特性

牵引电机的电流特性，是指在一定的电压下牵引电机电流 I_d 与运行速度 v 的关系。

①采用恒压控制

采用恒压控制的电力机车，其牵引电机电流 I_d 与运行速度 v 的关系可以由牵引电机电压平衡方程式和机车速度与牵引电机转速的关系导出。

$$I_d=\frac{U_d-Cv\Phi}{R_d} \tag{2-11}$$

式中 I_d——牵引电机电流，A；

U_d——牵引电机端电压，V；

C——机车常数；

v——运行速度，km/h；

Φ——牵引电机主磁通，Wb；

R_d——牵引电机电枢绕组电阻，Ω。

式(2-11)说明，当机车和牵引电机的某些结构参数一定时，牵引电机的电流由牵引电机的端电压和机车速度决定。牵引电机的端电压由手柄级位决定，当手柄级位一定，机车速度提高时，牵引电机电流减少。

②采用恒力(流)准恒速控制

机车的牵引、制动控制采用恒牵引力(制动力)、准恒速特性控制方式。我们称具有这种牵引特性的机车为“恒力准恒速机车”(也称恒流准恒速机车)。

采用恒流准恒速控制的电力机车，其牵引电机电流 I_d 随运行速度 v 和手柄级位数 n 变化，由微机实行特性函数控制。如 SS_4 改、SS_{4B} 型电力机车特性控制函数为：

$$I_d=\left\{\begin{array}{ll}150n & ①\\ 6\times(100n-9v) & ②\\ 1\,096 & ③\end{array}\right\}\text{取最小值} \tag{2-12}$$

(2)机车牵引力特性

机车牵引力特性，是指机车牵引力 F 与牵引电机电流 I_d 的关系。

机车牵引力 F 与牵引电机电流 I_d 的关系，可以由电机的电磁转矩公式和牵引力转矩的关系导出。

$$F=\frac{2}{D}mC_m\Phi I_d\eta_d\eta_c\times10^{-3}\quad(\text{kN}) \tag{2-13}$$

式中 D——动轮直径，m；

m——牵引电机个数；

C_m——电机的转矩常数(仅与电机结构有关)；

Φ——每极磁通量，Wb；

I_d——电枢电流，A；

η_d——牵引电机效率；

η_c——齿轮传动效率。

由式(2-13)可见，机车牵引力 F 和牵引电机电流 I_d 以及磁通量 Φ 成正比。

(3)机车牵引特性

机车牵引特性是指机车轮周牵引力 F 与运行速度 v 之间的关系 $F=f(v)$。由于牵引力与牵引电机电流成正比，所以机车牵引力 F 与运行速度 v 之间的关系线 $F=f(v)$ 的形状和牵引电机电流 I_d 与运行速度 v 的关系线 $I_d=f(v)$ 的形状极为相似。

2. 电力机车牵引特性曲线

电力机车牵引电机牵引力由专门试验得出。未经试验的新造机车，可参考由生产厂家提供的通过理论计算得出的预期特性曲线。预期特性曲线一般和试验曲线相当接近。

将牵引电机牵引力和黏着牵引力与速度的关系绘在一张图上，构成电力机车牵引特性曲线，如图 2-2 所示。

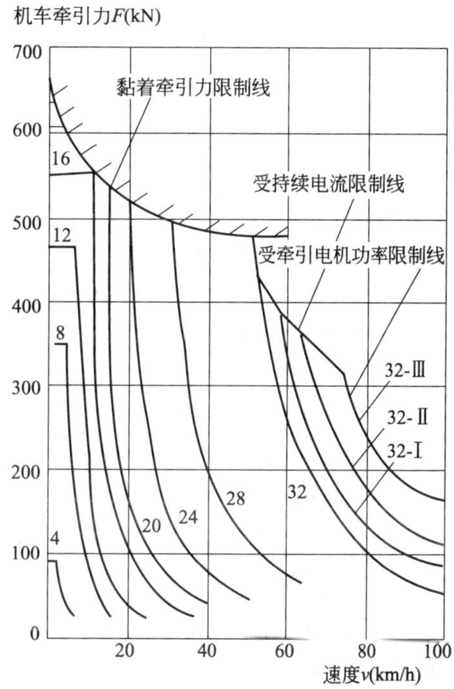

图 2-2 SS_4 型电力机车牵引特性曲线

牵引特性曲线图中带阴影的是黏着牵引力曲线，另有若干条标明级位的是牵引电机牵引力曲线。在采用有级磁场削弱的 SS_4 型电力机车牵引特性曲线图上(图 2-2)，满级位的牵引力曲线右上方有三条(Ⅰ级、Ⅱ级、Ⅲ级)磁场削弱工况下的牵引力曲线。采用无级磁场削弱的机型，其牵引特性曲线图上最外方的曲线是最深磁场削弱工况。连接最高级位满磁场和Ⅲ级(或最深)磁场削弱牵引力曲线上方的一段曲线表示受牵引电机持续电流限制的牵引力。

采用恒力(流)准恒速控制方式的机车，牵引特性曲线图上所标的级位是名义级位。实际上级位是连续(无级)的。另外，采用这种控制方式的货运机车，其牵引特性曲线图上往往缺少黏着牵引力曲线，图 2-3～图 2-5 上"外包线"低速段的直线，就是按照黏着限制设定的控制函数所决定的牵引力，这一段直线大体上代表黏着限制。

恒力(流)准恒速机车牵引特性有一个值得注意的特点，即在某一名义级位下，低速段是一段水平线，即牵引力为常数，然后转为沿斜线下降，到一定速度，机车牵引力会降为 0。牵引力开始下降和降为 0 的速度与名义级位之间都有一定关系。这种关系是由该型机车的特性控制函数决定的。

SS_9 型电力机车牵引特性控制函数为：

$$I_d=\begin{cases}110n & ① \\ 88\times(10n-v) & ② \\ 1\ 305 & ③\end{cases} \quad 取最小值 \tag{2-14}$$

8K 型电力机车牵引特性控制函数为：

$$I_d=\begin{cases}200n & ① \\ 88\times(10n-v) & ② \\ 1\ 670 & ③\end{cases} \quad 取最小值 \tag{2-15}$$

HXD3 型(23 t 轴重)电力机车牵引特性控制函数为：

$$F=\begin{cases}80n & ①\\ 640n-64v & ②\\ \begin{cases}520 & (v<10\ \text{km/h})\\ 544.8-2.48v & (10\ \text{km/h}\leqslant v<70\ \text{km/h})\\ 25\,970/v & (v\geqslant 70\ \text{km/h})\end{cases} & ③\end{cases}\ \text{取最小值} \tag{2-16}$$

式②计算结果为负数时，视为 0。

HXD3 型(25 t 轴重)电力机车牵引特性控制函数为：

$$F=\begin{cases}80n & ①\\ 640n-64v & ②\\ \begin{cases}570 & (v<10\ \text{km/h})\\ 600.9-3.09v & (10\ \text{km/h}\leqslant v<65\ \text{km/h})\\ 26\,000/v & (v\geqslant 65\ \text{km/h})\end{cases} & ③\end{cases}\ \text{取最小值} \tag{2-17}$$

式②计算结果为负数时，视为 0。

式中 I_d——牵引电机电枢电流，A；

F——机车牵引力，kN；

n——级位；

v——机车速度，km/h。

式(2-14)～式(2-17)表示牵引电机电流(HXD3 型电力机车为牵引力)与级位和运行速度的关系。当级位和速度一定时取三者中的最小值。其中式③决定牵引电机电流(HXD3 型电力机车为牵引力)的最大值，式①决定水平段的电流值(HXD3 型电力机车为牵引力值)，式②决定斜线段的速度范围。

牵引特性曲线图上牵引力水平线与斜线的交点速度与级位的关系可以由式①和式②相等的条件求得，如 HXD3 型电力机车：

$$80n=640n-64v$$

$$v=8.75n$$

即当速度值等于级位数的 8.75 时出现水平线与斜线的交点，如主手柄 4 级时的交点速度是 35 km/h。

用同样方法可解出其他型机车牵引特性曲线图上牵引力水平线与斜线的交点速度和级位的关系为：

$SS_{4改}$、SS_{4B} 型电力机车　　$v=8.33n$

SS_9 型电力机车　　$v=8.75n$

8K 型电力机车　　$v=7.5n$

部分高级位的牵引力水平线和斜线的交点在图上没有显示出来，是因为超出了牵引力的“外包线”。

牵引特性曲线图上牵引力降为 0 的速度与级位的关系可由式(2-14)～式(2-17)中的式②等于 0 的条件导出，如 HXD3 型电力机车：

$$640n-64v=0$$

$$v=10n$$

HXD3 型电力机车牵引特性曲线图上所标名义级位数字乘以 10，就是该级位牵引力降为

0 的速度。在平道或上坡道上运行，要想达到某一速度，机车主手柄必须放在比这个速度除以 10 高一些的位置。

SS_4改、SS_{4B}型电力机车　　　　$100n-9v=0$

$$v=100n/9$$

SS_4改、SS_{4B}型电力机车牵引特性曲线图上所标名义级位数字乘以 100/9，就是该级位牵引力降为 0 的速度。比如，当级位为 9 级，速度 100 km/h 时牵引力为 0。SS_4改、SS_{4B}型电力机车在平道上牵引运行时，根据牵引质量情况，级位乘以 10 的速度是有可能达到的。

掌握恒力准恒速机车的这些特点，对机车操纵将大有益处。

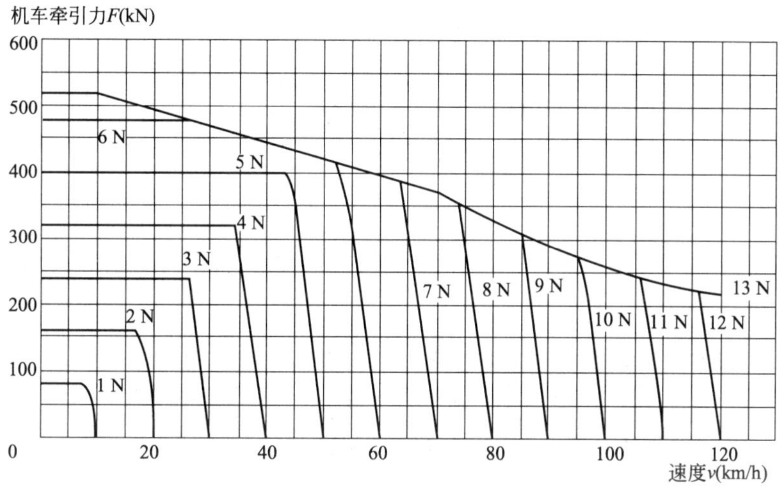

图 2-3　HXD_3 型(23 t 轴重)电力机车牵引特性曲线

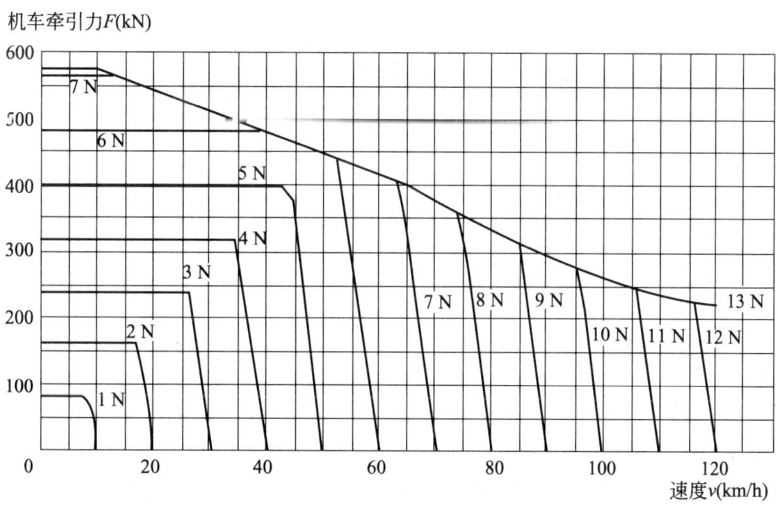

图 2-4　HXD_3 型(25 t 轴重)电力机车牵引特性曲线

如图 2-6 所示，HXD_{2B} 型电力机车在牵引工况时，机车最大(外包)牵引力在 0～76 km/h 速度范围按线性关系从 584 kN 下降到 455 kN，此时机车进入恒功区，然后以额定功率运行到 120 km/h。机车额定牵引功率为 9 600 kW。

在制动工况时，机车的最大(外包)制动力在 0～5 km/h 速度范围内，从 0 线性上升到 400 kN，在 5～86.4 km/h 速度范围内，机车保持最大制动力 400 kN，在 86.4～120 km/h 速度范

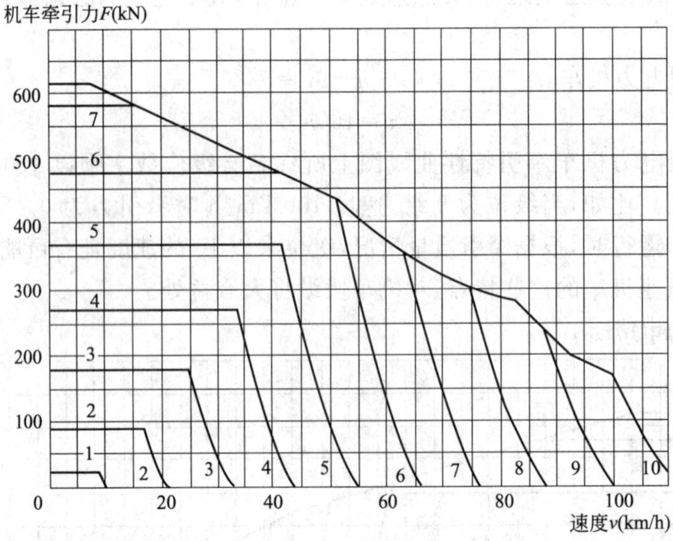

图 2-5 SS_4改型电力机车牵引特性曲线

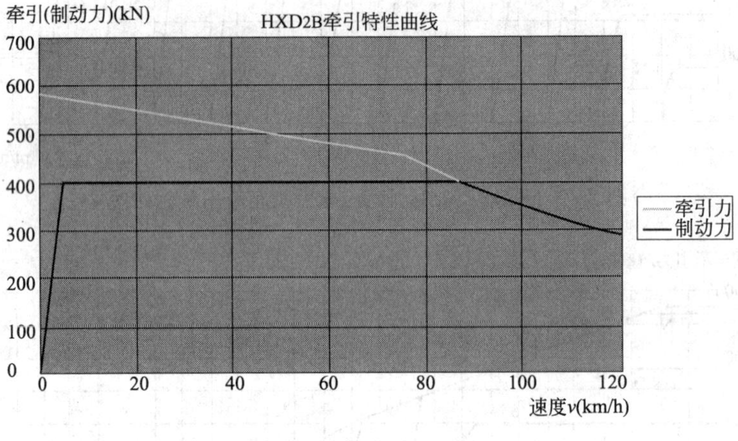

图 2-6 HXD2B 型电力机车牵引(制动)特性曲线

围内,机车以额定功率进行制动。机车额定再生制动功率为 9 600 kW。

五、内燃机车牵引特性

1. 内燃机车柴油机牵引力

内燃机车受柴油机功率限制的轮周牵引力,可根据柴油机每分钟所做的功,扣除机械摩擦损失、传动损失和辅助装置消耗之后,与轮周牵引力每分钟所做的功相等求出。

$$F=MP_i i_c \eta_m \eta_c \tag{2-18}$$

式中 F——受柴油机功率限制的轮周牵引力,kN;

M——内燃机车牵引力模数;

P_i——气缸中燃气的平均指示压力,kPa;

i_c——机车传动比;

η_m——柴油机的机械效率,考虑了柴油机的机械摩擦损失及柴油机辅助装置(如油泵、

水泵及传动齿轮等)消耗,一般取 $\eta_m=0.8\sim0.9$;

η_c——传动装置的传动效率,电传动内燃机车 $\eta_c=0.8\sim0.86$。

由式(2-18)可见,决定柴油机牵引力大小的主要因素是牵引力模数 M、传动比 i_c、平均指示压力 P_i以及有关效率。柴油机转速越高,每工作循环进油量越大,平均指示压力越大,牵引力越大;机车速度越高,牵引力越小。

2. 内燃机车电传动装置牵引力

电传动装置牵引力根据轮周牵引力的功率与主发电机传至动轮周的功率相等求出。

直流发电机轮周牵引力表达式为:$F=0.036(U_f I_f/v)\eta_d \eta_c'$ (2-19)

交流发电机轮周牵引力表达式为:$F=0.036(\sqrt{3}U_f I_f/v)\eta_{zl}\eta_d \eta_c'$ (2-20)

若以牵引电动机的参数表示:$F=0.036m(U_d I_d/v)\eta_d \eta_c'$ (2-21)

式中 U_f——主发电机端电压,V;

I_f——主发电机电流,A;

η_d——牵引电动机效率;

η_c'——齿轮传动效率;

η_{zl}——整流柜效率;

U_d——牵引电动机端电压,V;

I_d——牵引电动机电流,A;

m——牵引电动机个数。

在实际运行中,为保持柴油机恒功率工作,机车的功率调节系统使电传动装置的功率(即端电压与电流的乘积)在尽可能大的速度范围内为一常数,所以轮周牵引力与速度成反比。

3. 内燃机车牵引特性曲线

内燃机车牵引特性指轮周牵引力与速度的关系,由专门试验得出。未经试验的新造机车,也可用预期特性曲线作为参考。

在机车设计时,充分考虑到柴油机牵引力和传动装置牵引力的相互匹配,运行中由一系列的调控装置使其很好配合,所以实际上两者并不(也很难)严格区分。通常以不同手柄位或柴油机转速(r/min)区分为若干条曲线,加上计算黏着牵引力曲线便组成内燃机车牵引特性曲线。

DF_{4C}型(货)和 DF_{11} 型内燃机车牵引特性曲线图(特性曲线是通过试验得到的,并由《牵规》公布)如图 2-7、图 2-8 所示。DF_{8B}型内燃机车牵引特性曲线(预期特性)如图 2-9 所示。

六、机车牵引力的几个计算标准

1. 持续电流、持续速度、持续牵引力

持续电流:电力机车和电传动内燃机车的牵引电机都有规定的持续电流。持续电流是牵引电机在型式试验中以额定电压连续长时间工作时,电机绕组因能量损耗而产生的热量与其散热量平衡,绕组发热温度不超过最高允许温度的最大负荷电流。

持续速度:对一定型式的牵引电机,其持续电流对应于一定的电机转速,这个转速叫持续转速。结合既定的齿轮传动比和机车计算动轮直径,就有一个实现持续电流的速度,称为机车的持续速度。这个速度一般比最高级位(最高柴油机转速)的牵引力曲线与黏着牵引力曲线的交点速度略高,即在这个速度上,机车牵引力一般不会受到黏着能力的限制。

例如,SS_4 型机车为 51.5 km/h、HXD_3 型机车 25 t 轴重为 65 km/h(23 t 轴重为 70 km/h)、

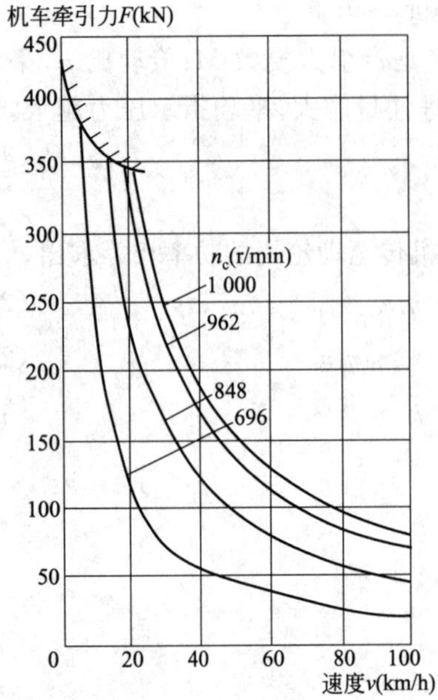

图 2-7　DF_{4C}型(货)内燃机车牵引特性曲线

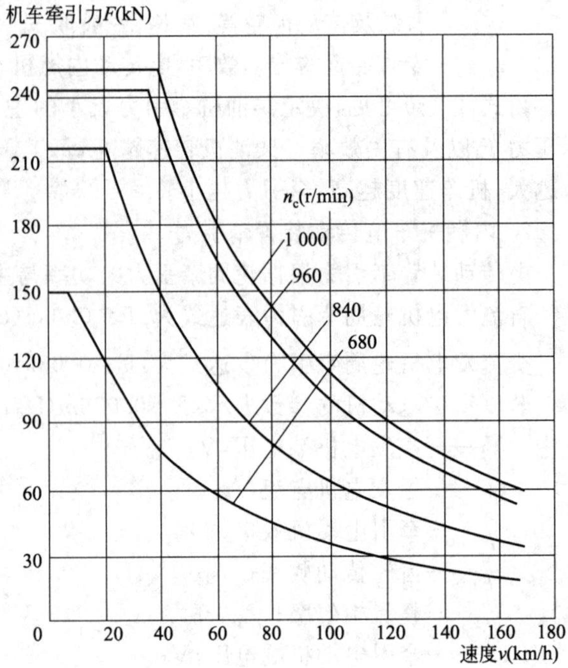

图 2-8　DF_{11}型内燃机车牵引特性曲线

ND_5型机车为 22.2 km/h。

持续牵引力:持续速度下满级位(最高柴油机转速)的轮周牵引力称为机车的持续牵引力。

2. 计算速度和计算牵引力

计算速度 v_j:是计算牵引质量所依据的速度。

计算牵引力 F_j:计算速度下满级位(最高柴油机转速)的牵引力。

做过型式试验的电力及内燃机车的最低计算速度 v_{jmin} 及最大计算牵引力 F_{jmax} 由《牵规》规定,没有做过型式试验的机车可采用生产厂家提供的数据见表 2-2。《牵规》规定的最低计算速度 v_{jmin} 和最大计算牵引力 F_{jmax} 分别是各型机车的持续速度和持续牵引力。

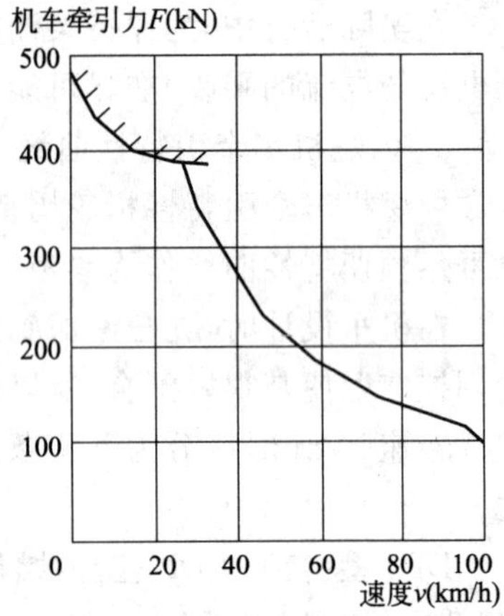

图 2-9　DF_{8B}型内燃机车牵引特性曲线(预期特性)

把持续速度作为最低计算速度,持续牵引力作为最大牵引力有两点好处。

第一,最低计算速度不低于持续速度,可以保证据此计算出的牵引质量在实际运行中不会出现牵引电机过热问题,免去了牵引电机的发热校验。

第二,所以称为最低计算速度、最大计算牵引力,就意味着计算速度可以向上浮动,以便在较平坦的线路上根据运输需要,可以用高于最低计算速度的速度作为计算速度确定牵引质量。

3. 计算起动牵引力

计算起动牵引力 F_q,是计算起动牵引质量所用的牵引力。《牵规》规定的机车计算起动牵引力是根据限制条件或经过专门试验确定的。货运机车的计算起动牵引力一般受黏着条件的限制,客运机车的计算起动牵引力一般受起动电流的限制(也有极个别的例外)。

表 2-2　几种机车牵引计算主要数据

机型	机车计算质量 P (t)	最低计算速度 v_{jmin} km/h	最大计算牵引力 F_{jmax} kN	计算起动牵引力 F_q kN	最大运用速度 v_{max} km/h	机车全长 l_j (m)	起动牵引力限制条件
SS_4	2×92	51.5	431.6	649.8	100	32.8	黏着
＊SS_4改	2×92	51.5	436.5	628.0	100	32.8	黏着
SS_7	138	48	351.0	487.3	100	22.0	黏着
＊SS_9	126	99	169.0	286.0	160	22.2	起动电流
6K	138	48	360.0	512.8	100	22.2	黏着
＊8K	2×92	48	471.0	654.2	100	36.2	黏着
DF_{4B}(客)	138	29	235.2	325.3	120	21.1	起动电流
DF_{4C}(货)	138	24.5	301.5	442.2	100	21.1	黏着
＊DF_{4C}(客)(A1A)	126	70	106.0	167.0	160	21.1	起动电流
＊DF_{8B}	138/150	31.2	340.0	480.0	100	22.0	黏着
DF_{11}	138	65.6 (58.2)	160.0 (181.5)	253.0 (277)	170 (159.3)	21.3	起动电流
ND_5	135	22.2	360.0	439.7	118	19.9	黏着

注：①表中机型前带＊号的数据取自《牵规》以外的资料。

②计算重量又称整备重量，对所有轮对都装有牵引电机的机车，其计算重量也就是计算黏着重量。当机车部分轮对不装牵引电机[如 DF_{4C}(客)的轴式为 $A_1A—A_1A$，即 2、5 轴没有牵引电机]时，其计算黏着重量按装有电机的轴重计算，小于计算重量。

③DF_{11}型机车括号内的数据系用于兰新线高坡地区，将牵引齿轮传动比由原来的 76/29 改为 65/22 后的数据。

七、机车功率特性

1. 关于机车功率的概念

机车功率是机车作功能力的度量。机车功率有以下几个概念。

(1)机车轮周功率 N

机车轮周功率 N 是指机车轮周上发挥的功率，对应轮周牵引力而言。

(2)机车标称功率 N_b

电力机车的牵引电动机输出功率通常就是标称功率，对于一对牵引齿轮，$N\approx(0.97\sim0.98)N_b$。

(3)柴油机装车功率 N_c

柴油机装车功率 N_c亦称柴油机最高运用功率，由机车生产厂家标定。

内燃机车的标称功率不用牵引电机的功率表示，其标称功率约为 $N_b\approx(0.80\sim0.84)N_c$，内燃机车与电力机车进行功率比较时，应当用机车标称功率。部分电力机车标称功率见表 2-3，内燃机车的柴油机装车功率和机车标称功率见表 2-4。

表 2-3　部分电力机车的标称功率 N_b(牵引电机输出功率，kW)

机型	SS_3	SS_{7D} SS_{7E}	SS_{7C}	SS_6、SS_7、SS_{7B}、6K、DJ、DJJ_1、SS_9、奥星、天梭	SS_4、SS_{4B}、SS_{4C}、8G、DJ_1、8K	HXD_3
机车标称功率 N_b	4 320	4 600	4 680	4 800	6 400	7 200

表 2-4　内燃机车柴油机装车功率 N_c 和机车标称功率 N_b（kW）

机型	DF_4	DF_{4B}	DF_{4C}	DF_{4D}、DF_{4D}（发）、DF_{4D}（交）、DF_8、DF_{10}（发）	DF_7	DF_8	DF_{8B}	DF_{8B}（交）	DF_9 DF_{11}
N_c	2 430	2 430	2 650	2 940	1 470	3 310	3 680	4 000	3 610
N_b	1 920	1 990	2 165	2 425	1 180	2 720	3 100	3 380	3 040

2. 机车轮周功率

机车轮周功率按下式计算

$$N=\frac{Fv}{3.6}\quad(\mathrm{kW})\tag{2-22}$$

式中　F——机车轮周牵引力，kN；

　　　v——机车运行速度，km/h。

根据机车牵引特性曲线所表示的轮周牵引力与运行速度的关系，很容易通过式(2-22)计算某型机车在各速度下的轮周功率。见表 2-5、表 2-6。

表 2-5　几种货运电力机车的轮周功率计算表

SS_4	v	10	30	40	50	51.5	57	63.6	73.2	80	90	100
	F	554.0	497.0	484.8	476.5	431.6	394.8	353.8	307.8	242.5	186.5	159.9
	N	1 539	4 142	5 387	6 618	6 174	6 251	6 250	6 259	5 389	4 663	4 442
6K	v	10	31.5	40	48	60	65	70	75	80	90	100
	F	478.2	415.0	385.0	360.0	282.0	260.8	242.1	226.0	195.0	148.0	124.5
	N	1 328	3 631	4 278	4 800	4 700	4 709	4 708	4 708	4 333	3 700	3 458
HXD_3（轴重 25 t）	v	10	30	40	50	60	65	70	80	90	100	110
	F	570	508.2	477.3	446.4	415.5	400	371.4	325	288.9	260	236.4
	N	1 583	4 235	5 303.3	6 200	6 925	7 222	7 222	7 222	7 222	7 222	7 222

表 2-6　几种货运内燃机车的轮周功率计算表

DF_{4C}	v	10	20	21.5	30	40	50	60	70	80	90	100
	F	364.8	352.6	351.6	250.0	189.0	153.0	128.0	109.0	95.5	84.2	74.9
	N	1 013	1 959	2 100	2 083	2 100	2 125	2 133	2 119	2 122	2 105	2 081
DF_8	v	10	20	27.6	30	40	50	60	70	80	90	100
	F	364.8	352.6	348.5	317.9	243.2	194.3	163.0	141.9	125.0	106.5	81.7
	N	1 013	1 959	2 672	2 649	2 702	2 699	2 717	2 759	2 778	2 663	2 269
ND_5	v	10	19.5	20	30	40	50	60	70	80	90	100
	F	425.1	414.0	402.0	278.6	216.5	174.7	147.1	127.0	111.7	98.5	86.9
	N	1 181	2 243	2 233	2 322	2 406	2 426	2 452	2 469	2 482	2 463	2 414

根据表 2-5 和表 2-6 中轮周功率和速度的关系可以绘出机车功率特性曲线，分别如图 2-10 和图 2-11 所示。因为表 2-5 和表 2-6 中的机车轮周牵引力是按"外包线"取值的，所以表 2-5 和表 2-6 中与图 2-10 和图 2-11 的轮周功率也是机车最大轮周功率。

机车功率特性曲线能直观、形象地表示出轮周功率的大小和变化规律，以便对机车功率性

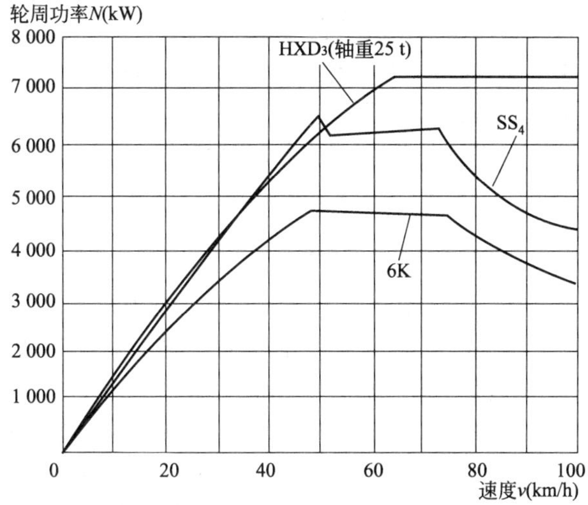

图 2-10　几种电力机车功率特性曲线

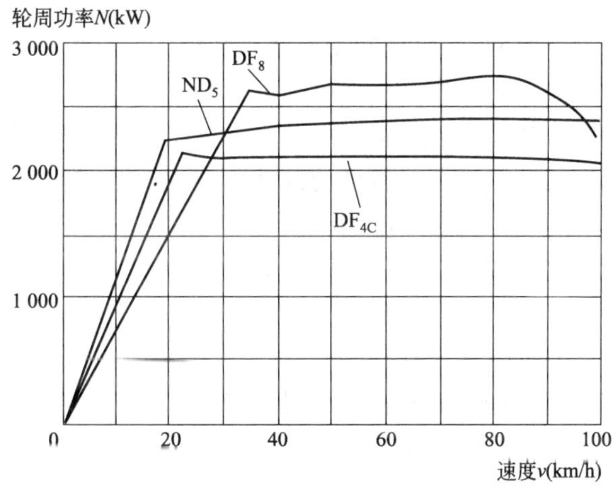

图 2-11　几种内燃机车功率特性曲线

能做出比较和评价。

机车功率特性曲线开始的一段随速度上升。在这一阶段，货运机车一般受黏着条件的限制，客运机车一般受起动电流的限制。到某一速度则受牵引电机功率的限制。最高或满负荷级位的牵引力曲线和黏着（或起动电流）限制线的交点速度称为“临界速度”（注意，不是持续速度）。内燃机车的功率曲线大体上从“临界速度”起开始进入“恒功区”，采用恒压控制的电力机车的功率曲线则从“持续速度”起开始进入“恒功区”。然后，在一定速度范围内轮周功率几乎保持不变，这就是恒功率速度范围。有些机车到某一较高速度功率开始下降。恒功率速度范围越宽，性能越好。内燃机车恒功率速度范围一般要比电力机车宽（SS_7型电力机车也较宽），尤其是DF_{4C}和ND_5型内燃机车恒功率最高速度几乎到了100 km/h。部分机型恒功率速度范围见表2-7。

当列车起动时，尽管可以把电流加到很大，轮周牵引力可能达到最大值，但此时机车对外发出的轮周功率却极小，内燃机车柴油机燃油消耗量很小，电力机车从接触网取得的电流很小，这可以从式(2-22)得到答案。因为列车起动时速度近于0，机车对外发出的轮周功率也近

表 2-7　部分机型恒功率速度范围

机　　型	SS_4	$SS_{4改}$	SS_7	SS_{7B}	SS_{7C}	SS_{7D} SS_{7E}	SS_9	奥星 天梭
恒功速度范围(km/h)	52～74	51～83	48～95	44～80	76～120	96～160	99～160	85～200
机　　型	DF_{4B}(货)	DF_{4C}(客) (A1A)	DF_{4D}(客) (半悬挂)	DF_{4D}(客) (全悬挂)	DF_8	DF_{8B}	DF_{8C}(交)	DF_{11}
恒功速度范围(km/h)	22～66	70～160	31～85	28～120	31～85	31～90	28～120	40～160

于0。牵引电机输出功率不大,且大部分用于电机发热。电力机车从接触网取得的电流很小,因为网压很高,所以从网上取得的电流很小。有人认为,电力机车牵引货物列车起动时,供电电流(接触网输出电流)最大,这是一种误解。实际情况是,在恒功率速度范围内满负荷运行的工况下,机车对外发出的轮周功率最大,机车能耗量最大,电力机车从接触网取得的电流也最大。

第二节　机车动力制动特性

一、机车动力制动力及其限制

机车的动力制动包括电阻制动、再生制动和液力制动。

电力机车和电传动内燃机车利用牵引电机的可逆原理,当制动时,将牵引电机改接成发电机,动轴在惯性力的推动下,通过齿轮带动牵引电机的转子旋转发电,把列车的动能转化为电能而形成制动力。将电能消耗于机车上特设的制动电阻中,使之转化为热能散发到空气中去的,称为电阻制动;在电力机车上把所发电能反馈给电网加以利用的,称为再生制动。

机车上有了动力制动,使操纵手段更加方便、灵活,在调速时使用动力制动,比单独使用空气制动时的列车冲动要小。在长大下坡道上使用动力制动调速,能够保持比使用空气制动高得多的平均运行速度,从而缩短运行时间,提高通过能力,并能消灭磨闸瓦托和因闸瓦火花而造成的烧坏车辆底板的事故。

动力制动力只发生在机车上或动车组中带有动力的车轴上,它的大小受到各种条件的限制,以电阻制动为例,其限制条件如图 2-12 所示。

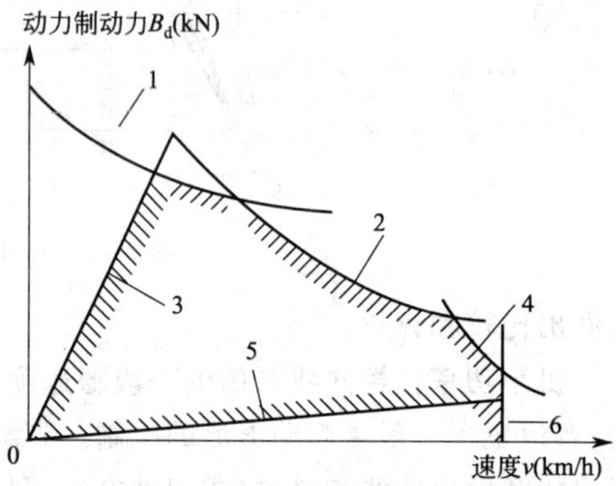

图 2-12　电阻制动限制条件示意图

1. 黏着限制

电阻制动力不能超过轮轨间黏着力的极限值。图 2-12 中的 1 线即制动力的黏着限制线。当电阻制动力超过此线时带有动力的那些车轮将发生滑行。

2. 最大制动电流限制

电阻制动时所允许的最大制动电流,决定于电枢绕组的允许温升或制动电阻的允许发热条件。超过制动电流的允许值将使电枢绕组过热或制动电阻温度过高,如图 2-12 中的 2 线。

3. 最大励磁电流限制

励磁绕组允许通过的最大电流是根据其允许温升而定的,超过最大电流时,励磁绕组会过热,如图 2-12 中的 3 线。

4. 牵引电机换向条件限制

机车在高速运行时，直流牵引电机整流子换向条件恶化，如果此时电枢电流过大，就会产生严重的火花。为保证电机的安全整流，高速电阻制动时，其制动电流要有严格限制，如图 2-12 中的 4 线。

5. 最小励磁电流限制

如图 2-12 中的 5 线。

6. 机车最大速度的限制

如图 2-12 中的 6 线。

二、动力制动特性曲线

动力制动特性曲线通过专门试验得出。没有做过性能试验的机车，可采用预期特性曲线。

部分电力机车动力制动特性曲线如图 2-13～图 2-17 所示，动力制动功率、动力制动力等数据见表 2-8、表 2-9。部分内燃机车动力制动特性曲线如图 2-18～图 2-22 所示，动力制动功率、动力制动力等数据见表 2-10、表 2-11。

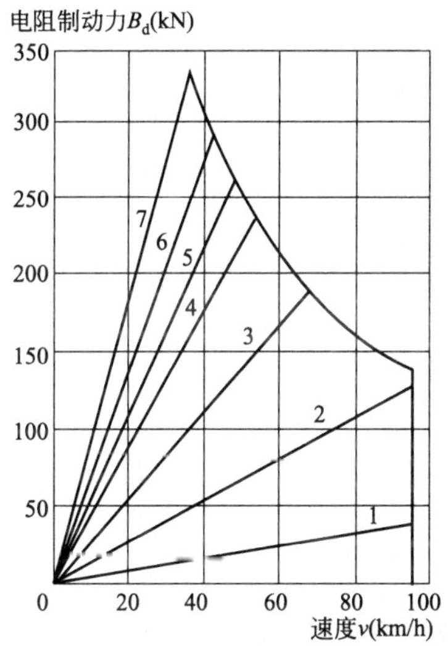

图 2-13 SS_1 型电力机车电阻制动特性曲线

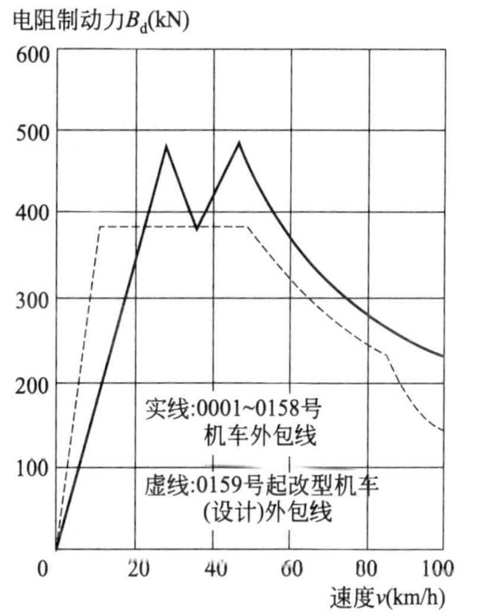

图 2-14 SS_4 型电力机车电阻制动特性曲线

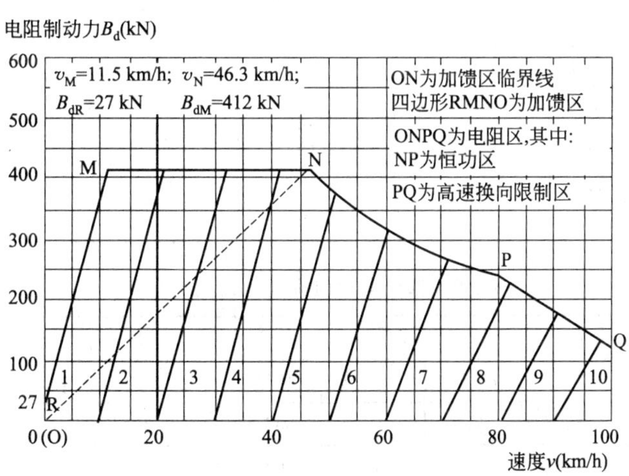

图 2-15 SS_4 改型电力机车加馈电阻制动特性曲线

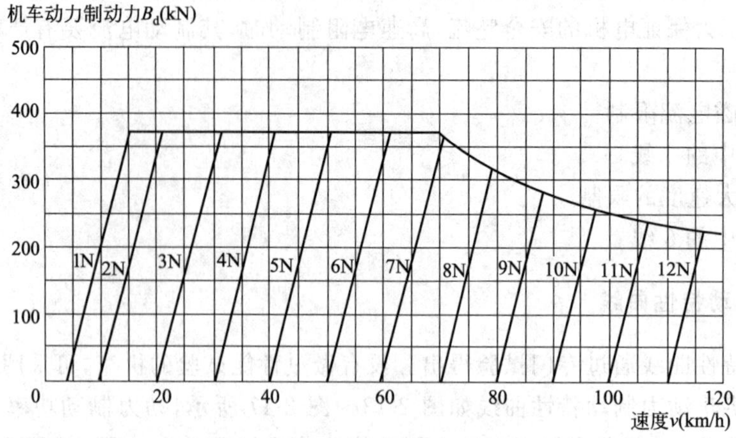

图 2-16 HXD3 型(轴重 23 t)机车再生制动特性曲线

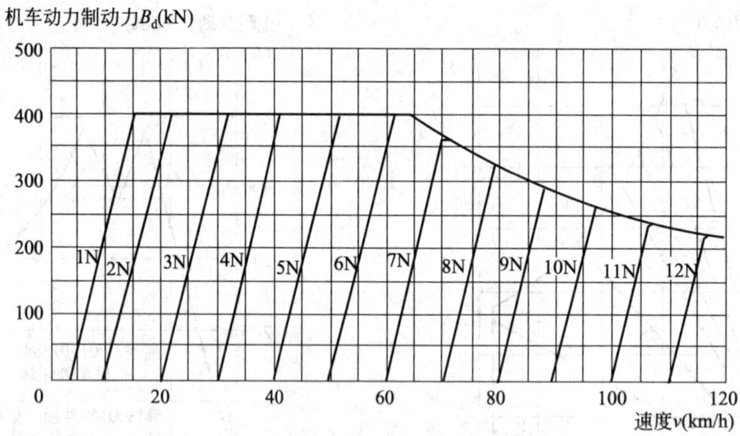

图 2-17 HXD3 型(轴重 25 t)机车再生制动特性曲线

表 2-8 部分电力机车动力制动功率、最大额定制动电流和最大制动力

机型	动力制动方式	轮周制动功率(kW)	恒功速度范围(km/h)	最大制动电流(A)	最大制动力(kN)	相应速度(km/h)
SS_1	电阻制动	3 500	37.7～95	420	334.5	37.7
SS_4	两级电阻制动	5 570	56.5～80	800	460	18.5,45
SS_4改	加馈电阻制动	5 300	46.3～80	771	412	11.5～46.3
SS_7	再生制动	4 000	45～80	760	320	10～45
SS_9	加馈电阻制动	4 000	81～160	870	180	15～80
6K	加馈电阻制动	3 600	44～100	940	317.8	17

表 2-9 部分电力机车动力制动力(kN)

速度(km/h)	5	7	10		20			30	33.5
SS_1			88.7		177.5			266.2	37.7/334.5
SS_4	82.4		167.8		333.5	28.7/482.7		36.7/376.7	
SS_7	150.0	10.4/306.0			308.8			311.7	
6K		25.5	174.0	13.5/288.0		17.0/317.8			

续上表

速度(km/h)	40	47.5	50	60	70	80	90	100	
SS_1			250.2	209.0	181.5	159.9	143.2	95.0/135.5	
SS_4	47.0/482.7			374.7	321.8	280.7	250.2	225.6	
SS_7	314.6	44.8/316.0		227.8	194.4	81.0/172.0	53.8	11.1	
6K	282.2	48.0/269.8		213.0	180.0	155.0	140.0	130.0	

注:表中带"/"的数据,"/"左边为运行速度,右边为该速度下的动力制动力。

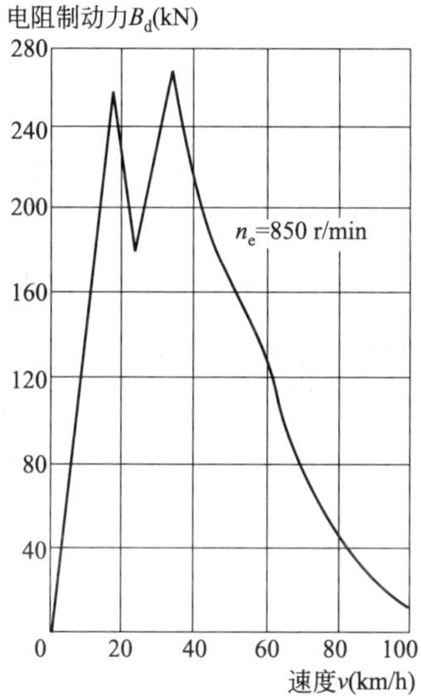

图 2-18　DF_{4B}(货)、DF_{4C}型(货)内燃机车电阻制动特性曲线

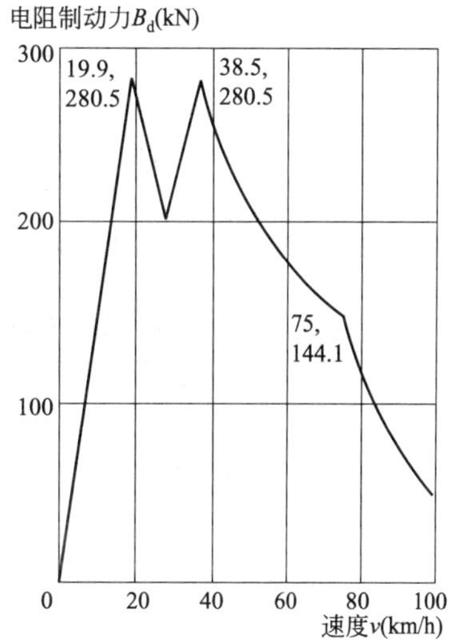

图 2-19　DF_{8B}型内燃机车电阻制动特性曲线(预期特性)

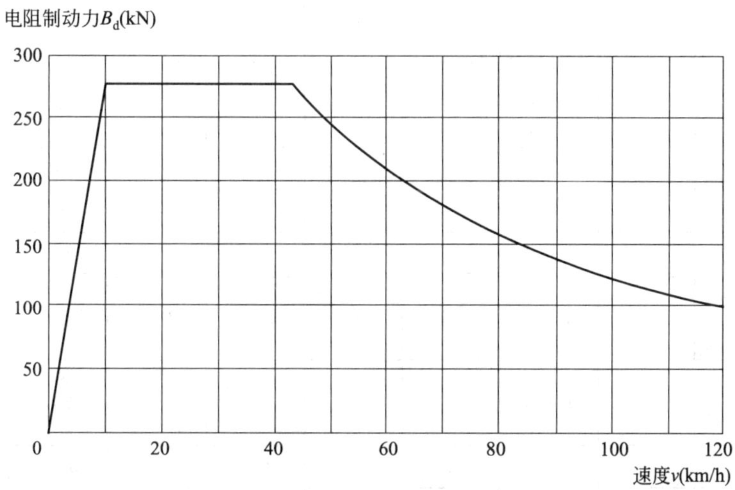

图 2-20　DF_{8B}型(交)内燃机车电阻制动特性曲线(预期特性)

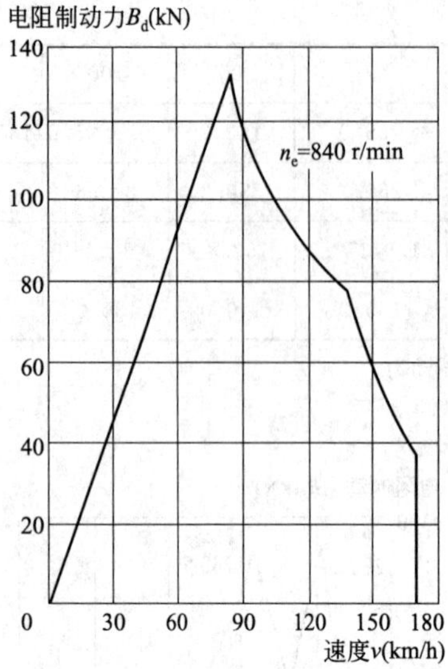

图 2-21　DF_{11}型内燃机车电阻制动特性曲线

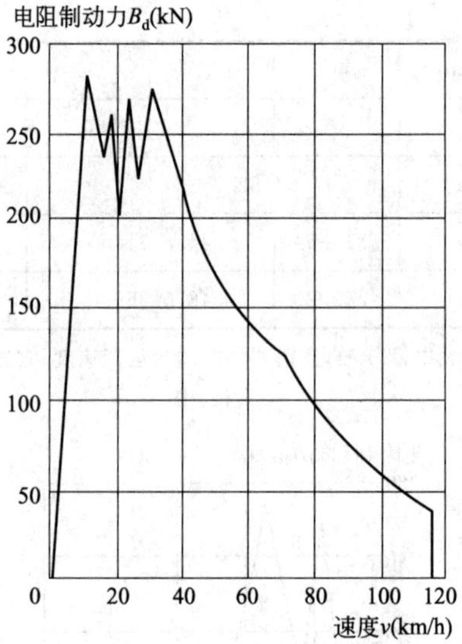

图 2-22　ND_5型内燃机车电阻制动特性曲线

表 2-10　部分内燃机车动力制动功率、最大额定制动电流和最大制动力

机型	轮周制动功率(kW)	恒功速度范围(km/h)	最大制动电流(A)	最大制动力(kN)	相应速度(km/h)
DF_{4B}(货)、DF_{4C}(货)	2 316	35～58	650	267	35
DF_8	2 210	40～60	600	222	40
DF_{8B}	3 000	38.5～75	730	280.5	19.9,38.5
DF_{8B}(交)	3 360	44～120		280.5	10～44
DF_{11}	3 000	79.8～135	650	135.4	79.8
ND_5	2 340	30～70	976	278	11.5

表 2-11　部分内燃机车电阻制动力(kN)

机型	n_s \ v	5	10	11.5	15	16.5	18.5	20	20.7	21
DF_{4B}(货)、DF_{4C}(货)	850	70.0	143.0		216.0		262.0	225.0		
DF_8	840	70.0	117.0		166.0			214.5		223
DF_{11}	840	9.0	17.9		26.0			34.2		
ND_5	8 位	125	245.0	278.0	228.0	262.0		213.0	202.0	

机型	n_s \ v	22	22.5	25	26	27.2	29.5	30	35	39
DF_{4B}(货)、DF_{4C}(货)	850		171.0					230,0	267.0	
DF_8	840			185.5		168.3		84.0	209.5	227.0
DF_{11}	840							51.2		
ND_5	8 位	271.0			222.0		273.0			

续上表

机型	v / n_s	40	50	58	60	70	80	83.5	85	90
DF_{4B}(货)、DF_{4C}(货)	850	216.0	168.5	141.0	122	75.5	46.0			24.5
DF_8	840	222.0	180.0		147.0	125.0	111.3		72.0	57.0
DF_{11}	840	68.3	84.8		100.0	116.0	130.0	134.5		120.0
ND_5	8位	203.5	162.5		138.0	122.0	96.0			78.0
机型	v / n_s	100	110	118	120	130	140	150	160	170
DF_{4B}(货)、DF_{4C}(货)	850	8.0								
DF_8	840	32.0								
DF_{11}	840	106	98.0		88.5	82.0	72.8	56.8	44.0	34.0
ND_5	8位	62.0	48.0	38.0						

三、动力制动的控制

内燃机车的电阻制动一般采用两级制动,根据运行速度高低自动转换。在电阻制动特性曲线图上有两个峰值,每个峰值左侧的一段直线受最大励磁电流的限制,峰值右侧的一段曲线是受最大制动电流的限制,在高速区更陡的一段曲线受换向条件限制。

电力机车和电动车组动力制动分为电阻制动和再生制动。电阻制动又分非加馈电阻制动与加馈电阻制动两种。SS_1 型电力机车为一级电阻制动,SS_3、SS_4 和 8G 型电力机车为两级电阻制动。两级电阻制动除了不是自动转换以外,其他特点与内燃机车类似。加馈电阻制动和再生制动多采用恒力(流)准恒速控制,由微机进行特性函数控制。HXD_3 型机车的再生制动采用恒力准恒速控制。

HXD_3 型(23 t 轴重)电力机车动力制动特性控制函数为:

$$B_d=\left.\begin{cases}33.7v-134.8 & (n=1) & ①\\ 33.7v-337(n-1) & (1<n\leqslant 12) & ②\\ 25\,970/v & (v\geqslant 70\ \text{km/h}) & ③\end{cases}\right\}\text{取最小值} \tag{2-23}$$

式①、②计算结果为负数时,视为 0;计算结果超过 400 时,视为 400。

HXD_3 型(25 t 轴重)电力机车动力制动特性控制函数为:

$$B_d=\left.\begin{cases}36.4v-145.6 & (n=1) & ①\\ 36.4v-364(n-1) & (1<n\leqslant 12) & ②\\ 26\,000/v & (v\geqslant 65\ \text{km/h}) & ③\end{cases}\right\}\text{取最小值} \tag{2-24}$$

式①、②计算结果为负数时,视为 0;计算结果超过 400 时,视为 400。

式中 B_d——机车动力制动力,kN;

n——级位;

v——机车速度,km/h。

第三节 恒力准恒速电力机车牵引力、动力制动力解析及手柄级位问题

恒力准恒速电力机车,尤其是采用恒力准恒速控制的交流传动电力机车近几年才得以大

量投入运用。该种机车的牵引、制动特性与以往使用的其他机型有明显差别，牵引、制动特性感觉很“硬”，这就对平稳操纵提出了更高的要求。目前其他机型提回手柄的规定已不适合恒力准恒速电力机车，并且现场缺乏此种机车提回手柄的有关规定，因此需要制定恒力准恒速电力机车提回手柄的有关规则。制定相关规则首先要对恒力准恒速电力机车牵引力、动力制动力的变化有一个准确的认识。

HXD_3 型机车是典型的采用恒力准恒速控制的交流传动电力机车，下面以计算质量为 150 t 的 HXD_3 型机车为例予以分析计算。

一、名义牵引力和名义动力制动力及 HXD_3 型机车的牵引、制动性能等参数

所谓名义牵引力和名义动力制动力，是指对应于一定速度和一定手柄名义级位（名义级位概念参见本章第一节中电力机车牵引特性）时，根据机车牵引或动力制动特性控制函数计算或根据机车牵引或动力制动特性曲线图查得的牵引力或动力制动力数值。

天气良好时，机车实际牵引力和动力制动力与名义牵引力和名义动力制动力相符合。天气不良且机车在高负荷级位运行时，机车实际牵引力和动力制动力比名义牵引力和动力制动力将有较大幅度的下降。

为叙述方便，本节以下所提牵引力均代表名义牵引力。表 2-12 和表 2-13 分别为计算质量为 138 t(23 t 轴重)和 150 t(25 t 轴重)的 HXD_3 型机车牵引、制动性能等参数。

表 2-12　计算质量为 138 t(23 t 轴重) HXD_3 型机车牵引、制动性能等参数

序号	项　目	参数	序号	项　目	参数
1	持续功率	7 200 kW	6	恒功率速度范围	70～120 km/h
2	持续速度	70 km/h	7	电制动方式	再生制动
3	最高速度	120 km/h	8	电制动功率	7 200 kW(70～120 km/h)
4	起动牵引力	520 kN	9	最大电制动力	370 kN(15～70 km/h)
5	持续牵引力(半磨耗轮)	370 kN			

表 2-13　计算质量为 150 t(25 t 轴重) HXD_3 型机车牵引、制动性能等参数

序号	项　目	参数	序号	项　目	参数
1	电传动方式	交—直—交传动	7	恒功率速度范围	65～120 km/h
2	持续功率	7 200 kW	8	电制动方式	再生制动
3	持续速度	65 km/h	9	电制动功率	7 200 kW(65～120 km/h)
4	最高速度	120 km/h	10	最大电制动力	400 kN(15～65 km/h)
5	起动牵引力	570 kN	11	功率因数	≥0.98(机车发挥 10%及以上额定功率时)
6	持续牵引力(半磨耗轮)	400 kN	12	机车总效率	≥0.85(额定网压牵引工况发挥持续功率时)

二、HXD_3 型机车牵引力解析

HXD_3 型机车采用恒牵引力、准恒速特性控制；主手柄(牵引控制司机控制器手柄)为 13 级，级间能平滑调节；每级牵引力变化设定为 $\Delta F=80$ kN(这里指处于牵引力的恒力变化区时)。

1. 计算主手柄 4 级，运行速度是 20 km/h 时的机车牵引力

将 $n=4$ 代入式(2-17)中式①，得

$$F_1=80n=80\times4=320\ (\text{kN})$$

将 $n=4$、$v=20$ 代入式(2-17)中式②，得

$$F_2=640n-64v=640\times4-64\times20=1\ 280(\text{kN})$$

将 $v=20$ 代入式(2-17)中式③，得

$$F_3=600.9-3.09v=600.9-3.09\times20=539.1(\text{kN})$$

取 F_1、F_2、F_3 中的最小值，F_1 最小，解得机车此时的牵引力为 320 kN。

式(2-17)中①决定水平段的牵引力值，计算结果表明此时机车牵引力正处于该级位时的“牵引力的恒力区”。

显然主手柄 4 级，运行速度小于 20 km/h 时机车牵引力均为 320 kN。

2. 计算同一级位恒牵引力线与斜线的交点速度值以及牵引力恰好为 0 的速度值

恒牵引力线与斜线的交点速度值计算。

仍以主手柄 4 级为例，将 $n=4$ 代入式(2-17)中式②

$640n-64v=640\times4-64v=320$，整理得

$64v=2\ 240$，解得 $v=35(\text{km/h})$，即主手柄 4 级时恒牵引力线与斜线的交点速度值是 35 km/h。

牵引力恰好为 0 的速度值计算。

仍以主手柄 4 级为例，将 $n=4$ 代入式(2-17)中式②

$640n-64v=640\times4-64v=0$，整理得

$64v=2\ 560$，解得：$v=40(\text{km/h})$，即主手柄 4 级时名义牵引力恰好为 0 的速度值是 40 km/h。

用同样方法计算其他整数手柄级位的恒牵引力线与斜线的交点速度值和牵引力恰好为 0 的速度值并列于表 2-14 中。

表 2-14　HXD3 型机车恒牵引力线与斜线的交点速度值和牵引力恰好为 0 的速度值

级位 n	1	2	3	4	5	5.61	6	8	10	12
与斜线交点	8.75	17.5	26.25	35	43.75	49.12				
恰好为 0	10	20	30	40	50	56.1	60	80	100	120

表 2-14 中 5.61 级及以上的恒牵引力线与斜线的交点速度值未列出，是因为交点的牵引力已超过对应速度的外包线牵引力，这些交点为无效交点。交点的牵引力小于或等于对应速度的外包线牵引力时，这些交点就为有效交点。最小交点速度值从表 2-14 可以看出为 8.75 km/h，对应主手柄 1 级；而最大交点速度值经计算约为 49.12 km/h，对应主手柄约 5.61 级，此时牵引力约为 449.09 kN。

在保持手柄级位不变的情况下，在上述两个速度值之间随着速度的变化牵引力将线性下降或上升。

牵引力恰好为 0 的速度值与手柄位的关系是手柄位乘以 10。

运行速度在 8.75～49.12 km/h 之间，每个速度值当视为交点速度时均与一个手柄级位相对应。

另外，所有的有效交点在一条直线上，这条直线的解析式即为名义牵引力 F 与运行速度 v 的函数关系，可用式(2-25)表示：

$$F=64v/7\quad(8.75\ \text{km/h}\leqslant v\leqslant49.12\ \text{km/h})\tag{2-25}$$

式中　F——机车名义牵引力，kN；

　　v——机车速度，km/h。

解式(2-25)与式(2-17)中式③$F=600.9-3.09v$($10\ km/h \leqslant v < 65\ km/h$)组成的联立方程，得出上述最大交点速度 49.12 km/h 和相对应的名义牵引力 449.09 kN，并根据牵引力数据计算出手柄级位为 5.61 级(449.09/80≈5.61)。

3. 牵引力的恒力区

当手柄级位保持不变，运行速度低于有效交点所对应的速度或低于与外包线的交点速度时，牵引力保持不变，我们称此时牵引力处于恒力区。见图 2-23 中 *kbedc* 围成的区域，由数条恒力线组成的区域。

比如手柄级位保持 5 级不变时，运行速度只要不超过 43.75 km/h，牵引力保持 400 kN 不变。超过此速度，牵引力沿斜线变化，速度 50 km/h 时牵引力恰好为 0。

再比如手柄级位保持 6 级不变时，运行速度只要不超过 39.13 km/h，牵引力保持 480 kN 不变。

4. 牵引力的恒力变化区

当运行速度低于此时手柄级位的有效交点所对应的速度时，手柄级位每变化 0.1 级(手柄级位不高于对应速度的满负荷开始级位并且不低于把该速度视为交点速度时对应的手柄级位)，牵引力的变化量 ΔF 为 8 kN 时，我们称此时牵引力处于恒力变化区。见图 2-23 中 *kbedc* 围成的区域，恒力区和恒力变化区在图中虽为同一个区域，但其内涵却不相同。

比如运行速度为 30 km/h，此时手柄级位为 4 级(4 级的交点速度为 35 km/h)时，假如运行速度保持 30 km/h 不变，此时恒力变化区的级位范围究竟是多少，对此做如下分析。

30 km/h 对应的外包牵引力为 508.2 kN，此时 508.2 kN 对应的满负荷开始级位约是 6.35 级(508.2/80)，把 30 km/h 视为交点速度时对应的手柄级位约是 3.43 级(利用 $640n-64v=40n$ 得出 n)。此时牵引力恒力变化区的有效级位范围约为 3.43～6.35 级。

运行速度一般在 45 km/h 以下时，存在牵引力的恒力变化区，并且速度越低牵引力的恒力变化区的手柄有效级位范围越宽。

比如重货列车坡道起车运行速度在 8 km/h 以下时，恒力变化区的手柄有效级位范围为 1～7.13 级。

5. 牵引力的线性区

随着运行速度或手柄级位变化牵引力在线性区(或称斜线区)比在恒力变化区发生更加显著的变化，我们称此时牵引力处于线性区，即运行速度每变化 1 km/h 或手柄级位每变化 0.1 级牵引力的变化量 ΔF 为 64 kN。下面具体计算运行速度每变化 1 km/h(或手柄级位每变化 0.1 级)牵引力的变化量。

(1)主手柄级位保持不变，运行速度每变化 1 km/h 时牵引力的变化量

若主手柄保持不变，在线性区运行速度由 v_1 变 v_2，牵引力的变化量为 ΔF。

根据式(2-17)中式②(式②决定斜线段的速度范围)得

$$\Delta F=(640n-64v_2)-(640n-64v_1)$$

整理后得

$$(v_1-v_2)=\Delta F/64$$

令 $v_1-v_2=1$(km/h)，得 $\Delta F=64$ kN，即在线性区运行速度每减少 1 km/h，名义牵引力将随之增加 64 kN。

令 $v_1-v_2=-1$(km/h)，得 $\Delta F=-64$ kN，即在线性区运行速度每增加 1 km/h，名义牵引力将随之减少 64 kN。

(2)运行速度保持不变，主手柄级位每变化 0.1 级时牵引力的变化量

若速度保持不变，在线性区主手柄由 n_1 变 n_2，名义牵引力的变化量为 ΔF。

根据式(2-17)中式②(式②决定斜线段的速度范围)得

$$\Delta F=(640n_2-64v)-(640n_1-64v)$$

整理后得 $$(n_2-n_1)=\Delta F/640$$

令 $n_2-n_1=0.1$(级)，得 $\Delta F=64$ kN，即在线性区手柄级位每增加 0.1 级，名义牵引力将随之增加 64 kN。

令 $n_2-n_1=-0.1$(级)，得 $\Delta F=-64$ kN，即在线性区手柄级位每减少 0.1 级，名义牵引力将随之减少 64 kN。

(3)在线性区牵引力变化量结论

若主手柄级位保持不变，在线性区运行速度每增加或减少 1 km/h，牵引力将随之减少或增加 64 kN。

若速度保持不变，在线性区手柄级位每增加或减少 0.1 级，牵引力将随之增加或减少 64 kN。

即在线性区(更通俗地讲在牵引力发生显著变化的区域)运行速度每变化 1 km/h 或手柄级位每变化 0.1 级，牵引力下降或上升幅度值是 64 kN。

熟练掌握该条结论，对于平稳操纵、防止窜车等将大有益处。

6. 牵引力沿外包线的变化

根据式(2-17)中式③得出。

(1)外包线牵引力的恒力线

在 0～10 km/h，牵引力为 570 kN，满负荷开始级位是 7.12 级(通过 $80n=570$ 得出)，超过 7.12 级牵引力不再增加，仍然为 570 kN。

(2)外包线牵引力的线性线

当速度为 10 km/h≤v<65 km/h 时，外包线牵引力按式(2-17)中式③$F=600.9-3.09v$ 线性变化。10 km/h 时牵引力为 570 kN，60 km/h 时牵引力为 415.5 kN。在此速度范围，运行速度每变化 1 km/h，牵引力的变化量是 3.09 kN。

(3)外包线牵引力的恒功线

当速度大于等于 65 km/h 时，外包线牵引力按式(2-17)中式③$F=26\ 000/v$ 变化。65 km/h 时牵引力为 400 kN，120 km/h 时牵引力约为 216.67 kN，从 65 km/h 开始，外包线牵引力进入恒功线，见表 2-15。

表 2-15 HXD3(轴重 25 t)各速度下的外包牵引力和轮周功率

速度(km/h)	0	10	20	30	40	50	60
牵引力(kN)	570	570	539.1	508.2	477.3	446.4	415.5
轮周功率(kW)		1 583	2 995	4 235	5 303.3	6 200	6 925
速度(km/h)	65	70	80	90	100	110	120
牵引力(kN)	400	371.4	325	288.9	260	236.4	216.7
轮周功率(kW)	7 222	7 222	7 222	7 222	7 222	7 222	7 222

7. 从牵引特性曲线图看牵引力的三种变化区及范围界限

HXD3 型电力机车(25 t 轴承)牵引特性三线、三区图如图 2-23 所示。

图 2-23 中 cd、df、fg(曲线)分别表示外包线牵引力的恒力线、线性线、恒功线；$kbedc$ 围成

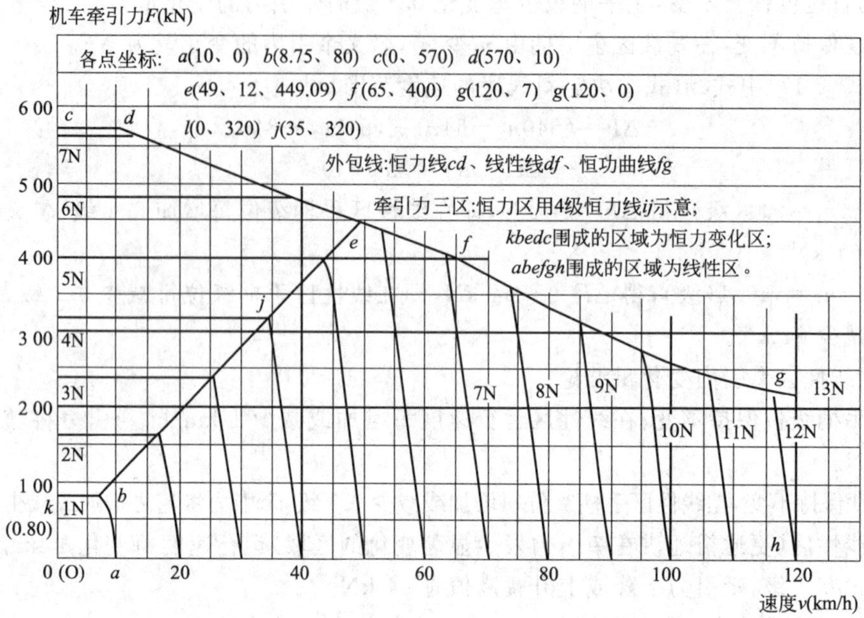

图 2-23　HXD3 型电力机车(25 t 轴重)牵引特性三线、三区图

的区域为牵引力的恒力区，由数条恒力线组成；*kbedc* 围成的区域为牵引力的恒力变化区；*abefgh* 围成的区域为牵引力的线性区；*be* 线为有关手柄级位恒牵引力线与其对应斜线的有效点的集合，其关系式为式(2-25)。

从 *abefgh* 围成的区域能很直观看出牵引力的线性区，手柄级位变化最窄和最宽的速度值。

手柄级位变化最窄的速度值约为 10 km/h，把 10 km/h 作为交点速度时带入 $F=64v/7$ 中，解得 $F\approx91.43$ kN，折合手柄级位约为 1.14 级(91.4/80≈1.14 级)。假如维持运行速度 10 km/h 不变，手柄级位为 1 级时，牵引力恰好为 0，此时手柄级位在 1～1.14 级之间为线性区，从 1 级提到 1.14 级时手柄级位仅变化 0.14 级，牵引力便从 0 升至 91.43 kN；如果继续提高手柄级位，向上则进入牵引力宽广的恒力变化区。

手柄级位变化最宽的速度值约为 49.12 km/h，把此速度视为目标速度时的目标速度级位为 4.91 级，假如维持此速度不变，此时手柄级位在 4.91～5.61 级之间为线性区，从 4.91 级提到 5.61 级时手柄级位仅变化 0.7 级，牵引力便从 0 升至 449.09 kN 的满负荷级位牵引力，见表 2-16。

表 2-16　各速度值牵引力处于线性区时的牵引力及手柄级位最大变化幅度

速度(km/h)	10	20	30	40	49.12	65	80	100	120
牵引力幅度(kN)	91.43	182.86	274.29	365.71	449.09	400	325	260	216.7
级位幅度	0.14	0.29	0.43	0.57	0.7	0.63	0.51	0.41	0.34
每 0.1 级功率变化幅度(kW)	178	356	533	711	873	1 156	1 422	1 778	2 133

三、HXD3 型机车动力制动力解析

HXD3 型机车动力制动采用准恒速特性控制；动力制动手柄(制动控制司机控制器手柄)

为 12 级，级间能平滑调节；每级速度变化 $\Delta v=10$ km/h。

1. 动力制动力沿外包线的变化

动力制动力沿外包线的变化数据根据式(2-17)中式③得出。

(1)外包线制动力的线性线

当动力制动手柄级位 n 为 1 级时，根据式(2-17)中式① $B_d=36.4v-145.6$ 计算动力制动力恰好为 0 的速度和动力制动力恰好为 400 kN 时的速度值。

动力制动力恰好为 0 的速度值计算：由 $36.4v-145.6=0$ 得 $v=4$ km/h。

动力制动力恰好为 400 kN 时的速度值计算：由 $36.4v-145.6=400$ 得 $v\approx14.99$ km/h。

当动力制动手柄级位 n 为 1 级时，运行速度在 4～14.99 km/h 之间，外包线动力制动力处于线性线。

在线性线运行速度每变化 1 km/h 时的动力制动力变化量计算如下。

根据式(2-17)中式①得 $\Delta B_d=(36.4v_2-145.6)-(36.4v_1-145.6)$ 整理后得

$$(v_2-v_1)=\Delta B_d/36.4$$

令 $v_2-v_1=1$ km/h，得 $\Delta B_d=36.4$ kN，即在线性线运行速度每增加 1 km/h，动力制动力将随之增加 36.4 kN。

令 $v_2-v_1=-1$ km/h，得 $\Delta B_d=-36.4$ kN，即在线性线运行速度每减少 1 km/h，动力制动力将随之减少 36.4 kN。

这个变化量是很显著的。

(2)外包线动力制动力的恒力线

在 14.99～65 km/h，当动力制动手柄级位比目标速度级位(为运行速度的十分之一加一，即动力制动力恰好为 0 的级位)低 1.1 级及以上时，动力制动力保持 400 kN 不变。

(3)外包线动力制动力的恒功线

当速度大于等于 65 km/h 时，当动力制动手柄级位比目标速度级位低足够的级位及以上时，外包动力制动力按式(2-17)中式③ $B_d=26\,000/v$ 变化。65 km/h 时动力制动力为 400 kN，120 km/h 时动力制动力约为 216.67 kN，从 65 km/h 开始，外包线牵引力进入恒功变化区，见表 2-17。

表 2-17　HXD3(轴重 25 t)各速度下的外包线动力制动力和轮周制动功率

速度(km/h)	4	14.99	20	30	40	50	60
制动力(kN)	0	400	400	400	400	400	400
轮周功率(kW)	0	1 665.6	2 222.2	3 333.3	4 444.4	5 555.6	6 666.7
速度(km/h)	65	70	80	90	100	110	120
制动力(kN)	400	371.4	325	288.9	260	236.4	216.7
轮周功率(kW)	7 222.2	7 222.2	7 222.2	7 222.2	7 222.2	7 222.2	7 222.2

2. 动力制动力恰好为 0 的速度值计算

当动力制动手柄级位 n 为 1 级时，动力制动力恰好为 0 的速度值 $v=4$ km/h。

当动力制动手柄级位 $1<n\leqslant12$ 时，以动力制动手柄 4 级为例，将 $n=4$ 代入式(2-17)中式②，并令式②等于 0。

$36.4v-364(n-1)=36.4v-364\times4+364=0$，整理得

$36.4v=1\,092$，解得：$v=30$ km/h，即动力制动手柄 4 级时制动力恰好为 0 的速度值是 30 km/h。

用同样方法计算其他整数手柄级位动力制动力恰好为 0 的速度值并列于表 2-18 中。

表 2-18 HXD_3 型机车各整数手柄位动力制动力恰好为 0 的速度值

手柄位 n	1	2	3	4	5	6	7	8	9	10	11	12
恰好为 0 的速度值(km/h)	4	10	20	30	40	50	60	70	80	90	100	110

从表 2-18 中看到,除 2 级以下外,动力制动力恰好为 0 的速度值与手柄位的关系是手柄位减 1 后乘以 10,即 $v=10(n-1)$ 或 $n=(v/10)+1$。

3. 动力制动力的线性区

动力制动力在线性区(或称斜线区)随着运行速度或手柄级位变化而发生显著的变化,我们称此时动力制动力处于线性区,即运行速度每变化 1 km/h 或手柄级位每变化 0.1 级时,动力制动力的变化量 ΔB_d 为 34.6 kN。

当动力制动手柄级位 n 为 1 级时,运行速度在 4～14.99 km/h 之间,外包线动力制动力处于线性线。

当动力制动手柄级位 $1<n\leqslant12$ 时,下面具体计算运行速度每变化 1 km/h(或手柄级位每变化 0.1 级)动力制动力的变化量。

(1)制动手柄级位保持不变、运行速度每变化 1 km/h 时,动力制动力的变化量

若制动手柄级位保持不变,在线性区运行速度由 v_1 变 v_2,动力制动力的变化量为 ΔB_d。

根据式(2-17)中式②得

$$\Delta B_d=[36.4v_2-364(n-1)]-[36.4v_1-364(n-1)]$$ 整理后得

$$(v_2-v_1)=\Delta B_d/36.4$$

令 $v_2-v_1=1$ km/h,得 $\Delta B_d=36.4$ kN,即在线性区运行速度每增加 1 km/h,动力制动力将随之增加 36.4 kN。

令 $v_2-v_1=-1$ km/h,得 $\Delta B_d=-36.4$ kN,即在线性区运行速度每减少 1 km/h,动力制动力将随之减少 36.4 kN。

(2)运行速度保持不变、制动手柄级位每变化 0.1 级时,动力制动力的变化量

若速度保持不变,在线性区主手柄由 n_1 变 n_2,动力制动力的变化量为 ΔB_d。

根据式(2-17)中式②得

$$\Delta B_d=[36.4v-364(n_2-1)]-[36.4v-364(n_1-1)]$$ 整理后得

$$(n_1-n_2)=\Delta B_d/364$$

令 $n_1-n_2=0.1$ 级,得 $\Delta B_d=36.4$ kN,即在线性区手柄级位每减少 0.1 级,动力制动力将随之增加 36.4 kN。

令 $n_1-n_2=-0.1$ 级,得 $\Delta B_d=-36.4$ kN,即在线性区手柄级位每增加 0.1 级,动力制动力将随之减少 36.4 kN。

(3)线性区的条件

动力制动力处于线性区是有条件的,与运行速度和手柄级位的关系极为密切。

以运行速度 40 km/h 为例,40 km/h 的目标速度级位(即动力制动力恰好为 0 的级位)为 5 级。

若保持 40 km/h 不变,手柄级位 $n\geqslant5$ 级,则制动力为 0。当手柄级位 $5>n\geqslant3.9$ 级时($5-3.9=1.1$ 级,$B_d=1.1\times10\times36.4=400.4$ kN),此时动力制动力处于线性区。若 $n\leqslant3.9$ 级,

则动力制动力处于外包线动力制动力的恒力线 $B_d=400$ kN，即在 20～65 km/h 速度范围若保持某一运行速度不变时，线性区的手柄级位变化范围最大为 1.1 级，也即手柄级位变化范围在目标速度级位至比此级位低 1.1 级之间。

同理，在 65～75 km/h 速度范围，平均制动力 $B_d=371.4$ kN，371.4/36.4/10≈1.02 级，即线性区的手柄级位变化范围平均最大约为 1.02 级。

另外将 75～85 km/h、85～95 km/h、95～105 km/h、105～115 km/h 线性迅速变化区的手柄级位变化范围进行计算列于表 2-19 中。

表 2-19　各速度间隔动力制动力处于线性变化区的手柄级位平均最大变化范围

速度范围(km/h)	20～65	65～75	75～85	85～95	95～105	105～115
线性变化区的手柄级位平均最大变化范围	1.1	1.02	0.89	0.79	0.71	0.65

以手柄级位 5 级为例，若保持 5 级不变，当运行速度 $v\leqslant 40$ km/h，制动力 $B_d=0$。当运行速度 $51\geqslant v\geqslant 40$ km/h 时，动力制动力处于线性区，即速度每变化 1 km/h，制动力 ΔB_d 的变化量为 36.4 kN。当运行速度 $v\geqslant 51$ km/h 时，则动力制动力处于外包线动力制动力的恒力线 $B_d=400$ kN。

熟练掌握动力制动力的线性区的条件和制动力 ΔB_d 的变化量，对于平稳操纵、防止天气不良时机车滑行将大有益处。

四、恒力准恒速电力机车手柄级位的几个概念

恒力准恒速电力机车牵引特性和动力制动特性与以前我们使用的大多数机型存在明显区别，其牵引和动力制动特性感觉“很硬”。为保证平稳，在提回手柄要求上应与大多数机型有很大差别。为方便制定提回手柄的有关规则，需要对恒力准恒速电力机车主手柄、制动手柄级位的有关问题进行明确。

1. 目标速度级位

所谓目标速度级位，是指对应于该速度值时根据机车牵引或制动特性(特性函数或特性曲线)得到的牵引力或动力制动力恰好为 0 的级位。

以 HXD_3 型机车目标速度为 40 km/h 时为例。

牵引运行时从图 2-4 或表 2-14 查得目标速度级位为 4 级，当机车达到该速度值时，牵引力恰好为 0。速度如果没有变化，此时移动手柄，只要高于 4 级，立即就会有牵引力；手柄等于或小于 4 级，则没有牵引力。

动力制动运行时从图 2-17 或表 2-18 查得目标速度级位为 5 级，当机车达到该速度值时，制动力恰好为 0。速度如果没有变化，此时移动手柄，只要小于 5 级，立即就会有制动力；手柄等于或大于 5 级，则没有制动力。

将牵引力或动力制动力恰好为 0 的级位命名为“目标速度级位”对于机车司机操纵将有很大益处。比如列车在处于平道、侧向道岔限速为 45 km/h 的车站开车，若机车司机确定目标速度为 43 km/h，将主手柄提至 4.3 级，对于 HXD_3 型机车牵引的列车，此时列车运行速度将不会超过 43 km/h，这将确保列车通过侧向道岔时不超速。

熟练掌握目标速度级位有利于准确控制列车运行速度，有利于充分发挥牵引力或制动力，有利于防止列车超速，有利于使机车司机熟练掌握牵引力或动力制动力的线性区，有利于平稳操纵。

2. 负荷级位和无负荷级位

所谓负荷级位，就是根据机车牵引或制动特性能够产生牵引力或动力制动力的级位范围。

所谓无负荷级位，就是根据机车牵引或制动特性不能产生牵引力或动力制动力的级位范围。

对于大部分机型而言，如国产各型内燃机车、ND_5型机车、SS_4型电力机车等，牵引运行时负荷级位与运行速度无关，一般主手柄级位只要大于0，就都是负荷级位；制动运行时当运行速度大于0，一般制动手柄级位只要大于0，也都是负荷级位。

而对于恒力准恒速电力机车，它的负荷级位与运行速度关系密切，同一个级位在一定的速度范围为负荷级位，超过这个速度范围就成为"无负荷级位"。

以HXD_3型机车运行速度40 km/h时为例。

牵引运行时，主手柄级位大于4级为"负荷级位"，小于或等于4级则为"无负荷级位"。

动力制动运行时，制动手柄级位小于5级为"负荷级位"，大于或等于5级则为"无负荷级位"。

3. 满负荷级位和满负荷开始级位

所谓满负荷级位，是指对应于一定速度值时，根据机车牵引或制动特性能够产生外包(最大)牵引力或动力制动力的级位范围。

所谓满负荷开始级位，是指对应于一定速度值时，根据机车牵引或制动特性能产生外包(最大)牵引力或动力制动力的级位。

以HXD_3型机车运行速度50 km/h时为例。

牵引运行时，主手柄级位大于或等于5.7级的级位均为"满负荷级位"，等于5.7级时则为50 km/h时的"满负荷开始级位"。

50 km/h时的外包牵引力约为446.4 kN，50 km/h的目标速度级位是5级，此时每增0.1级增加64 kN，则此速度时的"满负荷开始级位"为：$5+446.4\div64\div10\approx5.7$级。

动力制动运行时，制动手柄级位小于或等于4.9级的级位均为"满负荷级位"，等于4.9级时则为50 km/h时的"满负荷开始级位"。

50 km/h时的外包制动力为400 kN，50 km/h的目标速度级位是6级，此时每减0.1级增加36.4 kN，则此速度时的"满负荷开始级位"为：$6-400\div36.4\div10\approx4.9$级。

第四节　HXD3型电力机车的黏着性能

随着以HXD_3型为代表的新型大功率交流传动(交—直—交)货运电力机车的广泛运用，提高了我国铁路牵引动力装备技术水平。但由于对交流传动电力机车的黏着性能缺乏研究，导致在实际运用中，尤其是天气不良时HXD_3型机车牵引的重货列车运缓、坡停问题，是一个困扰现场、亟待研究解决的问题。

一、HXD_3型与SS_4型电力机车发生运缓坡停统计对比

以2008年济南西机务段货物列车发生运缓、坡停为例，全年共发生运缓42件、坡停39件。全年HXD_3型机车的运用台数同SS_4机车相当，两种机型牵引定数都是5 500 t。

运缓：HXD_3型13次，SS_4型10次，其他机型19次。

坡停：HXD_3型31次，SS_4型4次，其他机型4次。

坡停发生救援28次，平均每列占用区间时间达64.2 min。

二、HXD_3型与SS_4机车黏着牵引力对比

将SS_4型和HXD_3型电力机车进行比较，假如两者在相同天气条件、运行速度的情况下计算黏着系数完全相同时，它们之间黏着牵引力之比等于计算黏着质量之比，即184/150≈1.23/1。如果考虑HXD_3型机车计算黏着系数在40 km/h以下时比SS_4型机车高12.1%，即便如此，在相同条件下，SS_4型机车的黏着牵引力也将比HXD_3型机车大10.9%。

问题的实质是，SS_4型为8轴机车，总功率6 400 kW，牵引电机功率800 kW，轴重23 t，牵引电机功率与轴重比为34.8 kW/t，即每吨轴重分担34.8 kW的电机功率；而HXD_3型为6轴机车，少了两根动轴，总功率却是7 200 kW，牵引电机功率1 200 kW，其轴重有23 t和25 t两种，即使按25 t计算，牵引电机功率轴重比高达48 kW/t，即每吨轴重要承受48 kW的电机功率，后者是前者的1.38倍。牵引电机功率轴重比是衡量机车黏着能力富裕度的重要指标，其值越大，黏着能力越不富裕。如果考虑后者的黏着系数比前者大12%左右，后者的黏着能力负担的电机功率仍比前者大26%左右，因此在相同条件下，牵引重货物列车，尤其是在较大上坡道上满负荷较低速度运行时，后者比前者容易发生空转甚至坡停，这种情况就显而易见了。

因此，对货运机车来讲，在不提高轴重和增加轴数，即不增加黏着质量的情况下，大幅度提高机车功率，会使机车黏着能力严重不足。这种机车比较适合于在平原地带高速运行，而不太适合在大坡道区段多拉低速运行，因为在低速条件下牵引力受黏着能力限制，尤其是天气不良时，再大的电机功率也不能充分发挥。如果将HXD_3型机车功率提高到9 600 kW，问题可能更为突出。

因HXD_3型和SS_4型机车在济南局的牵引定数相同，黏着质量比SS_4型机车低是HXD_3型机车坡停高发的一个重要原因。

三、HXD_3型与几种货运机车最大(外包)牵引力对比分析

最高或满负荷级位的牵引力曲线和黏着(或起动电流)限制线的交点速度称为“临界速度”(注意，不是持续速度)。

正常情况下，在临界速度以下时机车最大牵引力受黏着牵引力限制；在临界速度以上，作为电力机车最大牵引力主要受牵引电动机功率限制。

HXD_3与几种货运机车最大(外包)牵引力对比见表2-20。

表2-20 正常情况下HXD_3(150 t)与几种货运机车最大(外包)牵引力对比(kN)

运行速度(km/h)		0	10	20	30	40	50	60	70	80	临界速度/牵引力
HXD_3	牵引特性曲线外包	570	570	539	508	477					
	黏着限制	603	490	475	469	466	465	464			43.8/465.6
	电动机限制						446	416	371	325	
SS_4	黏着限制	650	554	517	497	485	477	471			50/477
	电动机限制						477	384	322	243	
ND_5	黏着限制	440	425	415							19.5/414
	柴油机限制			402	279	217	175	147	127	112	
DF_{4C}	黏着限制	443	364	352	348						21.5/351.5
	柴油机限制				250	189	153	128	109	96	

因缺乏 HXD$_3$ 型机车黏着系数资料，表 2-20 中 HXD$_3$ 型机车的黏着限制牵引力是参照交流传动电力机车的黏着系数公式进行计算的。

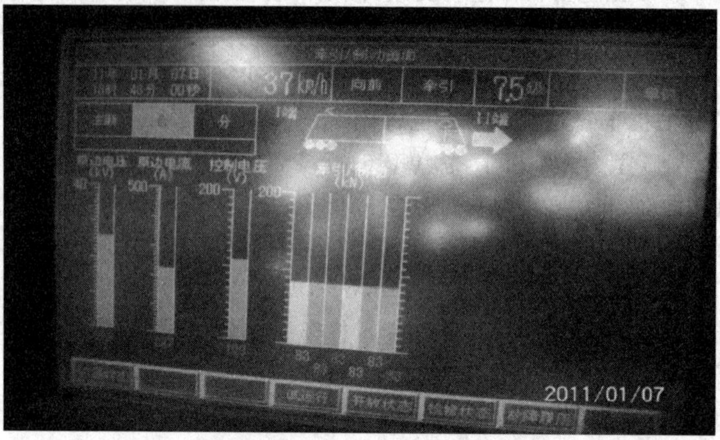

图 2-24　55002 次正常情况 HXD$_3$—8108TCMS 屏牵引力显示

因厂方提供特性曲线最大(外包)牵引力，在 40 km/h 以下时，明显高于计算黏着限制牵引力。比如 30 km/h 时，特性曲线外包牵引力是 508 kN，计算黏着限制牵引力是 469 kN，外包牵引力比计算黏着限制牵引力约大 8.3%。那么，厂方提供的牵引特性曲线外包牵引力是否能够发挥出来？

带着这个疑问，在不同速度范围我们进行了多次试验，在正常情况 0～10 km/h 范围内，将手柄级位放置大于 7.2 级的满负荷级位，有空转现象，但牵引力基本能够达到 570 kN，其他速度范围基本没有空转，能够实现外包牵引力。

例如，2011 年 1 月 7 日 13:48:00，HXD$_3$—8108 机车，55002 次运行在周村—王村间上坡道，机车 TCMS 屏显示速度 37 km/h、7.5 级、总牵引力 498 kN(83×6)(图 2-24)。根据图 2-4 查取 HXD$_3$ 型机车外包牵引力约为 490 kN。

这一试验，也间接证明，利用计算黏着系数公式得到的黏着系数可能有些保守。

四、天气不良时机车黏着牵引力(黏着系数)下降幅度问题

表 2-1 应为正常天气情况下(干燥轨面)的计算黏着系数，当遇雨、雪、霜、露天气或钢轨有油污时，黏着系数将大幅下降。

但是下雨时，机车最大牵引力究竟下降多少；撒砂良好和不撒砂又存在多大差别。这些问题是现场亟待研究解决的问题。

为了深入研究这一问题，2011 年 1 月济南局在胶济线章丘—王村—周村间进行了 HXD$_3$ 型机车模拟下雨条件下的牵引试验。

1. 试验目的、列车编组及试验区间情况

主要目的是在上坡道试验模拟淋雨条件下不撒砂和撒砂时在各速度范围不同手柄级位时的牵引力下降幅度；次要目的是分析在相同速度范围时是最高负荷还是适度负荷(主手柄级位)能发挥最大牵引力。

列车编组 61 辆，换长 75.1，总重 5 365 t(不含附挂 ND$_5$ 型机车的自重和换长)。

章丘—王村间距离 20.9 km，平均 4.02‰的上坡道。

2. 试验数据

试验时，对 HXD_3 型机车 TCMS 屏进行录像，对录像进行截图，并对机车所发挥的实际最大牵引力进行了详细的统计，汇总数据列于表 2-21、表 2-22。

表 2-21　淋雨撒砂时各速度间隔牵引力降幅统计汇总表

机车：HXD_3—8108＋ND_5—237；区间：胶济线章丘—王村；车次：55003；日期：2011 年 1 月 7 日					
序号	速度间隔 (km/h)	平均外包牵引力 (kN)	平均实际牵引力 (kN)	实际/外包(%)	比外包降幅(%)
1	0～10	570	331.8	58.2	41.8
2	10～20	550	318.4	57.9	42.1
3	20—30	523	305.0	58.2	41.8
4	30～40	490	302.6	61.7	38.3
5	40～50	463	284.6	61.5	38.5
6	50～60	431	332.0	77.0	23.0
7	60～70	395	303.0	76.7	23.3
	平均	488.9	311.1	63.6	36.4

表 2-22　淋雨不撒砂时各速度间隔牵引力降幅统计汇总表

机车：HXD_3—8108＋ND_5—237；区间：胶济线章丘—王村；车次：55001；日期：2011 年 1 月 7 日					
序号	速度间隔 (km/h)	平均外包牵引力 (kN)	平均实际牵引力 (kN)	实际/外包(%)	比外包降幅(%)
1	0～10	570	158.2	27.7	72.3
2	10～20	550	149.6	27.2	72.8
3	20～30	523	125.7	24.0	76.0
4	30～40	490	147.5	30.1	69.9
5	40～50	463	196.7	42.5	57.5
6	50～60	431	174.6	40.5	59.5
	平均	504.5	158.7	31.5	68.5

根据机车黏着特性原理，在相同黏着条件下实际发挥的最大平均牵引力，应当是速度低比速度高略大些，但表 2-21、表 2-22 显示的实际试验数据并不能很好地符合这一规律。这是因为实际试验时受到坡道、曲线等诸多因素影响，很难达到完全相同的黏着条件。

另外试验数据表明，下雨等使黏着条件恶化的情况下，机车实际黏着系数可能也会受到坡度的影响，即随着上坡道坡度值的增大，黏着系数可能会有所降低。

3. 对试验数据的修正

结合机车黏着特性原理，对表 2-21、表 2-22 中数据进行修正列于表 2-23 中。

表 2-23　下雨时 HXD_3 型机车在 4.0‰上坡道运行最大牵引力参考表(kN)

速度(km/h)	0	10	20	30	40	50	60	70	80
撒砂良好时	375	342	325	319	314	310	306	303	
不撒砂时	205	188	182	177	173	170	168	167	

4. 下雨时机车黏着系数(牵引力)降幅分析

(1)HXD_3 型机车下雨时黏着牵引力降幅分析

结合表 2-23 中所列数据,在 0～40 km/h 范围,对下雨时 HXD_3 型机车在平均 4.0‰的上坡道运行时,黏着牵引力下降幅度进行估算如下。

最大牵引力比牵引特性曲线外包牵引力(表 2-20)的平均降幅:撒砂时约 37.0%,不撒砂时约 65.0%。

最大牵引力比计算黏着限制牵引力(表 2-20)的平均降幅:撒砂时约 33.0%;不撒砂时约 63.0%。

不撒砂比撒砂时最大牵引力平均降幅约 45.0%。

(2)持续下雨时其他机型黏着系数下降幅度问题

HXD_3 型机车的黏着性能试验,为分析其他机型的黏着性能提供了方便条件。因 HXD_3 型机车功率强大,大部分机型下雨撒砂时发挥的最大牵引力比本机型牵引特性曲线外包牵引力平均降幅要小于 HXD_3 型机车。又因 HXD_3 型机车的计算黏着系数公式取用的是交流传动电力机车,运行速度在 40 km/h 以下时,交流传动电力机车的计算黏着系数比国产各型机车约高 12.1%。所以国产各型机车撒砂和不撒砂时最大牵引力比计算黏着限制牵引力平均降幅要小于 HXD_3 型机车 10%以上。

HXD_3 型机车不撒砂比撒砂时最大牵引力平均降幅应适用于各型机车。

因此对于各型机车,持续下雨时牵引力降幅的参考数据为:

因此对于各型机车,持续下雨时的牵引力降幅参考数据为:

即使撒砂作用良好,机车黏着系数将下降 17%以上,这就意味着黏着限制牵引力也将下降 17%以上。

砂管完全堵塞时,黏着系数将下降 45%以上。撒砂系统作用不良时黏着系数会有不同程度的下降。

一般情况,下小雨比下大雨黏着系数下降幅度大,更容易空转。这主要是因为下大雨轮轨清洁程度高。

下小雨,线路长时间无列车通过,易造成钢轨生锈,浮锈将使黏着系数将大幅下降。

工务施工等造成钢轨有油污时,即使撒砂作用良好,黏着系数也将大幅下降。

雨、雪、霜、露天气时黏着系数会有不同程度的下降。

五、HXD_3 型机车最大牵引力与重货列车起动及运行总阻力的对比

将 HXD_3 型机车牵引的滚动轴承重货车的总阻力数据列于表 2-24 中。

表 2-24 HXD_3 型机车牵引滚动轴承重货车总阻力表(kN)

速度(km/h)	0	3	20	40	60	80	牵引吨数
平道	196	54	62	76	96	122	5 500
3‰上	362	220	228	242	263	288	5 500
4‰上	418	276	284	298	318	344	5 500
5‰上	473	331	339	353	373	399	5 500
5‰上	348	244	250	260	275	295	4 000

为了便于看出 HXD_3 型机车牵引的重货列车的运行情况,将表 2-20 中计算黏着限制、表 2-23

中下雨撒砂良好时最大牵引力、下雨不撒砂时最大牵引力3组不同情况下的黏着限制牵引力数据，用虚线形式绘于图2-25中。将表2-24中平道、4‰、5‰上坡道共4组阻力数据用实线形式绘于图2-25中。

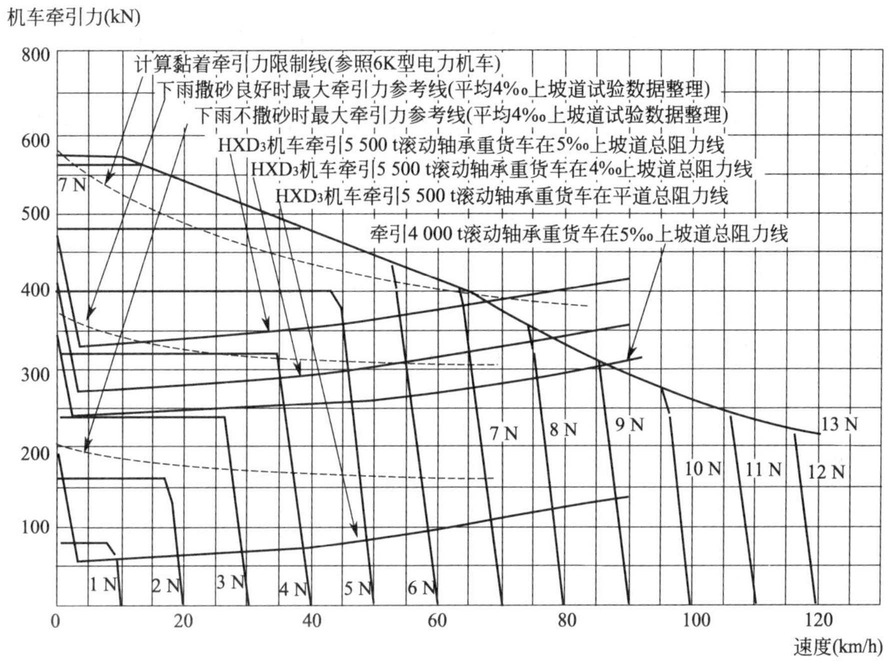

图2-25　HXD3型机车牵引特性曲线、黏着限制线及总阻力线对比

图2-25中三条虚线，由上而下分别是计算黏着、下雨撒砂良好和不撒砂时黏着牵引力限制线。从中可看到下雨和不下雨、撒砂和不撒砂时黏着牵引力的巨大差别。

从图2-25中阻力线可以看出，持续下雨并且撒砂良好时，HXD3型机车牵引定轴列车(5 500 t)，全列在5‰的上坡道运行可能速度会持续下降。结合表2-24，此时牵引定轴列车停车后，可能起动的最大坡道为全列在3‰的上坡道。

六、HXD3型机车黏着性能的优缺点

1. HXD3型机车优点

(1)HXD3型机车牵引力有轴重转移补偿控制功能

即运行速度在20 km/h以下时，6台牵引电动机所产生的牵引力从前进方向的第一轴开始，牵引力呈梯形分布，第一轴牵引力最小，越往后越大，这种控制方式能充分利用机车的黏着质量，有效解决了起动和低速时因轴重转移产生的空转问题。

(2)HXD3型机车功率有单轴控制功能

运行中机车某轴发生空转时，对于机车的功率调节不是整体进行降功，而是单轴进行控制，从而能充分发挥最大功率，解决了空转时的功率有效利用问题。

(3)恒力准恒速牵引特性有效避免了因空转造成的LKJ自停问题

机车空转未得到抑制达到一定时间(济南局目前对LKJ这一参数设置为30 s)，就会造成速度突升引发自停。而HXD3型机车手柄级位适当，就可有效避免这种情况发生。例如，重货列车在困难车站开车，道岔侧向限速45 km/h，LKJ限速为48 km/h，列车起动后司机只要

将手柄放置不超 4.8 级的位置，就不会引发自停放风。因为放置 4.8 级，某轴空转时，速度接近 43 km/h，恒力准恒速牵引特性会使该轴牵引力迅速下降，速度达到 48 km/h 牵引力下降到 0，没有了牵引力，速度就不会突升。

2. HXD_3 型机车缺点

主要是在撒砂系统方面。HXD_3 型机车的撒砂系统结构复杂，对砂子质量要求很高。实际运用时下砂量少、砂管易堵塞、疏通难度大。

天气不良等情况下，需要通过撒砂来改善黏着条件。HXD_3 型机车撒砂系统的这一缺陷，使得上述优点大打折扣。

HXD_3 型机车天气不良运缓、坡停高发的第二个重要原因就是撒砂系统不畅通（第一个是黏着质量比 SS_4 型机车低）。

因此，对 HXD_3 型机车撒砂系统存在的问题必须认真解决。

七、减少 HXD_3 型机车运缓、坡停的操纵方法

参见第七章第四节。

第三章　列车牵引、惰行、制动节能运行基本问题

无论列车的实际运行过程如何复杂，情况如何千变万化，都由牵引、惰行、制动三个基本环节组合而成。因此，要研究列车运行全过程的节能问题，必须分别研究各环节的特殊性，在揭示其基本规律的基础上，再进行综合分析，才能取得比较好的结果。

第一节　列车牵引运行节能基本问题

列车牵引运行时，究竟是运行速度（手柄位置）高节能，还是运行速度（手柄位置）低节能；究竟是维持恒速节能，还是采用锯齿形（速度波动）运行节能；究竟是牵引质量高节能，还是牵引质量低节能。这些问题，也是理论探讨和现场中经常争论的问题。本节将主要对这些问题进行探讨，进而得出科学的回答。

一、列车运行基本阻力特性与节能运行的关系

1. 列车阻力

(1)列车阻力的定义

列车阻力是与列车运行方向相反、阻碍列车运行的、司机不可控制的外力。

(2)列车阻力分类

①按产生原因分类

按产生原因，列车阻力可分为基本阻力和附加阻力。

基本阻力是机车和车辆在运行中（包括起动时）永远存在的阻力。列车在平直道上运行时，只有运行基本阻力。在平直道上起动时，只有起动基本阻力。

附加阻力只发生在个别情况下。例如，在坡道上运行时有坡道附加阻力，在曲线上运行时有曲线附加阻力，在隧道内运行时有隧道空气附加阻力等。坡道附加阻力不随速度发生变化，曲线附加阻力一般认为也是不随速度变化而变化的。

运行基本阻力是随运行速度增大而增加的。因此，运行基本阻力的大小，列车司机或列车调度虽然不能直接控制，但也可通过调整运行速度间接进行控制。

基本阻力与附加阻力之和称为全阻力。

②按作用范围分类

按作用范围，列车阻力可分为总阻力和单位阻力。

总阻力是作用在机车、车辆或列车全部质量上的阻力。分别称为机车、车辆或列车总阻力，用大写英文字母“W”表示。单位是 kN。

单位阻力是平均到机车、车辆或列车每 kN 重力上的阻力。分别称为机车、车辆或列车单位阻力，用小写英文字母“w”表示。单位是 N/kN。

总阻力和单位阻力的关系如下。

$$w = W \cdot 10^3/(m \cdot g)$$

$$W = m \cdot w \cdot g \cdot 10^3 \tag{3-1}$$

式中 m—— 列车质量(它等于机车计算质量 P 加牵引质量G),t;

g—— 重力加速度,9.81 m/s^2。

(3)机车、车辆的附加阻力

①坡道附加阻力

机车、车辆的单位坡道附加阻力 w_i,其数值等于坡道坡度的千分数。

$$w_i = i \tag{3-2}$$

式中 i—— 坡道坡度,‰;上坡取正值,下坡取负值。

②曲线附加阻力

机车、车辆的单位曲线附加阻力 w_r,按下列公式计算。

列车长度小于或等于曲线长度时:

$$w_r = 600/R \tag{3-3}$$

式中 R——曲线半径,m。

列车长度大于曲线长度时:

$$w_r = 10.5\alpha/l_1 \tag{3-4}$$

或

$$w_r = (600/R)(l_r/l_1) \tag{3-5}$$

式中 α——曲线偏角(中心角),度;

l_1——列车长度,m;

l_r——曲线长度,m。

牵引计算中的曲线长度包括圆曲线长度及其两端的缓和曲线各半长度,按下式计算

$$l_r = L_r - \frac{1}{2}(l_{yz1} + l_{yz2}) \tag{3-6}$$

式中 L_r——曲线总长度,m;

l_{yz1}、l_{yz2}——曲线两端的缓和曲线长度,m。

③隧道附加阻力

机车、车辆在隧道内的运行单位空气附加阻力 w_s,由试验确定。

④加算附加阻力与加算坡度

机车、车辆的单位加算附加阻力 w_j,按下式计算:

$$w_j = w_i + w_r + w_s \tag{3-7}$$

加算坡度 i_j的千分数等于单位加算附加阻力 w_i的数值,即

$$i_j = w_j \tag{3-8}$$

加算坡度 i_j,按下式计算

$$i_j = i + i_r + i_s \tag{3-9}$$

式中 $i = w_i$;$i_r = w_r$;$i_s = w_s$。

限制机车牵引质量的加算上坡度,称为限制坡度 i_x。

2. 基本阻力

(1)基本阻力的组成

列车的基本阻力由机械阻力和气动阻力组成。

机械阻力包括车轴轴承摩擦阻力、轮轨间滚动摩擦阻力、轮轨间滑动摩擦阻力、冲击阻力。

气动阻力又称空气阻力，包括列车头部正压和尾部负压所构成的压差阻力，表皮摩擦和涡流损失。它与列车最大截面积、空气密度、列车表面形状有关，与相对速度的平方成正比。

此外，机车基本阻力中还包括由牵引电机(液力传动内燃机车为变扭器)到机车动轴之间的机械(齿轮或万向轴)传动阻力。

上述引起基本阻力的各种因素所占比例随着列车速度的高低有所变化。起动时，几乎没有气动阻力，以轴承的摩擦阻力和轮轨间的滚动摩擦阻力为主，滚动轴承的车辆起动要容易很多。低速运行时，轴承的摩擦阻力占较大的比例；速度提高后，轮轨间的滑动摩擦阻力、冲击振动和气动阻力的比重逐渐加大；高速运行时，基本阻力则以气动阻力为主，因此高速列车的外形流线化就显得特别重要。

(2)基本阻力的计算公式

①机车、车辆起动单位基本阻力

《牵规》规定如下。

电力、内燃机车的起动单位基本阻力 w'_q 均取 5 N/kN。

滚动轴承货车的起动单位基本阻力 w''_q 取 3.5 N/kN。

滑动轴承货车的起动单位基本阻力 w''_q 按下式计算：

$$w''_q = 3 + 0.4 i_q \tag{3-10}$$

式中 i_q——起动地段的加算坡度，‰。

滑动轴承货车的起动单位基本阻力，计算结果小于 5 N/kN，按 5 N/kN 计算。

②机车运行单位基本阻力

《牵规》规定的部分电力、内燃机车运行单位基本阻力公式如下。

电力机车

SS_1、SS_3、SS_4 型　$w'_0 = 2.25 + 0.019\,0v + 0.000\,320v^2$　(3-11)

SS_7 型　$w'_0 = 1.40 + 0.003\,8v + 0.000\,348v^2$　(3-12)

6K 型　$w'_0 = 3.25 + 0.009\,2v + 0.000\,308v^2$　(3-13)

8G 型　$w'_0 = 2.55 + 0.008\,3v + 0.000\,212v^2$　(3-14)

内燃机车

DF 型　$w'_0 = 2.93 + 0.007\,3v + 0.000\,271v^2$　(3-15)

各型 DF_4、DF_{7D}　$w'_0 = 2.28 + 0.029\,3v + 0.000\,178v^2$　(3-16)

DF_8 型　$w'_0 = 2.40 + 0.002\,2v + 0.000\,391v^2$　(3-17)

DF_{11} 型　$w'_0 = 0.86 + 0.005\,4v + 0.000\,218v^2$　(3-18)

ND_5 型机车　$w'_0 = 1.31 + 0.016\,7v + 0.000\,391v^2$　(3-19)

③车辆运行单位基本阻力

《牵规》规定的客车运行单位基本阻力公式如下。

21、22 型客车(v_{max} = 120 km/h)

$$w''_0 = 1.66 + 0.007\,5v + 0.000\,155v^2 \tag{3-20}$$

25B、25G 型客车(v_{max} = 140 km/h)

$$w''_0 = 1.82 + 0.010\,0v + 0.000\,145v^2 \tag{3-21}$$

准高速单层客车(v_{max} = 160 km/h)

$$w''_0 = 1.61 + 0.004\,0v + 0.000\,187v \tag{3-22}$$

准高速双层客车($v_{max}=160$ km/h)

$$w_0''=1.24+0.0035v+0.000157v^2 \quad (3\text{-}23)$$

《牵规》规定的货车运行单位基本阻力公式如下。

滚动轴承货车(重车) $w_0''=0.92+0.0048v+0.000125v^2$ (3-24)

滑动轴承货车(重车) $w_0''=1.07+0.0011v+0.000236v^2$ (3-25)

油罐车专列(重车) $w_0''=0.53+0.0121v+0.000080v^2$ (3-26)

空货车(不分车型) $w_0''=2.23+0.0053v+0.000675v^2$ (3-27)

空重货车混编时,车辆的平均运行单位基本阻力应按空重车的质量百分比加权平均计算。

油罐车与其他货车混编时,按滚动轴承货车基本阻力公式计算。

④动车组运行单位基本阻力

动车组由动车(相当于机车)和拖车(相当于车辆)组成固定编组,其运行单位基本阻力的计算不分动车和拖车,通过专门试验得出综合试验公式。

先锋号电动车组的运行单位基本阻力公式为

$$w_0=1.65+0.0001v+0.000179v^2 \quad (3\text{-}28)$$

中华之星号高速电动车组的运行单位基本阻力公式为

$$w_0=1.16+0.00534v+0.000182v^2 \quad (3\text{-}29)$$

以上各式中:w_0'、w_0''、w_0——分别为机车、车辆、动车组运行单位基本阻力,N/kN;

v——运行速度,km/h。

3. 运行单位基本阻力强弱特性

由以上运行单位基本阻力公式可以清楚地看到,运行单位基本阻力无论是机车还是车辆均随速度的增加而增大,但其增加的幅度却存有一定差别。运行单位基本阻力随速度变化幅度较大的称其具有强特性,反之为弱特性。强弱特性是相对的,是相比较而存在的。显然,空货车与重货车相比,空车呈强特性,重车呈弱特性,如图 3-1 所示。从图 3-1 中看到客车、动车组、重货车的三组曲线近似平行,说明它们的运行单位基本阻力随速度的增加幅度很接近,与空货车和机车相比为弱特性。

4. 列车运行基本阻力特性与节能运行的关系

阻力分为基本阻力和附加阻力。附加阻力一般认为是不随速度变化而变化的。也就是说,作为已定列车要走完某区段,机车牵引力克服附加阻力所做的功是一定值,是司机所无法改变的。而机车牵引力克服运行基本阻力所做的功却是一个变量,随图定时间、调度方式、操纵方式等不同而不同。这个变量越大,当牵引运行时就意味着机车耗能就越多。列车运行基本阻力是随运行速度的增加而增大的。

因此,可以这样认为,似乎列车运行速度越低,牵引运行同样距离机车部分或全部牵引力克服部分或全部运行基本阻力所做的功就越小,耗能就越小。

基本阻力是列车运行中(包括起动时)永远存在的阻力。无论是机车、客车还是货车运行基本阻力都随运行速度的提高而增加,具体数值见表 3-1。

表 3-1 部分机车、车辆运行单位基本阻力数值(N/kN)

运行速度 v(km/h)	10	20	30	40	50	60	70	80	90
SS_4型机车	2.47	2.76	3.11	3.52	4.00	4.54	5.15	5.82	6.55
各型 DF_4机车	2.59	2.94	3.32	3.74	4.19	4.68	5.20	5.76	6.36

续上表

运行速度 v(km/h)	10	20	30	40	50	60	70	80	90
ND_5型机车	1.52	1.80	2.16	2.60	3.12	3.72	4.40	5.15	5.98
滚动轴承重货车	0.98	1.07	1.18	1.31	1.47	1.66	1.87	2.10	2.36
滑动轴承重货车	1.10	1.19	1.32	1.49	1.72	1.99	2.30	2.67	3.08
重油罐专列	0.66	0.80	0.97	1.14	1.34	1.54	1.77	2.01	2.27
空货车	2.35	2.61	3.00	3.52	4.18	4.98	5.91	6.97	8.17
21、22 型客车	1.75	1.87	2.02	2.21	2.42	2.67	2.94	3.25	3.59
25B、25G 型客车	1.93	2.08	2.25	2.45	2.68	2.94	3.23	3.55	3.89
准高速单层客车	1.67	1.76	1.90	2.07	2.28	2.52	2.81	3.13	3.48
准高速双层客车	1.29	1.37	1.49	1.63	1.81	2.02	2.25	2.52	2.83
运行速度 v(km/h)	100	110	120	130	140	150	160	170	180
21、22 型客车	3.96	4.36	4.79						
25B、25G 型客车	4.27	4.67	5.11	5.57	6.06				
准高速单层客车	3.88	4.31	4.78	5.29	5.84	6.42	7.04		
准高速双层客车	3.16	3.52	3.92	4.35	4.81	5.30	5.82		

在目前机车、车辆运行基本阻力特性下，运行速度每增加 10 km/h，SS_4、DF_4、ND_5型机车，其运行基本阻力分别平均约增加 13.0%、12.0%、18.0%；滚动轴承重货车、空货车、客车分别平均约增加 12.0%、17.0%、10.0%；

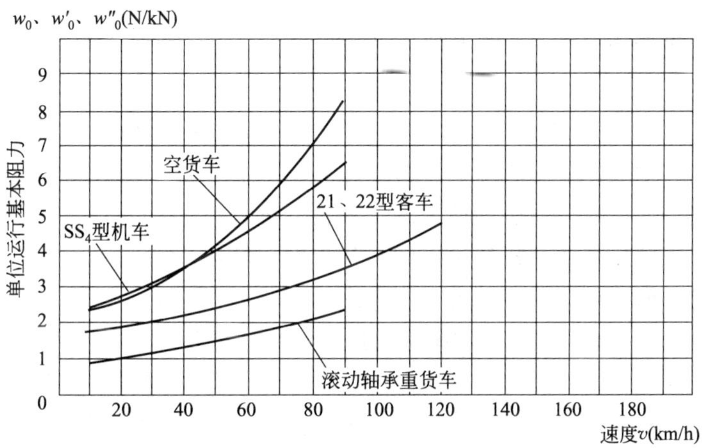

图 3-1　机车、车辆、动车组运行单位基本阻力与运行速度关系曲线

图 3-1 未绘制油罐专列的运行单位基本阻力与运行速度关系曲线，该曲线应在滚动轴承重货车的曲线下方。

从图 3-1 中可很直观看出，若机车牵引空货列车、普通旅客列车、滚动轴承重货列车运行时，通常机车单位耗能量(即每总质量万吨公里计的耗能量)空货列车最高、滚动轴承重货列车最低。假如用同一机型分别牵引这三种列车在平道用相同速度牵引运行相同距离时，它们之间的耗能量之比将近似等于它们之间的运行单位基本阻力之比。

二、机车油耗特性、总效率特性与列车节能运行的关系

1. 内燃机车燃油消耗率

单位柴油机输出功的燃油消耗量称为燃油消耗率，可用符号 ρ 表示，单位为 g/(马力·h)或 g/(kW·h)。

牵引运行时不同手柄位或柴油机转速下，柴油机单位输出功的耗油量即燃油消耗率 ρ 是不同的。以 ND_5 型内燃机车为例，根据 GE 公司提供的资料，主手柄在 1～8 位时，7FDL-16 型柴油机的标准燃油消耗率 ρ 见表 3-2。

表 3-2　主手柄置于不同位时的标准燃油消耗率及机车总效率

主手柄挡位	1	2	3	4	5	6	7	8
燃油消耗率 ρ[g/(马力·h)]	197.7	176.0	165.0	163.9	157.9	152.7	146.4	147.6
燃油消耗率 ρ[g/(kW·h)]	269.0	239.5	224.5	223.0	214.8	207.8	199.2	200.8
机车总效率 η	25.7%	28.9%	30.8%	31.0%	32.2%	33.3%	34.7%	34.4%

表中数据摘自文献[6]，其中燃油消耗率 ρ 给出的单位为 g/(马力·h)，本文将其换算为 g/(kW·h)，并对机车总效率 η 进行了计算。

2. 牵引运行时的燃油消耗量

表 3-3　ND_5 型机车各手柄位柴油机输出功率 N_e 和机车轮周功率 N

主手柄挡位	1	2	3	4	5	6	7	8
N_e(kW)	110.3	260.9	628.4	951.8	1 396.5	1 900.0	2 385.1	2 756.3
N (kW)	89.3	211.3	509.0	771.0	1 131.2	1 539.0	1 931.9	2 232.6

表 3-3 中柴油机输出功率 N_e 数据摘自文献[6]，本文将轮周功率按柴油机输出功率的 81%进行计算。

牵引运行时的燃油消耗量用符号 E_y 表示，单位为 kg。在恒功率速度范围可用下式计算：

$$E_y=\sum(\rho\cdot N_e\cdot t/1\,000) \tag{3-30}$$

式中　ρ——一定手柄位或柴油机转速下的燃油消耗率，g/(kW·h)；

N_e——一定手柄位或柴油机转速下的柴油机输出功率，kW；

t——一定手柄位或柴油机转速下牵引运行使用时间，h。

例如，一列由 ND_5 型内燃机车牵引的货物列车，由济南西运行到达德州，已知机车功率正常，5 位共使用 0.73 h，6 位共使用 0.6 h，7 位共使用 0.25 h，当其他手柄位基本未使用或使用时间很短，忽略不计时，计算机车在济德区段牵引运行时的燃油消耗量 E_y。

解：已知机车功率正常由表 3-2、表 3-3 可得

$\rho_5=214.8$ g/(kW·h)，$\rho_6=207.8$ g/(kW·h)，$\rho_7=199.2$ g/(kW·h)

$N_{e5}=1\,396.5$ kW，$N_{e6}=1\,900$ kW，$N_{e7}=2\,385.1$ kW

由已知条件得 $t_5=0.73$ h，$t_6=0.6$ h，$t_7=0.25$ h

将以上数据代入式(3-30)得

$$E_y=(214.8\times1\,396.5\times0.73/1\,000)+(207.8\times1\,900\times0.6/1\,000)+(199.2\times2\,385.1\times0.25/1\,000)\approx575.0\text{(kg)}$$

《牵规》中的内燃机车牵引运行燃油消耗量，给出了各手柄位或柴油机转速对应于各速度时的单位时间燃油消耗量(kg/min)，见表 3-4。

表 3-4　部分货运内燃机车单位时间燃油消耗量(kg/min)

机型	运行速度(km/h)		10	20	30	40	50	60	70	80	90	100
DF_4	手柄位	8	3.00	3.00	3.00	3.00	3.00	2.98	2.95	2.90	2.85	2.80
		12	5.23	5.23	5.23	5.27	5.28	5.27	5.18	5.08	4.89	4.70
		15	7.29	7.29	7.29	7.29	7.28	7.23	7.14	6.80	6.40	5.98
		16	8.15	8.28	8.33	8.34	8.33	8.24	7.97	7.55	7.08	6.52
DF_8	柴油机转速	680	3.58	3.73	3.80	3.83	3.81	3.77	3.69	3.58	3.45	3.29
		840	7.00	7.27	7.45	7.50	7.50	7.47	7.42	7.34	7.18	6.00
		960	10.50	10.52	10.51	10.49	10.47	10.45	10.42	10.32	9.83	8.84
		1000	11.55	11.62	11.62	11.62	11.62	11.62	11.62	11.51	10.69	9.67
ND_5	手柄位	3	2.48	2.49	2.49	2.49	2.49	2.49	2.49	2.49	2.49	2.49
		5	5.35	5.38	5.41	5.43	5.47	5.51	5.56	5.62	5.69	5.77
		7	8.34	8.34	8.34	8.34	8.34	8.34	8.34	8.34	8.34	8.34
		8	9.68	9.68	9.68	9.68	9.68	9.68	9.68	9.68	9.68	9.68

从表 3-4 中可以看出，对应于某手柄位或柴油机转速时的单位时间燃油消耗量，在恒功率速度范围变化不大。采用查取数据的方式计算牵引运行燃油消耗量比较麻烦，尤其是对于节能问题研究也不方便，而采用式(3-30)进行计算，就可使能耗复杂问题研究大为简化。

3. 内燃机车总效率计算

一定手柄位或柴油机转速下的内燃机车总效率可用下式计算：

$$\eta=[3.6\times10^6\times N/(\rho\cdot N_e\cdot q)]\times100\% \tag{3-31}$$

式中　N——某手柄位或柴油机转速下的机车轮周功率，kW；

ρ——某手柄位或柴油机转速下的燃油消耗率，g/(kW·h)；

N_e——某手柄位或柴油机转速下的柴油机输出功率，kW；

q——燃油低热值，kJ/kg，可取 42 200 kJ/kg。

例如，已知 ND_5 型机车 7 位手柄时机车轮周功率 N_7 = 1 931.9 kW，柴油机输出功率 N_{e7} = 2 385.1 kW，燃油消耗率 ρ_7 = 199.2g/(kW·h)，燃油低热值 q = 42 200 kJ/kg。求此时的机车总效率。

解：将已知数据代入式(3-31)得：

$$\begin{aligned}\eta_7&=[3.6\times10^6\times N_7/(\rho_7\cdot N_{e7}\cdot q)]\times100\%\\&=[3.6\times10^6\times1\,931.9/(199.2\times2\,385.1\times42\,200)]\times100\%\\&\approx34.7\%\end{aligned}$$

表 3-2 中的机车总效率就是这样计算出来的。应当说明，同一手柄位下由于运行速度的不同致使传动效率等会发生变化，加之功率调节方面的原因，即使假定 N_e 不变，随着运行速度的变化 N 也会发生微量变化。因此，在某一手柄位或柴油机转速下，随着运行速度的变化机车总效率实际上也会相应发生变化。但在恒功率速度范围，通常这种变化幅度不大。为了便于对一些复杂问题进行比较分析，机车总效率按式(3-31)处理后，将使一些分析计算大为简化，将对牵引节能问题的认识提高一大步。

4. 机车总效率(燃油消耗率)特性与列车节能运行的关系

电力机车(电动车组)牵引运行时,供电电能经传动装置转变为轮周功。但并不是从接触网获得的全部电能都能转化为轮周功,而是得到利用的电能只占总获得电能的某一比例,这个比例在数值上应等于电力机车(电动车组)牵引运行时的机车总效率。因此,电力机车(电动车组)牵引运行时的瞬时总效率等于轮周功率占供电功率的百分数;电力机车(电动车组)牵引运行在某段距离的平均总效率等于轮周功(有用功)占耗电量(总功)的百分数。电力机车(电动车组)总效率随手柄位的提高总体呈上升趋势。济南西机务段利用 HXD_3—8111 机车牵引试验得到的 225 组数据进行了机车总效率的计算,随着轮周功率的提高机车总效率呈上升趋势。HXD_3—8111 机车轮周功率为 250 kW、500 kW、750 kW、1 000 kW 时,机车总效率分别为 39.0%、56.0%、65.0%、71.0%,机车总效率上升幅度明显;轮周功率为 2 000 kW、3 000 kW、4 000 kW、5 000 kW、6 000 kW、7 000 kW 时,机车总效率分别为 81.0%、85.3%、87.7%、88.9%、89.5%、89.7%,即随着机车轮周功率的增加,机车总效率上升幅度逐渐减少。

各型内燃机车都存在经济位,比如 ND_5 型机车,6～8 位为经济手柄位,并以 7 位最经济。但各型内燃机车的一个显著特点是经济手柄位都较高。

内燃机车的燃油消耗率(简称油耗率)与机车总效率成反比,油耗率高,机车总效率低(参见式 3-31)。油耗率低或机车总效率高的手柄位为经济位。

因此,单纯从机车做功效率讲,使用经济手柄位机车单位牵引功的耗能量低,应该说是节能的。

三、列车牵引运行节能的三个基本问题

从列车运行基本阻力角度考虑,列车运行速度越低,牵引运行同样距离机车部分或全部牵引力克服部分或全部运行基本阻力所做的功就越小,耗能就越小,就越经济。

但从机车总效率方面来看,使用总效率高的手柄位机车单位牵引功的耗能量低,应该说越节能。但总效率高的手柄位都较高,使用高手柄位因牵引功率较大,在同一线路条件下与低手柄位相比列车运行速度高,运行基本阻力便增加,导致机车牵引力多做功,多做功就会多耗能。

显然,机车总效率随手柄位变化的特性与运行基本阻力特性在机车牵引运行耗能问题上是一对矛盾,存在以下三个基本问题需要回答。

第一个基本问题是运行速度(手柄位置)高节能,还是运行速度(手柄位置)低节能。

第二个基本问题是维持恒速节能,还是采用锯齿形(速度波动)运行节能。

第三个基本问题是牵引质量高节能,还是牵引质量低节能。

这就要看上述两个特性哪个是主要矛盾,哪个是次要矛盾;谁占主导地位,谁具从属地位。

四、均衡速度模型

机车以某一手柄位牵引列车合力为零,列车作等速运行时所对应的速度,为均衡速度。

机车分别以不同手柄位,牵引同一列车在坡度值恒定的线路上以各自相对应的均衡速度运行相同距离,计算比较分别使用各手柄位时的耗能量,这就是均衡速度理论分析模型,简称"均衡速度模型"。

均衡速度模型要求线路坡度值恒定,要求列车作等速运行,其目的就是简化比较条件,便于使复杂问题简单化,便于进行计算或模拟试验,便于直接进行比较,便于得出一般性结论,便于深化对列车牵引节能运行问题的认识。因此,均衡速度模型是列车牵引节能运行问题研究

的一个有力工具。

五、列车牵引节能运行第一论断

第一论断所回答的是列车牵引运行节能的第一个基本问题，即牵引运行时是运行速度（手柄位置）高节能，还是运行速度（手柄位置）低节能。

1. 第一论断

由机车（电动车组）总效率随手柄位或牵引功率变化而变化的特性和列车运行基本阻力特性所决定，一般而言，在运行时间不受限制的前提下牵引运行时，手柄位或功率越低，即列车运行速度越低越节油、节电；反之越费油、费电。从节能角度，列车运行基本阻力特性是主要矛盾方面，居主导地位；机车（电动车组）总效率随手柄位或牵引功率变化而变化的特性是次要矛盾方面，居从属地位。

以上是对第一论断的一般性表述，可进一步解释如下。

①牵引运行早点不是最节能操纵或调度方式。

②牵引空货列车无论是何种线路纵断面，手柄位越高，越费油、费电；反之越省油、省电。

③越在下坡道运行，无论空车还是重车，低手柄比高手柄运行节能效果更加明显；反之，越不明显。

④除 3‰及以上上坡道之外，牵引重货列车在其余线路纵断面上运行，能较好地符合一般性表述中的规律；当在超过 3‰上坡道牵引运行时，可能会出现低手柄位比高手柄位费油、费电的情况，但这种差别较小。

⑤牵引重货列车其经济性大大高于空货列车，当两者运行速度近似时，每吨重量空车约是每吨重车耗能量的 2.5 倍。

⑥牵引空货列车（基本阻力呈强特性）时的经济性受运行速度影响的程度比重货列车（基本阻力呈弱特性）明显。

⑦在平道上牵引运行时，速度每增加 10 km/h，由内燃机车牵引的重货、空货、旅客列车分别约增高耗能 8.0％、13.0％、8.0％（其计算参见本节第九部分）。

⑧此种规律可扩展到牵引运行、惰力运行、制动运行的组合过程中。

2. 第一论断的现实意义

①该论断与提速并不矛盾，关键是在什么条件下去应用。因列车运行总有一定时限要求，节能问题在一定程度上也必须服从于宏观经济效益和社会效益。但客观规律还是应当揭示的，该论断若能应用在非理想条件下将具有现实经济意义。

②牵引运行高速一般要比低速多耗能。列车运行时刻的制定是一个复杂问题，既要考虑社会效益，也要考虑经济效益。列车运行速度与耗能量的关系是列车运行图运行时刻铺划的一个重要约束条件，运行时刻可参照以下规则制定。

a. 上坡道区间用高手柄位牵引运行铺划。

b. 对于重货列车下坡道区间运行尽量多采用惰行铺划。

c. 重货列车运行至长大下坡道前牵引转惰行地点的速度尽可能低。

d. 货物列车对数少（运量少）的区段，运行时刻应适当放宽。

③非理想条件下运行，若采用适度牵引保守式操纵（参见第四章第二节），可取得双重节能效果。一是因克服运行基本阻力做功减少，另外是避免了不必要制动损失。

④较经济型车站（参见第四章第四节第二部分）安排重货列车停车时，调度或车站应提前

足够时间预告列车司机，如果可能，应说清限制时间要求，以便司机更多地采用惰行，取得双重节能效果。

⑤加强运输组织，尽量减少空车率。

3. 第一论断成立的本质

在列车牵引运行节能问题上，机车总效率随手柄位变化的特性与运行基本阻力特性是一对矛盾。无论是电力还是内燃牵引，之所以呈现此种规律，是因为列车运行基本阻力特性是主要矛盾，是由它所决定的，即随着运行速度的提高，运行基本阻力增加幅度一般要远远大于机车总效率的增加幅度。第一论断的有关证据及论证参见本节第八部分有关内容。

六、列车牵引节能运行第二论断

铁路运输对列车运行总是有一定时限要求的，在运行同一距离并须遵守同一时间时，列车牵引运行是恒速运行节能还是锯齿形(速度波动)运行节能？这是列车牵引节能运行需要澄清的第二个基本问题。

1. 第二论断

由机车总效率随手柄位或牵引功率变化而变化的特性和列车运行基本阻力特性所决定，在不考虑制动工况时，列车在规定时间内牵引运行同一距离，一般而言，列车速度波动程度小的运行方式比波动程度大的方式节能。当列车以恒速运行时，在上述条件下，这种运行方式的平均运行基本阻力将达到最小值，机车牵引力克服运行基本阻力做功也将达到最小值，因而这种运行方式一般为上述条件下的最节能运行方式。

以上是对第二论断的一般性表述，可进一步解释如下。

①呈现这种规律的本质原因是列车运行基本阻力特性所决定的，因为一般来说它是矛盾的主要方面。

②运行基本阻力强特性比弱特性(运行基本阻力随速度变化幅度大者为强特性，如空车；反之为弱特性，如重车)呈现此种规律明显。

③一般情况是遵守这种规律，但它比第一论断更容易打破。当这种规律被打破的个别情况出现，也正是矛盾的主次关系发生变化的情况，即此时机车总效率随手柄位或牵引功率变化的特性起主导作用。

④此种规律可扩展到与惰行组合的过程中。

第二论断的有关证据及论证参见本节第八部分有关内容。

2. 第二论断的现实意义

①根据第二论断得知在遵守同一限制时间的前提下牵引运行时，锯齿形操纵运行不如维持恒速节能。因此，对一次走行距离较长，并在理想条件下(参见第一章第一部分)运行的列车，司机应通过调节手柄位使列车保持较为恒定的速度运行(接近停车站或接近长大下坡道前转惰行时除外)，尤其是牵引空货列车。

②当同一列车遵守同一时间牵引(包含惰行)走行相同距离时，因各种操纵方式能耗差别不大。因而无论是司机操纵，还是科学研究应摆脱这一问题的束缚，把主要精力转移到如何避免不必要的制动损失上来，这是颇具现实节能意义的。

③在运行时间相同的前提下，一般情况锯齿形操纵不如维持恒速节能。但在非理想条件下(参见第一章第一部分)，为避免前方即将产生的不必要的制动损失，必须采用适度保守式操纵(参见第四章第二节)，而锯齿形操纵往往是适度牵引保守式操纵的一种重要表现形式。

七、列车牵引节能运行第三论断

第三论断所回答的是列车牵引运行节能的第三个基本问题，即是牵引质量高节能，还是牵引质量低节能。

1. 第三论断

列车牵引运行时，一般而言，牵引质量越小机车单位耗能越高；反之，牵引质量越大机车单位耗能越低。

第三论断，也即牵引质量与机车单位耗能之间呈现此种规律的原因如下。列车牵引运行时，其耗能应分为两部分，一部分是机车自身运行耗能，另一部分是后部车辆运行耗能。而机车单位耗能量却总是用总耗能量除以牵引质量形成的万吨公里数。在一定运行速度下，走行某一距离，机车自身耗能量相对固定。因此，当牵引质量过小时，形成的万吨公里数少，却要将一定运行速度下较固定的机车自身耗能分摊到每个万吨公里中去，故造成机车单位耗能量会很高；随着牵引质量增大，机车单位耗能会随之降低。但随着牵引质量增大，其单位牵引质量的机车单位耗能降低幅度逐渐变小。

第三论断的有关论证参见本节第八部分有关内容。

2. 第三论断的现实意义

第三论断虽然不是机车优化操纵所研究的对象，但对于机车操纵环境或列车运行环境却是应重点研究的对象。它对于铁路运输的现实指导意义就在于，通过优化运输组织，应尽量减少欠轴列车的开行，并应尽量开行满轴、超轴列车。懂得了这种规律，也就更加清楚了"小编组以及双机牵引重载列车机车耗能增高的原因(通常情形下因重载列车需双机牵引，平均每台机车的牵引质量远比单车牵引时要低。当然，单机牵引重载列车例外)；懂得了这种关系，当制定机车单位耗能指标时，必须综合考虑空、重车及牵引质量等复合因素，才能客观公正地去评价、考核基层单位或评价、考核列车司机，调动其积极性。

利用表 3-17 数据可方便得出双机牵引重载列车与单车牵引相比增加的耗能数据，这为经济性预测提供了方便。

例如，ND_5 型机车单车牵引 4 000 t 重货列车，以 60 km/h 恒速在平直线路牵引运行时的机车单位耗能量为 12.60 kg/(万 t·km)。ND_5 型机车双机牵引 5 000 t 重载列车时，平均每台机车的牵引质量为 2 500 t，在相同的运行条件下，查得此时机车单位耗能量为 13.76 kg/(万 t·km)，双机牵引 5 000 t 重载列车比单车牵引 4 000 t 重货列车耗能量将提高 9.2%。

八、列车牵引节能运行第一、二、三论断有关证据及论证

研究列车牵引节能运行问题，其本质是论证列车运行基本阻力特性发挥作用大还是机车总效率特性发挥作用大的问题。在牵引节能问题研究上必须同时涉及这两个特性，否则其研究结论就可能是错误的，至少也将是不全面的。

(一)第一论断的有关证据及论证

1. 第一论断成立的"均衡速度模型"证明

"均衡速度理论分析模型"参见本节第四部分中内容。

(1)内燃机车牵引条件下的分析、计算、比较

以 ND_5 型内燃机车为例进行分析、比较、计算。

已知条件：用一台 ND_5 型机车，机车计算质量 $P=135$ t，牵引质量 $G=3\ 500$ t 的重货列

车(全部为滑动轴承),运行过程的线路纵断面分 6 种情况,分别是:①2‰直下坡;②平直;③2‰直上坡;④3‰直上坡;⑤4‰直上坡;⑥5‰直上坡。且不考虑起动加速过程和惰行制动过程。求运行过程中列车在每一手柄位置对应的 6 种坡度的线路上以各自的均衡速度牵引运行 100 km 时的燃油消耗量。

①先求解均衡速度 $v_{均n}$(下角标 n 表示手柄位)

列车总基本阻力:

$$W_0=W_0'+W_0''=(Pw_0'+Gw_0'')g\times10^{-3}$$
$$=(135w_0'+3\,500w_0'')g\times10^{-3}\quad(\text{kN})\tag{3-32}$$

式中 P、G——分别为机车计算质量和牵引质量,t;

w_0'、w_0''——分别为机车、车辆运行单位基本阻力,N/kN;

g——重力加速度,9.81 m/s^2。

由机车轮周功率 $N=\dfrac{Fv}{3.6}$ (kW)得:

$$F=3.6N/v\quad(\text{kN})\tag{3-33}$$

当列车在平直线路上以均衡速度运行时,列车合力为零,即

$$C=F-W_0=0\tag{3-34}$$

综合式(3-19)、式(3-25)、式(3-32)、式(3-33)、式(3-34),整理后得

$$3.6N_n=38.473\,3v_{均n}+0.059\,885v_{均n}^2+0.008\,620\,9v_{均n}^3\tag{3-35}$$

考虑到列车在 2‰直下坡、2‰、3‰、4‰、5‰直上坡道上运行时的坡道阻力与(3-35)式相对应的关系式分别为:

$$3.6N_n=-32.845\,4v_{均n}+0.059\,885v_{均n}^2+0.008\,620\,9v_{均n}^3\tag{3-36}$$
$$3.6N_n=109.792\,0v_{均n}+0.059\,885v_{均n}^2+0.008\,620\,9v_{均n}^3\tag{3-37}$$
$$3.6N_n=145.451\,4v_{均n}+0.059\,885v_{均n}^2+0.008\,6209v_{均n}^3\tag{3-38}$$
$$3.6N_n=181.110\,7v_{均n}+0.059\,885v_{均n}^2+0.008\,620\,9v_{均n}^3\tag{3-39}$$
$$3.6N_n=216.770\,1v_{均n}+0.059\,885v_{均n}^2+0.008\,620\,9v_{均n}^3\tag{3-40}$$

分别将 1~8 位的轮周功率 N(由表 3-3 给出)代入式(3-35)~式(3-40),便得出对应每一手柄位的各均衡速度值 $v_{均n}$(km/h)。

②再求解运行时间 t_n

$$t_n=100/v_{均n}\quad(\text{h})\tag{3-41}$$

③最后求解燃油消耗量 E_{yn}

牵引运行燃油消耗量参照式(3-30)计算:

$$E_{yn}=\rho_n\cdot N_{en}\cdot t_n/1\,000)\quad(\text{kg})\tag{3-42}$$

式中 ρ_n——某手柄位的标准燃油消耗率,g/(kW·h),由表 3-2 给出;

N_{en}——某手柄位的柴油机输出功率(kW),由表 3-3 给出。

将式(3-35)~式(3-42)解得的数据列于表 3-5。

表 3-5 中的空格是因计算出的均衡速度值与 ND_5 型机车的恒功率速度范围 22.2~118 km/h 相差较大而删去。用同样的方法再对空货列车和单机运行进行计算,表 3-6、表 3-7 中分别列出了借助“均衡速度模型”计算方法得到的 ND_5 型机车牵引 1 100 t 的空货列车和单机运行 100 km 时的燃油消耗量、均衡速度和运行时间。

表 3-5 牵引 3 500 t 重货列车均衡速度、运行时间、燃油消耗量表

手柄位 n		1	2	3	4	5	6	7	8
均衡速度(km/h)	5‰直上坡						24.9	30.9	35.5
	4‰直上坡					22.0	29.3	36.1	40.9
	3‰直上坡					26.8	35.4	42.9	48.2
	2‰直上坡				24.0	33.5	43.5	51.5	57.0
	平直	8	18	36	47	58	68	76	81
	2‰直下坡	63.5	68.5	78.0	84.5	91.5	99.0	104.5	108.5
运行时间(h)	5‰直上坡						4.02	3.24	2.84
	4‰直上坡					4.55	3.41	2.77	2.44
	3‰直上坡					3.73	2.82	2.33	2.07
	2‰直上坡				4.17	2.99	2.30	1.94	1.75
	平直			2.78	2.13	1.72	1.47	1.32	1.23
	2‰直下坡	1.57	1.46	1.28	1.18	1.09	1.01	0.96	0.92
燃油消耗量(kg)	5‰直上坡						1 586	1 538	1 572
	4‰直上坡					1 364	1 348	1 316	1 353
	3‰直上坡					1 119	1 115	1 107	1 148
	2‰直上坡				884	895	908	923	971
	平直			392	452	517	580	625	683
	2‰直下坡	47	91	181	251	328	399	455	510

表 3-6 牵引 1 100 t 空货列车均衡速度、运行时间、燃油消耗量表

手柄位 n_s		1	2	3	4	5	6	7	8
均衡速度(km/h)	5‰直上坡			21.1	30.2	41.2	51.9	60.8	66.9
	平直		26.5	45.0	56.0	67.5	78.0	86.5	92.5
运行时间(h)	5‰直上坡			4.74	3.31	2.43	1.93	1.64	1.49
	平直		3.77	2.22	1.79	1.48	1.28	1.16	1.08
燃油消耗量(kg)	5‰直上坡			669	703	728	761	781	827
	平直		236	314	379	444	506	549	598

表 3-7 单机运行时均衡速度、运行时间、燃油消耗量表

手柄位 n		1	2	3	4	5	6	7	8
均衡速度(km/h)	平直道	66.0	96.0						
运行时间(h)	平直道	1.52	1.04						
燃油消耗量(kg)	平直道	45	65						

若将表 3-5、表 3-6 中部分数据用图的形式表现出来，就如图 3-2 所示。由表 3-5～表 3-7 及图 3-2，尤其是图 3-2 可以清楚地看到，一般情况下，在运行时间不受限制的前提下，牵引运行时，手柄位或功率越低，即列车运行速度越低越省油；反之，越费油。这充分说明在列车牵引运行节能问题上列车运行基本阻力特性是矛盾的主要方面，机车总效率特性是矛盾次要方面。

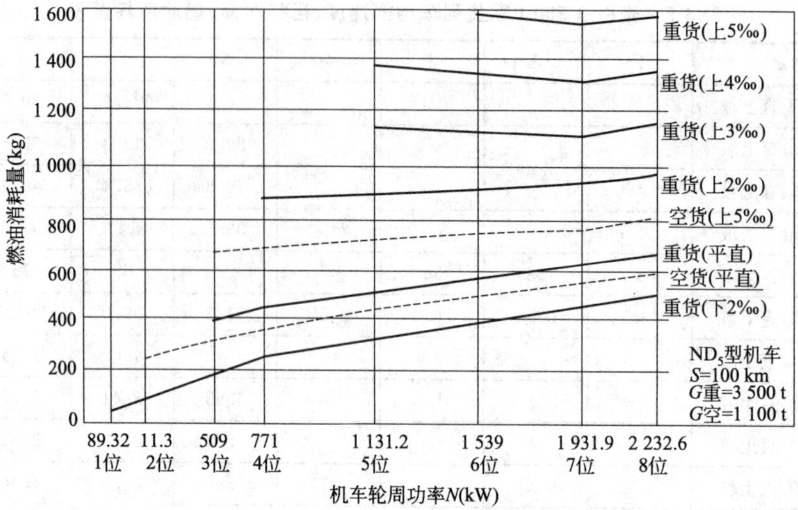

图 3-2　均衡速度模型燃油消耗量随轮周功率（手柄位）变化特性曲线

综上所述，用 ND_5 型机车牵引重货列车、空货列车、单机运行所得结果均符合列车牵引节能运行第一论断。

(2)电力机车牵引条件下的牵引电算软件模拟试验证明

下面用“均衡速度模型”，并通过牵引电算软件(《牵引电算》V2.5 版，铁道科学研究院机车车辆研究所开发)的模拟试验，对列车牵引节能运行第一论断进行证明。

①模拟试验条件

以 SS_4 型电力机车分别牵引重货列车、空货列车和单机运行为例进行模拟、分析、比较、计算。已知条件如下。

a. SS_4 型机车一台，牵引 $G=5\ 502$ t 的重货列车，手柄级位分别使用 25、30、35 级，运行过程的线路纵断面 i 分别是：$-3‰$、$-2‰$、$-1‰$、0、$2‰$、$4‰$、$6‰$，运行距离 $S=10$ km。

b. SS_4 型机车一台，牵引 $G=1\ 409$ t 的空货列车，手柄级位分别使用 30、35 级，线路纵断面 i 分别是：0、$6‰$，运行距离 $S=10$ km。

c. SS_4 型单机，手柄级位分别使用 15、20、25、30、31 级，线路纵断面 i 分别是：0、$6‰$，运行距离 $S=10$ km。

以上线路均没有曲线，线路纵断面 i 下坡道为负值、平道为零、上坡道为正值。

②模拟实验步骤

第一步：利用牵引电算软件建立重货列车、空货列车、单机三个编组文件。

重货列车为简化编组文件：SS_4 型机车一台，牵引质量 $G=5\ 502$ t，61 辆，列车总长 932 m，列车主管压力 500 kPa，换算制动率 0.28，滑动轴承比例 20%，滚动轴承比例 80%。

空货列车为详细编组文件：SS_4 型机车一台，牵引质量 $G=1\ 409$ t，65 辆(编组顺序：敞车 C_{62} 型 20 辆、棚车 P_{62} 型 10 辆、罐车 G_{60} 型 5 辆、敞车 C_{62A} 型 10 辆、平车 N_{60} 型 5 辆、敞车 C_{61} 型 15 辆)，列车总长 908 m，列车主管压力 500 kPa。

单机编组文件：SS_4 型机车一台，机车计算质量 $P=184$ t，长度 32.8 m，列车主管压力 500 kPa。

第二步：利用牵引电算软件建立总长度达 110 km 并且无曲线的七种线路文件，这七种线路文件的坡度 i 分别为：$-3‰$、$-2‰$、$-1‰$、0、$2‰$、$4‰$、$6‰$。

第三步：利用牵引电算软件模拟试验得出上述条件下的各均衡速度值。

以 5 502 t 的重货列车在平道上使用 30 级位手柄牵引运行模拟为例，其模拟步骤为：选择 5 502 t 的重货列车编组文件、选择平道线路文件、确定结果数据文件、开始计算。列车运行约 27 km 耗时约 14 min 后，显示牵引力 106.2 kN、单位合力为零，此时列车运行速度为 63.9 km/h，并且之后运行速度不再增加，根据均衡速度的定义，63.9 km/h 就为该运行条件下的均衡速度值。采用此种方法模拟其他条件下的均衡速度值，将其列于表 3-8 中。

表 3-8　SS_4 型机车牵引运行均衡速度值（km/h）

列车编组	手柄级位	坡度 i						
		−3‰	−2‰	−1‰	0	2‰	4‰	6‰
5 502 t 的重货列车	25	100.4	67.5	50.5	42.8	32.1	26.8	24
	30		77.6	73.5	63.9	53.0	46.7	42.3
	35			109.2	94	77.5	61.8	50.2
1 409 t 的空货列车	30				67.5			56.1
	35				99.7			82.1
单机	15				33.3			
	20				43.6			
	25				51.2			
	30				78.2			
	31				83.8			

第四步：利用各均衡速度值模拟耗电量。

仍以 5 502 t 的重货列车在平道上使用 30 级位手柄，并以均衡速度值 63.9 km/h 牵引运行 10 km 时模拟为例，其模拟步骤为：选择 5 502 t 的重货列车编组文件；选择平道线路文件；确定结果数据文件；设置计算范围和初速（将初速设为 63.9 km/h）；开始计算；观察运行距离并利用暂停、回退功能使模拟运行距离尽量接近 10 km；计算结果处理；总耗能量计算；记录模拟结果。结果数据为：均衡速度 63.9 km/h、牵引力 106.2 kN、运行距离 10.009 km、耗电量 412.2 kW·h。采用此种方法模拟其他条件下的结果数据，将其列于表 3-9 中。

表 3-9　SS_4 型机车手柄级位、均衡速度、耗电量等数据对应表

列车编组	手柄级位	线路坡度	均衡速度（km/h）	模拟距离（km）	牵引力（kN）	耗电量（kW·h）	轮周功（kW·h）	机车总效率（%）
5 502 t 的重货列车	25	−3‰	100.4	10.011	0	18.6		
		−2‰	67.5	10.001	0	27.7		
		−1‰	50.5	10.007	34.0	131.61	94.51	71.81
		0	42.8	10.016	81.6	331.6	227.03	68.47
		2‰	32.1	10.016	183.7	626.0	511.16	81.65
		4‰	26.8	10.016	291.4	1 019.4	810.74	79.53
		6‰	24.0	10.007	401.0	1 451.8	1 114.67	76.78

续上表

列车编组	手柄级位	线路坡度	均衡速度(km/h)	模拟距离(km)	牵引力(kN)	耗电量(kW·h)	轮周功(kW·h)	机车总效率(%)
5 502 t的重货列车	30	−2‰	77.6	10.026	14.8	80.5	41.53	51.59
		−1‰	73.5	10.019	64.1	280.9	178.39	63.51
		0	63.9	10.009	106.2	412.2	295.27	71.63
		2‰	53.0	10.005	204.1	726.7	567.23	78.06
		4‰	46.7	10.011	308.8	1054.9	858.72	81.40
		6‰	42.3	10.017	415.9	1 442.8	1 157.24	80.21
	35	−1‰	109.2	10.011	128.8	366.0	358.17	97.86
		0	94.0	10.003	154.6	467.3	429.57	91.93
		2‰	77.5	10.009	237.5	741.3	660.32	89.08
		4‰	61.8	10.009	326.7	1 056.7	908.32	85.96
		6‰	50.2	10.007	424.1	1 446.1	1 178.88	81.52
1 409 t的空货列车	30	0	67.5	10.007	87.2	355.9	242.39	68.11
	30	6‰	56.1	10.016	165.8	614.6	461.29	75.06
	35	0	99.7	10.000	144.2	423.4	400.56	94.60
	35	6‰	82.1	10.013	204.3	631.6	568.24	89.97
单机	15	0	33.3	10.007	5.8	39.3	16.12	41.03
	20	0	43.6	10.008	6.7	43.0	18.63	43.32
	25	0	51.2	10.021	7.3	45.8	20.32	44.36
	30	0	78.2	10.037	10.3	62.6	28.72	45.87
	31	0	83.8	10.028	11.0	63.8	30.64	48.03

表 3-9 中 25 级位所对应−3‰、−2‰时的均衡速度值，为惰行速度值。该级位对应此速度范围无牵引力，此时的耗电量为机车自用电量。

为了体现机车总效率的变化，利用模拟出的数据计算出有关机车总效率的数值。

以 30 级位、平道时为例，机车以 106.2 kN 牵引力，牵引列车运行 10.009 km 时，轮周牵引力所做的功为：(106.2×1 000×10.009×1 000)/(3 600×1 000)≈295.27(kW·h)。

机车总效率＝(轮周功/耗电量)×100％＝(295.27/412.2)×100％≈71.63％。

采用此种方法计算出其他情况时的机车总效率并列于表 3-9 中。从中看出使用高手柄级位时机车平均总效率高于低手柄级位。

为了便于对比耗电量消耗情况，将表 3-9 中重货车、空货车耗电量数据分别列于表 3-10、表 3-11 中。

表 3-10　SS_4 型机车牵引 5 502 t 重货列车耗电量对比表(kW·h)

线路坡度	−3‰	−2‰	−1‰	0	2‰	4‰	6‰
25 级	18.6	27.7	37.1	331.6	626.0	1 019.4	1 451.8
30 级		80.5	280.9	412.2	726.7	1 054.9	1 442.8
35 级			366.0	467.3	741.3	1 056.7	1 446.1

表 3-11　SS_4 型机车牵引 1 409 t 空货列车耗电量对比表(kW·h)

线路坡度	平道	6‰
30 级	355.9	614.6
35 级	423.4	631.6

③模拟实验结论

从表 3-10 中可清楚地看到,在运行时间不受限制的前提下,同一列车、同一坡度、同一距离、不同级位时,手柄级位越高耗电越多,反之越少,即同一列车、同一坡度、同一距离牵引运行时,速度越高耗电越多,反之越少。平道及下坡道这种规律非常明显。表 3-11 中空货列车和表 3-9 中单机运行也很好地符合了这种规律。

综上所述,用 SS_4 型电力机车牵引的重货列车、空货列车、单机运行所得到的模拟试验结果也均符合列车牵引节能运行第一论断。

2. HXD_3 型电力机车能耗实际牵引试验证明

2011 年 11 月 9 日,济南铁路局机务处组织了 HXD_3 型大功率交流传动电力机车在兖石线郑旺—沭埠岭间(上下行)进行了货物列车能耗牵引试验。

(1)试验项目

试验项目 1:试验运行时间不同时,HXD_3 型电力机车牵引运行是速度高节能还是速度低节能。

试验项目 2:试验运行时间相同时,HXD_3 型电力机车牵引运行是维持恒速节能还是锯齿形操纵节能(更一般的是速度波动程度小的操纵方式节能还是波动程度大的操纵方式节能)。

(2)试验方案

HXD_3 型是新型大功率交流传动电力机车,它的恒力准恒速牵引特性为司机准确控速带来方便,它的 TCMS 屏能适时显示手柄级位、运行速度、牵引力等关键数据,智能电度表能方便地提供牵引耗电量,这些都为能耗牵引试验创造了好的条件。

计划进行四次试验,上行和上行(郑旺—沭埠岭间)进行比较(验证第二论断),下行和下行(沭埠岭—郑旺间)进行比较(验证第一论断),试验前用铁道科学研究院开发的牵引计算软件进行了较为严谨的模拟,并确定了较为严密的试验程序和采集试验数据方法。

(3)天气和列车编组情况

试验地段天气:微风、晴、14 ℃。尤其是微风天气为试验创造了好的比较条件。

编组:HXD_3—8111 机车,换长 1.9、自重 150 t;牵引 62 辆、换长 76.8、牵引质量 5 497 t,为整列铁矿石,均为重车,由 C_{62A}、C_{64}、C_{70}、C_{70H} 等车型组成;列车总长度 865.7 m、列车总重 5 647 t。

(4)试验前的准备及每次试验的三个阶段

试验前调整机车司机室 TCMS 显示屏时间与 LKJ 时间一致,误差约 1 s,要求列车开车前、到达后立即记录并拍照耗电量,对 TCMS 显示屏进行全程录像。

每次试验都分三个阶段,即起动重合阶段、中间比较阶段、停车重合阶段。

起动重合阶段:要求相比较的操纵方式,在起动重合阶段起车位置、提手柄时机及手柄级位应尽量做到一致,这样就基本保证在起动重合阶段牵引速度线重合,从而保证两种操纵方式耗能基本相同。

中间比较阶段:对于相比较的操纵方式,其操纵方式的差别就在中间比较阶段。从试验的设计上,要求起动和停车两个阶段操纵方式重合,其目的是保证两种操纵方式在这两个阶段耗能基本相同，其总耗能的差别是中间阶段操纵方式不同而造成的。

停车重合阶段：若该阶段初期仍为牵引时，要求速度线重合，后期为惰行或空气制动。从试验要求上，该阶段运行时间要尽量一致，实际上机车在后期的惰行或空气制动时，机车实际为空载状态。时间相同，耗能就相同，因此该阶段的耗能也是基本一致的。

试验有关数据见表 3-12、表 3-13。

表 3-12 各阶段运行时间、走行距离和每次试验耗能数据

阶段	1. 起动重合阶段		2. 中间比较阶段			3. 停车重合阶段		总时间、总走行	
	时间（分:秒）	走行距离（km）	时间（分:秒）	走行距离（km）	平均速度（km/h）	时间（分:秒）	走行距离（km）	时间（分:秒）	走行距离（km）
车次	开车-1 架		1 架-12 架			12 架-停车		总时间	总走行
55101	4:55	1.408	12:18	14.688	71.65	9:14	7.849	26:27	23.945
55103	4:44	1.408	16:51	14.688	52.30	9:12	7.857	30:47	23.953
	开车-分相区		分相区-13 架			13 架-停车			
55102	6:16	3.352	14:18	14.107	59.19	8:06	6.528	28:40	23.987
55104	6:09	3.352	12:44	14.107	66.47	8:02	6.393	26:55	23.852
27160	6:13	3.352	12:43	14.107	66.56	7:34		26:30	

表 3-13 HXD_3—8111 机车各阶段耗能情况（kW·h）

试验项目	车次/操纵方式	起动重合阶段	中间比较阶段	停车重合阶段	总耗能
1. 即试验运行时间不同时，是速度高节能还是速度低节能	55101/高速	144.7	938.2	11.1	1 094
	55103/低速	144.7	844.2	11.1	1 000
2. 即试验运行时间相同时，是速度波动程度小的操纵方式节能还是波动程度大的操纵方式节能	55102/恒速 1	311.8	405.8	90.4	808
	55104/锯齿形操纵	311.8	452.9（440.9）	90.4	855.1
	27160/恒速 2	311.8	429.4	90.4	831.6
说明：55104 次过分相后提 8 级至第 6 架通过信号机加速至 77 km/h，回 4 级惰行至第 12 架再次牵引运行，4 级惰行用时 7 分 30 秒，比主手柄回至 4 级以下空载多耗能 12 kW·h〔7.5×(2.8−1.2)〕。55104 次若按此操纵时，中间比较阶段耗能将为 440.9 kW·h					

下行线路总体为上坡，上行线路总体为下坡，这是造成下行试验列车比上行试验列车多耗能的主要原因。

(5)试验结论

试验项目 1 的结论如下。

从表 3-13 的中间比较阶段可以得出同一编组列车、同一线路、同一距离，牵引运行时高速要比低速多耗能的结论。

结合表 3-12 看到，55101 次在该阶段平均速度是 71.65 km/h，55103 次在该阶段平均速度是 52.30 km/h。55101 次比 55103 次多耗能 94.0 kW·h，增加耗能 11.13%。

从运行全过程看，55101 次平均速度是 54.32 km/h，55103 次平均速度是 46.69 km/h。55101 次比 55103 次多耗能 94.0 kW·h，增加耗能 9.4%。

试验项目 2 的结论如下。

在实际试验时，发现 55104 次列车惰行时运行速度明显偏高，从表 3-12 看出，55104 次（为锯齿形操纵方式）中间比较阶段的运行时间明显要低于 55102 次（中间阶段为恒速操纵方式），试验小组临时确定用 27160 次进行补充试验，补充试验中间阶段的恒速操纵适当提高了手柄级位，这次补充试验很成功，使得 27160 次与 55104 次中间比较阶段的运行时间基本一致，这两种操纵方式可直接进行比较。

从表 3-13 的中间比较阶段可以得出同一编组列车、同一线路、同一距离，同一运行时间（平均速度相同），55104 次锯齿形操纵方式（速度波动程度大）要比 27160 次恒速操纵方式（速度波动程度小）多耗能的结论。但这种差别并不十分明显。

如果 55104 次锯齿形操纵的惰行过程主手柄在 4 级以下，27160 次的恒速操纵比 55104 次的锯齿形操纵方式节能 11.5 kW·h，节能 2.54%，节能效果与低、高速操纵方式相比并不明显。

另外，55102 次要与 27160 次比则属于低速与高速操纵方式的比较，通过表中数据看，与试验项目 1 的结论一致；55102 次与 55104 次比则既包含项目 1 也包含项目 2。

该次牵引试验再次证明了列车节能第一、第二论断的普遍正确性。

以前有人认为第一、二论断只适合牵引运行时，对该论断所述规律可扩展到牵引运行、惰力运行、制动运行的组合过程中并不理解。

上述试验的中间阶段全部为牵引，其结论符合第一、二论断；它们的全部运行过程既包含牵引，也包含惰行和制动，其结论也符合第一、二论断。这是对第一、二论断的一个有力证明。比较两种操纵方式的优劣如果包含制动，必须分析制动耗能量的多少，一致时就可直接比较。对于比较中间运行过程的优劣，则还要分析初、末列车动能的大小。

除 3‰及以上的上坡道之外，牵引重货列车在其余线路纵断面上运行，能较好地符合一般性表述中的规律；当在超过 3‰上坡道牵引运行时，可能会出现低手柄位比高手柄位费油、费电的情况，但这种差别较小。这项判断来自理论分析，建议有条件时，能使用 HXD_3 型机车在下行章丘—王村间再进行货物列车高、低速能耗试验，以对这一判断进行实际验证。

3. 第一论断成立的其他证据

(1)国内研究

文献[8]曾进行了以下分析计算。

计算对象是由北京型内燃机车牵引 14 辆客车，机车质量为 94 t，牵引质量为 730 t，操纵方式如图 3-3 所示、结果见表 3-14。

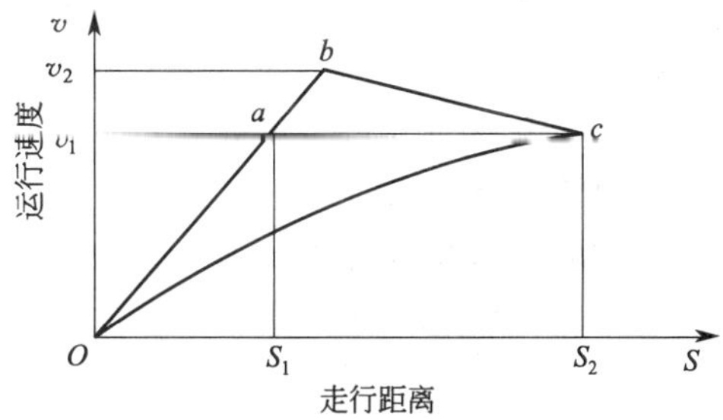

图 3-3　起动阶段比较

第 1 种操纵方式：以 12 位直接加速至 $v_1=90$ km/h 时，走行距离 $OS_2=14.65$ km，见图 3-3 中 *oc* 速度线。

第 2 种操纵方式：以 15 位加速至 v_1 走行距离 $OS_1=5.73$ km，见图中 *oa* 速度线，在剩余距离 S_1S_2 上以 11 位维持恒速，见图 3-3 中 *ac* 速度线。

第 3 种操纵方式：以 15 位加速至高于 v_1 的 v_2 值（图 3-3 中 *ab* 段），然后以较低手把位（8 位）运行（图 3-3 中 *bc* 段）。为使列车走行相同的距离 OS_2 及在 S_2 处获得同样速度 v_1，v_2 值为 101.3 km/h。

由图 3-3 可以明显看出，三种操纵方式的平均速度具有以下关系。

$$v_{均1}<v_{均2}<v_{均3}$$

根据第一论断可以推断第 1 种操纵方式最省油，第 3 种操纵方式最费油。表 3-14 所列数据表明，其计算结果与根据第一论断得到的关系是一致的。

根据表 3-14 所列数据，可以计算出此时北京型内燃机车牵引的旅客列车牵引运行时速度每递增 10 km/h，耗油量约增加 8%。

表 3-14　起动阶段三种操纵方式耗油量表

操纵方式	运行阶段	手柄位	运行时间(min)		走行距离(km)		耗油量(kg)	
			阶段	总和	阶段	总和	阶段	总和
1	*oc*	12		12.95		14.65		53.29
2	*oa*	15	5.64	11.59	5.73	14.65	34.77	56.45
	ac	11	5.95		8.92		21.68	
3	*ob*	15	8.27	11.24	9.95	14.65	50.96	58.06
	bc	8	2.97		4.70		7.10	

(2)国外研究

文献[9]曾深入研究过运行时间与节能的关系问题。文中对一典型混编货物列车在阿德莱德北部，以三种操纵方式走完一段 100 km 长的线路时的耗油情况，进行了对比，参见表 3-15。

表 3-15　不同运行时间下三种最优化操纵方式耗油比较

操纵方式	运行时间(s)	燃料消耗(kg)	与第 1 种操纵方式相比节能(%)
最短时间内走完 100 km	4 142.9	513.4	
增加 5.0%运行时间时的最优化操纵方式	4 349.8	361.5	29.6
增加 10.1%运行时间时的最优化操纵方式	4 561.0	346.9	32.4

表 3-15 所列数据关系与第一论断相吻合，该文还对运行时间和能耗的关系做出了精辟阐述，“一般来说，规定的时间越长，能量消耗就越小”。这与第一论断是一致的。但他们并未揭示形成这种规律的本质。之所以呈现此种规律，归根结底是由列车运行基本阻力特性所决定的。

4. 第一论断成立的一般性证明

一般情况下要证明第一论断成立，首先可选取任一机型的机车，牵引任一编组的列车在任一恒定坡度值的线路上(为证明方便，暂不考虑曲线和隧道阻力)，当达到均衡速度时，只要下式成立，第一论断便可成立。

$$\{[(w_{0高}+i)-(w_{0低}+i)]/(w_{0低}+i)\}\times100\% >[(\eta_{高}-\eta_{低})/\eta_{低}]\times100\% \tag{3-43}$$

式中　$w_{0高}$、$w_{0低}$——分别为某一高手柄位和某一低手柄位时所对应均衡速度下的列车运行单位基本阻力，N/kN；

i——坡道坡度，‰，上坡取正值，下坡取负值；

$\eta_{高}$、$\eta_{低}$——分别为高手柄位和低手柄位时的机车总效率。

对式(3-43)可做如下表述，当列车达到均衡速度时，高手柄位比低手柄位所增加的列车运行单位阻力(等于 $w_{0高}-w_{0低}$)与低手柄位下的总运行单位阻力相比增加的百分数，大于机车总效率增加的百分数时，使用高手柄位比低手柄位费油或费电。

若式(3-43)成立时，下面以电力机车为例对使用高手柄位比使用低手柄位费电，列车牵引运行速度高比运行速度低费电进行证明。

证明：设机车质量为 P(t)牵引质量为 G(t)；牵引运行时高手柄位耗电量和机车总效率分别为 $Q_{y高}$ 和 $\eta_{高}$，则此时机车轮周功为 $Q_{y高}\cdot\eta_{高}$；低手柄级位时分别为 $Q_{y低}$ 和 $\eta_{低}$，则此时机车轮

周功为 $Q_{y低} \cdot \eta_{低}$；走行距离为 S(m)，重力加速度为 g(取 9.81m/s^2)。则有

$$Q_{y高} \cdot \eta_{高} \times 1\ 000 \times 3\ 600 = w_{0高}(P+G)g \cdot S + i(P+G)g \cdot S \tag{3-44}$$

$$Q_{y低} \cdot \eta_{低} \times 1\ 000 \times 3\ 600 = w_{0低}(P+G)g \cdot S + i(P+G)g \cdot S \tag{3-45}$$

式(3-44)、式(3-45)相比得

$$(Q_{y高} \cdot \eta_{高})/(Q_{y低} \cdot \eta_{低}) = (w_{0高}+i)/(w_{0低}+i) \tag{3-46}$$

整理得

$$Q_{y高} = Q_{y低} \cdot (\eta_{低}/\eta_{高}) \cdot [(w_{0高}+i)/(w_{0低}+i)] \tag{3-47}$$

由式(3-43)得

$$(w_{0高}+i)/(w_{0低}+i) > \eta_{高}/\eta_{低} \tag{3-48}$$

式(3-47)结合式(3-48)得

$$Q_{y高} > Q_{y低}(\eta_{低}/\eta_{高}) \cdot (\eta_{高}/\eta_{低}) \tag{3-49}$$

即

$$Q_{y高} > Q_{y低} \tag{3-50}$$

把各型机车牵引各种列车在各手柄位达到均衡速度时得出的有关数据代入式(3-43)进行验证，一般情况下均能成立。当基本阻力特性越强(基本阻力随运行速度变化幅度大的为强特性)，并且 i 值越小时，这种关系越明显。

当式(3-43)变为等号时，高手柄级位与低手柄级位耗电量相等。

当式(3-43)变为小于号时，反而低手柄位比高手柄位费电，出现这两种情况的机会要比大于号时少得多。只有牵引质量达到一定程度的重货列车在较大上坡道上运行才可能呈现这种规律。这是因为坡度大，牵引质量大，高手柄与低手柄相比增加速度小，因而列车运行单位基本阻力增量小；而由于坡度大，分母($w_{0低}+i$)大，故运行单位基本阻力与低速时总单位阻力(总单位阻力此时等于运行单位基本阻力与单位坡道附加阻力之和)相比增加的百分数可能较易小于机车总效率增加的百分数。

(二)第二论断的有关证据及论证

1. 第二论断成立的“接力赛模型”证明

(1)初始条件的选取

①以 ND_5 型机车牵引 G=4 000 t 滚动轴承重货列车在平直线路上运行为研究对象。

②比较任意两种能耗操纵方式优劣的前提条件之一是同一列车、同一距离、同一时间。设给定的运行距离 S 为 10 km，给定的运行时间是以采用 5 位手柄的均衡速度 59.86 km/h(由表 3-16 给出)运行时的时间为计算标准，即 $t_5 = S/v_5 = 10/59.86 \approx 0.167$(h)。

③为了方便地对任意两种操纵方式直接进行比较，除距离和时间外，还应要求它们的初末动能之差相等。否则，还应考虑初末动能变化差别的因素。在研究中，选取了以 5 位手柄的均衡速度运行作为最基本的操纵方式，此种操纵方式的初末动能之差等于零。为便于直接比较，故要求以下 12 种手柄位组合操纵方式 $E_{ks1}-E_{ks2}=0$，即 $v_{s1}-v_{s2}=0$(如图 3-4 所示，E_{ks1} 和 v_{s1} 为列车在开始参照点 S_1 处所具有的动能和速度；E_{ks2} 和 v_{s2} 为列车在结束参照点 S_2 处所具有的动能和速度)。这将使计算大为简化。这 12 种手柄位组合操纵方式为：

(6、4)，(6、3)，(6、2)，(6、1)

(7、4)，(7、3)，(7、2)，(7、1)

(8、4)，(8、3)，(8、2)，(8、1)

④试计算当列车以上述 12 种手柄位组合操纵方式通过 S_1S_2 并严格遵守 t=0.167 h 和满足 $E_{ks1}-E_{ks2}=0$ 时的燃油消耗量及平均运行基本阻力，并把计算结果与以 5 位手柄的均衡速

度运行这一最基本的操纵方式进行比较。

(2)接力赛模型的构思

当以(8、3)组合方式对列车进行操纵时，实际列车运行中典型的速度线如图 3-4 中的 $ghij$ 所示。其中，gh、ij 代表用 8 位牵引时的速度线，hi 代表用 3 位牵引时的速度线。为了求解这一中间运行过程的燃油消耗量和平均运行基本阻力，需先求各速度线阶段的运行时间 t 和走行距离 S。设想列车不是以 $ghij$ 通过 S_1S_2，而是以 8 位和 3 位的均衡速度通过 S_1S_2。相当于同一线路上有两列相同的列车，一列以 8 位的均衡速度运行，另一列以 3 位的均衡速度运行。当第一列以 v_8 由 a 至 b，此时第二列以 v_3 接替由 $c(b)$ 至 d，再由第一列接替由 $e(d)$ 至 f。从形式上看就如同运动员接力赛跑一样。所以，称此种模型为“接力赛模型”。这将使分析计算大为简化。接力赛模型速度线 ab—cd—ef 在分析和比较中等效于实际速度线 $ghij$。

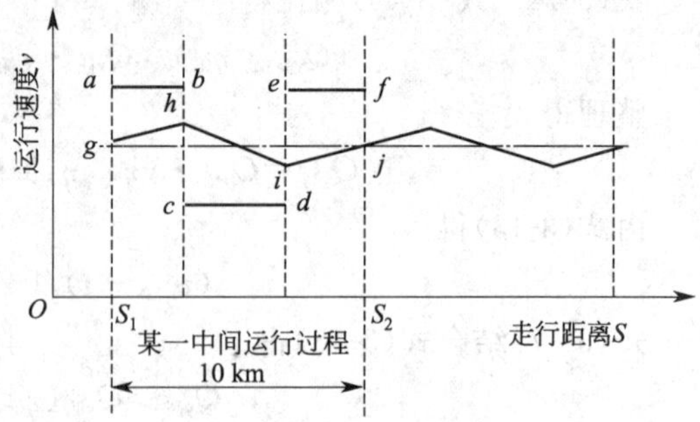

图 3-4　(8、3)手柄位组合操纵方式“接力赛模型”速度线与实际速度线比较示意图

(3)对该模型的计算

①基本数据

根据 GE 公司提供的资料，ND_5 型机车主手柄 1～8 位时 7FDL-16 型柴油机的标准燃油消耗率 ρ 由表 3-2 给出。ND_5 型机车计算质量 P 为 135 t。

②计算各手柄位对应均衡速度

机车、车辆运行单位基本阻力按以下两式计算：

ND_5 型机车　　$w_0' = 1.31 + 0.0167v + 0.000391v^2$　　(3-51)

滚动轴承重货车　　$w_0'' = 0.92 + 0.0048v + 0.000125v^2$　　(3-52)

列车总运行基本阻力为

$$W_0 = W_0' + W_0'' = (P \cdot w_0' + G \cdot w_0'')g \times 10^{-3} \tag{3-53}$$

由机车轮周功率 $N = F \cdot v/3.6$(kW)，得

$$F = 3.6N/v \tag{3-54}$$

当列车在平直线路上以均衡速度运行时，列车合力 C 为 0，即

$$C = F - W_0 = 0 \tag{3-55}$$

将 $P=135$ t，$G=4\,000$t，$g=9.81$ m/s^2 代入式(3-53)，并综合式(3-51)～式(3-55)，整理后得

$$3.6N = 37.8357v + 0.210469v^2 + 0.0049088v^3$$

若某手柄位轮周功率用 N_n 表示，均衡速度用 v_n 表示时，则上式变为

$$3.6N_n = 37.8357v_n + 0.210469{v_n}^2 + 0.0049088{v_n}^3 \tag{3-56}$$

分别将 1～8 位的轮周功率(由表 3-3 给出)代入式(3-56)，便得出对应每一手柄位的 8 种均衡速度，并将计算结果列于表 3-16 中。

表 3-16　牵引 4 000 t 重货列车在平直线路上运行时，各手柄位下的均衡速度

手柄位 n	1	2	3	4	5	6	7	8
均衡速度 v_n(km/h)	8.07	17.66	35.56	47.25	59.86	71.25	80.41	86.57

③计算各种组合操纵方式的燃油消耗量和平均运行基本阻力

以(8、3)组合操纵方式为例。

a. 求各手柄位使用时间 t_n(h)

$$86.57t_8+35.56t_3=10 \tag{3-57}$$

$$t_8+t_3=0.167 \tag{3-58}$$

解(3-57)、(3-58)组成的方程组,得 $t_8\approx0.080$ h,$t_3\approx0.087$ h。

b. 求燃油消耗量 $E_{y(8、3)}$(kg)

(8、3)组合操纵方式的燃油消耗量用 $E_{y(8.3)}$ 表示,则有:

$$\begin{aligned}E_{y(8、3)}&=E_{y8}+E_{y3}\\&=\rho_8\cdot N_{e8}\cdot t_8\cdot10^{-3}+\rho_3\cdot N_{e3}\cdot t_3\cdot10^{-3}\end{aligned} \tag{3-59}$$

将 $\rho_8=200.8$、$N_{e8}=2\ 756.3$、$\rho_3=224.5$、$N_{e3}=628.4$(均由表 3-2、表 3-3 给出)$t_8=0.080$、$t_3=0.087$ 代入(3-59)式,得 $E_{y(8、3)}\approx56.55$ kg。

c. 求平均运行基本阻力 $W_{0平(8、3)}$(N)

当列车分别以 v_8 和 v_3 均衡速度运行时,机车牵引力为克服运行基本阻力所作功之和,应等于机车牵引力在该过程中为克服平均运行基本阻力 $W_{0平(8、3)}$ 所做的功。故有:

$$W_{08}\cdot S_8+W_{03}\cdot S_3=W_{0平(8、3)}\cdot S \tag{3-60}$$

$$W_{0n}=37\ 835.698\ 5+210.468\ 6v_n+4.908\ 8v_n^2 \tag{3-61}$$

$$S_n=v_n\cdot t_n \tag{3-62}$$

把 $v_8=86.57$、$v_3=35.56$ 分别代入式(3-61)得 W_{08}、W_{03};把 v_8、t_8 和 v_3、t_3 分别代入式(3-62)得 S_8、S_3;再将 W_{08}、W_{03}、S_8、S_3 的数值和 $S=10$ km 代入式(3-60),得 $W_{0平(8.3)}\approx8\ 0241$ N。

用同样的方法可计算出另外 11 种组合操纵方式的燃油消耗量和平均运行基本阻力,将计算结果列于表 3-17 中。

表 3-17　12 种手柄位组合操纵方式燃油消耗量和平均运行基本阻力

手柄位 n		1	2	3	4
1	E_y(kg)	54.98	54.30	52.49	51.51
	$W_{0平}$(N)	76 860	75 788	72 864	70 676
2	E_y(kg)	58.41	56.65	53.96	52.27
	$W_{0平}$(N)	84 976	82 085	77 219	73 102
3	E_y(kg)	62.57	60.51	56.55	53.87
	$W_{0平}$(N)	90 246	86 928	80 241	74 765

尽管同一列车牵引运行同一距离,并严格遵守同一限制时间,即平均速度相等,但不同的操纵方式其耗油量和平均运行基本阻力却是不一样的。采用(8、1)组合方式时耗油 62.57 kg,平均运行基本阻力为 90 246 N;采用(6、4)组合方式时耗油 51.51 kg,平均运行基本阻力为 70 676 N。显然,在这 12 种组合方式中(8、1)引起的速度波动程度最大,(6、4)最小。据此可以推断,当采用第 5 手柄位,即以 5 位的均衡速度运行时,其燃油消耗量和平均运行基本阻力将达到题设条件下的最小值。不妨用计算验证推断的正确性。

$$E_{y5}=\rho_5\cdot N_{e5}\cdot t_5\cdot10^{-3}=214.8\times1\ 396.5\times0.167\times10^{-3}\approx50.09\text{ kg}$$

$$\begin{aligned}W_{05}&=37\ 835.698\ 5+210.468\ 6v_5+4.908\ 8v_5{}^2\\&=37\ 835.698\ 5+210.468\ 6\times59.86+4.908\ 8\times59.86^2\end{aligned}$$

$\approx 68\ 024(\text{N})$

计算结果表明，不同操纵方式的燃油消耗量随速度波动程度的不同呈现出较为明显的规律性，第二论断得证。

2. HXD_3 型电力机车能耗实际牵引试验证明

参见本节第八部分(一)中第 2 项有关内容。

3. 第二论断成立的其他证据

文献[10]探讨了基本阻力对经济操纵最小影响问题，做了如下的证明。

机车、车辆运行单位基本阻力计算公式一般形式为：

机车：
$$w_0' = a + bv + cv^2 \tag{3-63}$$

车辆：
$$w_0'' = A + Bv + Cv^2 \tag{3-64}$$

有以下几点假定。

①线路是完全平直的理想状态，即不考虑线路纵断面的影响(对于同一列车、同一区段因为机车克服附加阻力做功是一定值，不随操纵方式或调度方式变化而变化)。

②机车、车辆的运行单位基本阻力按照式(3-63)(3-64)进行计算。

③列车具有足够高的限制速度。

基于上述假定，即可对问题进行分析。

目标解：运行基本阻力功 P

目标方程：
$$p = \int_0^s W \mathrm{d}s = \int_0^T W v \mathrm{d}t \tag{3-65}$$

其中运行基本阻力：
$$W = M w_0' + G w_0'' \tag{3-66}$$

式中 M——机车质量；

G——牵引质量。

约束条件：
$$\begin{aligned} &\int \mathrm{d}s = S \quad \text{(满足运行区段)} \\ &\int \mathrm{d}t = T \quad \text{(满足运行时分)} \end{aligned} \tag{3-67}$$
$$0 \leqslant v \leqslant v_{\max}$$

边界条件：当 $t=0$ 时，$s=0$，$p=0$

当 $t=T$ 时，$s=S$

求当 $v=f(t)$时，$p=P_{\min}$

通过对匀速直线和锯齿形速度曲线两种典型曲线的运行基本阻力功进行计算比较，前者的运行基本阻力功小。

匀速直线在整个区段牵引运行，可知

$$v = v_{\max} = S/T \qquad 0 \leqslant t \leqslant T$$

代入目标方程式(3-65)，得

$$P = P_{\min} = M(aS + bS^2/T + cS^3/T^2) + G(AS + BS^2/T + CS^3/T^2) \tag{3-68}$$

同一列车在同一区段遵守同一时间列车匀速运行时运行基本阻力功最小的结论与第二论断是相吻合的，但以上探讨并未涉及机车总效率(变量)及不必要制动两要素对列车耗能的影响，而现实中列车节能运行的侧重点应是尽量避免或减少列车不必要的制动损失，尤为重货或高速运行的列车。

（三）第三论断的论证

1. 计算条件参数与分析模型

(1)机型

分别以 ND_5 型内燃机车和 SS_7 型电力机车牵引为例，机车计算质量 P 分别为 135 t、138 t。

(2)列车编组

以牵引空货车和重货车为例。

空货车分五种编组情况，其牵引质量分别为：$G_{空1}=300$ t，$G_{空2}=600$ t，$G_{空3}=900$ t，$G_{空4}=1\ 200$ t，$G_{空5}=1\ 500$ t。

滚动轴承重货车分十种编组情况，其牵引质量分别为：$G_{重1}=500$ t，$G_{重2}=1\ 000$ t，$G_{重3}=1\ 500$ t，$G_{重4}=2\ 000$ t，$G_{重5}=2\ 500$ t，$G_{重6}=3\ 000$ t，$G_{重7}=3\ 500$ t，$G_{重8}=4\ 000$ t，$G_{重9}=4\ 500$ t，$G_{重10}=5\ 000$ t。

(3)线路纵断面

以平直线路为例，这样可使计算过程大为简化。

(4)分析模型

不考虑起动加速过程和制动过程，当机车以 60 km/h 恒速牵引不同编组的列车在平直线路上走行 100 km 时，计算在该过程中不同编组情况下的机车耗能量和单位耗能量。

(5)ND_5 内燃机车总效率 η

要维持 60 km/h 恒速运行，牵引质量越小所需手柄位越低；反之越高。一般情况下，内燃机车的机车总效率随着手柄位的提高呈上升趋势。根据表 3-2 所列数据，结合分析模型及空货列车、重货列车不同牵引质量编组情况，对不同编组情况下的 ND_5 型机车总效率作简单估算，并将其结果列于表 3-18 中。

表 3-18　牵引质量与 ND_5 型机车总效率对应表

重货牵引质量(t)	500	1 000	1 500	2 000	2 500	3 000	3 500	4 000	4 500	5 000
机车总效率 η(%)	29.5	30.0	30.5	31.0	31.5	32.0	32.5	33.0	33.5	34.0
空货牵引质量(t)	300	600	900	1 200	1 500					
机车总效率 η(%)	29.5	30.5	31.5	32.5	33.5					

(6)燃油热值

燃油热值 q 取 42 100 320 J/kg。

2. 计算不同牵引质量下的机车单位耗能量

机车单位耗能量(现场称为单耗)，内燃机车为每总质量万吨公里的燃油消耗量，单位为 kg/(万 t·km)；电力机车为每总质量万吨公里的耗电量，单位为(kW·h)/(万 t·km)。

以牵引 300 t 空货列车为例进行计算，同时列出其他相关数据，并将全部计算结果列于表 3-19 中。

(1)计算机车牵引轮周功 $W_{牵}$

因机车牵引列车在平直线路上以恒速运动，故机车轮周牵引力在此过程中完全用于克服运行基本阻力做功，即

$$\begin{aligned} W_{牵} &= W_{基} = W_0 \cdot S \\ &= (P \cdot w_0' + G_{空1} \cdot w_0'')g \cdot S \end{aligned} \tag{3-69}$$

式中　$W_{基}$——列车总运行基本阻力对列车所做的功；

W_0——列车总运行基本阻力；

S——列车走行距离，100 000 m；

w_0'——机车运行单位基本阻力，运行速度 60 km/h 时，ND_5 型机车为 3.72 N/kN，SS_7 型机车为 2.88 N/kN；

w_0''——车辆运行单位基本阻力，运行速度 60 km/h 时，空货车为 4.98 N/kN，滚动轴承重货车为 1.66 N/kN；

g——重力加速度，9.81 m/s^2。

将 $P=135$ t，$w'_0=3.72$ N/kN，$G_{空1}=300$ t，$w''_0=4.98$ N/kN，$g=9.81$ m/s^2，$S=100\ 000$ m 代入式(3-69)得 ND_5 型机车牵引轮周功 $W_{牵}$：

$$W_{牵}\approx 1.958\ 3\times 10^9\text{J}=1.958\ 3\text{GJ}$$

将 $P=138$ t，$w'_0=2.88$ N/kN，$G_{空1}=300$ t，$w''_0=4.98$ N/kN，$g=9.81$ m/s^2，$S=100\ 000$ m 代入式(3-69)得 SS_7 型机车牵引轮周功 $W_{牵}$：

$$W_{牵}\approx 1.855\ 5\times 10^9\text{J}=1.855\ 5\text{GJ}$$

(2)计算机车耗能量

①计算机车牵引燃油消耗量 E_y

在某一机车总效率下，内燃机车做一定数量的轮周功就必然会消耗相应数量的燃油。计算机车牵引燃油消耗量 E_y 用式(3-70)表示

$$E_y=W_{牵}/(q\cdot\eta) \tag{3-70}$$

如 ND_5 型机车牵引 300 t 空货列车，以 60 km/h 的速度走行 100 km，消耗燃油为

$$\begin{aligned}E_y&=W_{牵}/(q\cdot\eta)\\&=1.958\ 3\times 10^9/(42\ 100\ 320\times 29.5\%)\\&\approx 158(\text{kg})\end{aligned}$$

②计算机车牵引耗电量 Q_y

电力机车在平直线路上以恒速牵引运行时，其牵引耗电量可用下式表示

$$Q_y=Q_{y轮耗}+Q_{y自耗} \tag{3-71}$$

机车牵引轮周功折合耗电量可用式(3-35)计算

$$Q_{y轮耗}=10^4W_{牵}/36 \tag{3-72}$$

式中　$Q_{y轮耗}$——牵引轮周功折合耗电量，kW·h；

$W_{牵}$——机车牵引轮周功，GJ。

将 $W_{牵}=1.855\ 5$ GJ 代入式(3-72)得：$Q_{y轮耗}\approx 515$ kW·h。

机车自用耗电量计算

$$Q_{y自耗}=I_{P0}\cdot U_w\cdot t\cdot 10^{-3} \tag{3-73}$$

式中　$Q_{y自耗}$——机车自用耗电量，kW·h；

I_{P0}——机车自用电有功电流，A；牵引运行时 6 轴机车取 6 A；

U_w——受电弓处网压，V，取 25 000 V；

t——牵引运行时间，h；$S/v=100/60=5/3$ h。

将 $I_{P0}=6$ A，$U_w=25\ 000$ V，$t=5/3$ h 代入式(3-73)得：$Q_{y自耗}=250$ kW·h。

将 $Q_{y轮耗}=515$ kW·h，$Q_{y自耗}=250$ kW·h 代入式(3-71)得：$Q_y=765$ kW·h。

(3)计算万吨公里数

万吨公里是指对应牵引质量的万吨公里数，而不是对应列车总质量的万吨公里数。机车牵引 300 t 空货列车走行 100 km，会产生 3 个万吨公里，即 300×100/10 000=3 万 t·km。

(4)计算机车单位耗能量

ND_5型机车牵引 300 t 空货车走行 100 km 产生 3 个万吨公里，耗油 158 kg，因而机车单位燃油消耗量约为 52.67 kg/(万 t・km)。在上述条件下 SS_7 型机车单位耗电量约为 255.00 kW・h/(万 t・km)。

从表 3-19 中所列数据可以清楚地看到不同牵引质量下机车单位耗能呈现出明显的规律，无论是空货车还是重货车，牵引质量越小机车单位耗能越高，牵引质量越大机车单位耗能越低，这与列车节能运行第三论断相吻合。

表 3-19　空、重货车不同牵引质量下机车单位能耗量规律显示表

牵引质量 G (t)	轮周功 $W_{牵}$ (GJ)		牵引能耗量		万吨公里数	单位能耗量		空货每增加 300 t、重货每增加 500 t 单耗降低数量	
			(kg)	(kW・h)		[kg/(万 t・km)]	[kW・h/(万 t・km)]		
	ND_5	SS_7	ND_5	SS_7		ND_5	SS_7	ND_5	SS_7
$G_{空1}$=300	1.958 3	1.855 5	158	765	3	52.67	255.00		
$G_{空2}$=600	3.423 9	3.321 1	267	1 173	6	44.50	195.50	8.17	59.50
$G_{空3}$=900	4.889 5	4.787 6	369	1 580	9	41.00	175.56	3.50	19.94
$G_{空4}$=1 200	6.355 1	6.252 3	464	198 7	12	38.67	165.58	2.33	9.98
$G_{空5}$=1 500	7.820 7	7.718 0	555	239 4	15	37.00	159.60	1.67	5.98
$G_{重1}$=500	1.306 9	1.204 1	105	584	5	21.00	116.80		
$G_{重2}$=1 000	2.121 1	2.018 3	168	811	10	16.80	81.10	4.20	35.70
$G_{重3}$=1 500	2.935 3	2.832 6	229	1 037	15	15.27	69.13	1.53	11.97
$G_{重4}$=2 000	3.749 6	3.646 8	287	1 263	20	14.35	63.15	0.92	5.98
$G_{重5}$=2 500	4.563 8	4.461 0	344	148 9	25	13.76	59.56	0.59	3.59
$G_{重6}$=300 0	5.378 0	5.275 3	399	171 5	30	13.30	57.17	0.46	2.39
$G_{重7}$=350 0	6.192 3	6.089 5	453	194 2	35	12.91	55.49	0.36	1.68
$G_{重8}$=4 000	7.006 5	6.903 7	504	2 168	40	12.60	54.20	0.34	1.29
$G_{重9}$=4 500	7.820 7	7.718 0	555	239 4	45	12.33	53.20	0.27	1.00
$G_{重10}$=5 000	8.635 0	8.532 2	603	2 620	50	12.06	52.4	0.27	0.80

3. 第三论断成立原因分析

第三论断，即牵引质量与机车单位耗能之间呈现此种规律的原因如下。机车牵引列车运行时，其耗能应分为两部分，一部分是机车自身运行耗能，另一部分是后部车辆运行耗能。而机车单位耗能量却总是用总耗能量除以牵引质量形成的万吨公里数。在一定运行速度下，走行某一距离，机车自身耗能量相对固定。因此，当牵引质量过小时，形成的万吨公里数少，却要将一定运行速度下较固定的机车自身耗能分摊到每个万吨公里中去，故造成机车单位耗能量会很高；随着牵引质量增大，机车单位耗能会随之降低。但随着牵引质量增大，其单位牵引质量的机车单位耗能降低幅度逐渐变小。

例如，重货列车牵引质量由 500 t 增至 1 000 t 时，从表 3-19 中可以查得，ND_5型机车单位耗能量下降约为 4.20 kg/(万 t・km)，下降幅度达 20.0%；SS_7 型机车单位耗能量下降约为 35.70 kW・h/(万 t・km)，下降幅度达 30.6%。

随着牵引质量增大，其单位牵引质量的机车单位耗能降低幅度将逐渐变小。例如，重货列车牵引质量由 4 500 t 增至 5 000 t 时，从表 3-19 中可以查得，ND_5 型机车单位耗能量下降约为 0.27 kg/(万 t・km)，下降幅度仅为 2.2%；SS_7 型机车单位耗能量下降约为 0.80 kW・h/(万 t・km)，下降幅度仅为 1.5%。

4. 第三论断的论证特点

在计算比较时选择了相同的运行速度及空、重车分开比较的方法，这样做主要是为了便于直接进行比较。否则，就不便于得出一般性结论。例如，当牵引运行速度不同时，根据列车节能运行第一论断，即使是同一列车，在牵引经济性问题上，因为运行基本阻力是矛盾的主要方面，所以，一般牵引运行速度高时耗能多，低时耗能少。因此，当运行速度不同时，其机车单位耗能差别可能是较大的。

九、牵引运行速度每提高 10 km/h 时引起的列车耗能增加百分数问题

由列车牵引节能运行第一论断可知，由机车(电动车组)总效率随手柄位或牵引功率变化而变化的特性和列车运行基本阻力特性所决定。一般而言，在运行时间不受限制的前提下牵引运行时，手柄位或功率越低，即列车运行速度越低越节油、节电；反之越费油、费电。列车牵引运行速度每提高 10 km/h 时，运行基本阻力和机车总效率分别会产生多大作用？在两者的共同作用下，通常列车耗能的增加百分数是多少？如果能得到比较准确的数据，将对列车牵引运行节能问题研究和对实际工作具有重要意义。

1. 车辆运行基本阻力增加百分数计算

根据表 3-1 所列数据，以滚动轴承重货车为例，运行速度为 10 km/h 时，其单位运行基本阻力是 0.98 N/kN，运行速度增加到 20 km/h 时，其单位运行基本阻力是 1.07 N/kN，单位运行基本阻力增加了 0.09 N/kN，运行基本阻力增加的百分数为 0.09/0.98×100%≈9.18%。按照此方法计算运行速度每增加 10 km/h 时，部分机车、车辆运行基本阻力增加的百分数，并列于表 3-20 中。

表 3-20　运行速度每提高 10 km/h 时运行基本阻力增加百分数表(%)

运行速度间隔	10～20	20～30	30～40	40～50	50～60	60～70	70～80	80～90	平均
SS_4 型机车	11.74	12.68	13.18	13.64	13.5	13.44	13.01	12.54	12.97
各型 DF_4 机车	13.51	12.92	12.65	12.03	11.69	11.11	10.77	10.42	11.89
ND_5 型机车	18.42	20	20.37	20	19.23	18.28	17.05	16.12	18.68
滚动轴承重货车	9.18	10.28	11.02	12.21	12.93	12.65	12.3	12.38	11.62
滑动轴承重货车	8.18	10.92	12.88	15.44	15.7	15.58	16.09	15.36	13.77
重油罐专列	21.21	21.25	17.53	17.54	14.93	14.94	13.56	12.94	16.74
空货车	11.06	14.94	17.33	18.75	19.14	18.67	17.94	17.22	16.88
21、22 型客车	6.86	8.02	9.41	9.5	10.33	10.11	10.54	10.46	
25B、25G 型客车	7.77	8.17	8.89	9.39	9.7	9.86	9.91	9.58	
准高速单层客车	5.39	7.95	8.95	10.14	10.53	11.51	11.39	11.18	
准高速双层客车	6.2	8.76	9.4	11.04	11.6	11.39	12	12.3	

续上表

运行速度间隔	10～20	20～30	30～40	40～50	50～60	60～70	70～80	80～90	平均
运行速度间隔	90～100	100～110	110～120	120～130	130～140	140～150	150～160		
21、22 型客车	10.31	10.1	9.86						9.59
25B、25G 型客车	9.77	9.37	9.42	9	8.8				9.2
准高速单层客车	11.49	11.08	10.9	10.67	10.4	9.93	9.66		10.08
准高速双层客车	11.66	11.39	11.36	10.97	10.57	10.19	9.81		10.58

列车运行中，运行基本阻力每时每刻都存在，并且是随运行速度的增加而增大，其增加百分数参见表 3-20。

2. 列车耗能增加百分数的具体计算

若由一台 ND_5 型机车分别牵引 G=4 000 t 滚动轴承重货列车、G=1 339 t 空货列车、G=960 t 的 22 型旅客列车，列车运行速度由 60 km/h 升高到 70 km/h 时，三种列车的运行单位基本阻力及运行基本阻力增加百分数见表 3-21。

表 3-21 ND_5 型机车牵引重货、空货、旅客列车基本阻力情况表

运行速度(km/h)		60	70	基本阻力增加百分数
列车运行单位基本阻力(N/kN)	G=4 000 t 滚动轴承重货列车	1.73	1.95	12.72%
	G=1 339 t 空货列车	4.86	5.77	18.72%
	G=960 t 的 22 型旅客列车	2.80	3.12	11.43%

从表 3-21 中看到，列车运行速度由 60 km/h 升高到 70 km/h 时，滚动轴承重货列车、空货列车、22 型旅客列车运行基本阻力分别增加了 12.72%、18.72%、11.43%，而对应车辆的运行基本阻力则分别增加了 12.65%、18.67%、10.11%。列车与车辆增加百分数的不同，是因为受到机车的影响。

若机车总效率不变，则以 70 km/h 比以 60 km/h 速度运行同一距离时，因运行基本阻力上升相应造成耗能增加的百分数，将等于运行基本阻力增加的百分数。而实际上耗能增加的百分数比上述百分数要小，这是因为高速时一般手柄位较高，机车总效率相应较高造成。

均衡速度模型下同一列车同一坡度值，高手柄位比低手柄位耗能增加或减少的百分数 j 可用式(3-74)计算：

$$j=\{[w_{0高}\cdot\eta_{低}/(w_{0低}\cdot\eta_{高})]-1\}\times 100\% \tag{3-74}$$

式中 j——高手柄位比低手柄位耗能增加或减少的百分数，正数为增加，负数为减少；

$w_{0高}$、$w_{0低}$——分别为高手柄位和低手柄位达到均衡速度时的列车单位运行基本阻力，N/kN；

$\eta_{高}$、$\eta_{低}$——分别为高手柄位和低手柄位时的机车总效率，%。

仍以 ND_5 型机车牵引上述列车在平道运行为例，牵引 G=4 000 t 滚动轴承重货列车、G=1 339 t 空货列车在平道以 60 km/h 均衡速度运行时约使用 5 位手柄，此时机车总效率为 32.2%；以 70 km/h 均衡速度运行时约使用 6 位手柄，此时机车总效率为 33.3%(ND_5 型机车各手柄位的机车总效率见表 3-2)。

牵引 G=960 t 的 22 型旅客列车在平道以 60 km/h 均衡速度运行时约使用 3 位手柄，此时机车总效率为 30.8%；以 70 km/h 均衡速度运行时约使用 3.6 位手柄，此时机车总效率为

31.0%。

计算以上三种情况下高手柄位比低手柄位耗能增加的百分数 j。

解：

①牵引 G=4 000 t 滚动轴承重货列车

把 $w_{0高}=1.95$ N/kN，$w_{0低}=1.73$ N/kN，$\eta_{高}=33.3\%$，$\eta_{低}=32.2\%$，代入式(3-74)解得

$$j=\{[1.95\times32.2\%/(1.73\times33.3\%)]-1\}\times100\%\approx8.99\%$$

②牵引 G=1 339 t 空货列车

把 $w_{0高}=5.77$ N/kN，$w_{0低}=4.86$ N/kN，$\eta_{高}=33.3\%$，$\eta_{低}=32.2\%$，代入式(3-74)解得

$$j=\{[5.77\times32.2\%/(4.86\times33.3\%)]-1\}\times100\%\approx14.80\%$$

③牵引 G=960 t 的 22 型旅客列车

把 $w_{0高}=3.12$ N/kN，$w_{0低}=2.80$ N/kN，$\eta_{高}=31.0\%$，$\eta_{低}=30.8\%$，代入式(3-74)解得

$$j=\{[3.12\times30.8\%/(2.80\times31.0\%)]-1\}\times100\%\approx10.71\%$$

计算表明，上述重货列车、空货列车、旅客列车耗能增加的百分数由于受机车总效率提高影响，分别比相对应基本阻力增加幅度降低了 3.73%(12.72%－8.99%)、3.92%(18.72%－14.80%)、0.72%(11.43%－10.71%)。

3. 对平道牵引运行速度每升高 10 km/h 时，列车耗能通常增加百分数的估算

下面以一台计算质量为 138 t 的普通内燃机车牵引 G=4 000 t 普通重货列车、G=1 339 t 空货列车、G=960 t 的普通旅客列车为例进行分析计算。

从表 3-20 看到，SS_4 型、各型 DF_4、ND_5 型机车运行速度每提高 10 km/h 时的平均基本阻力增幅分别为 12.97%、11.89%、18.68%。因此，将这台普通内燃机车的平均基本阻力增幅定为 13.0%。

根据上述列车各速度范围的总基本阻力情况，结合表 3-2 中 ND_5 型机车各手柄位的机车总效率，牵引运行速度每提高 10 km/h 时，由于手柄位(牵引功率)提高，普通重货列车、空货列车、普通旅客列车的机车总效率分别平均增幅约为 4.0%、3.0%、2.0%。

(1)普通重货列车增加的百分数

从表 3-20 看到，滚动和滑动轴承重货车(车辆)运行速度每提高 10 km/h 时的平均基本阻力增幅分别为 11.62%、13.77%。当普通重货列车编组中滑动轴承重货车占 20%时，此时普通重货车(车辆)运行速度每提高 10 km/h 时的平均基本阻力增幅约为 12.05%，则普通重货列车(机车加入其中)平均基本阻力增幅约为 12.08%。

将式(3-74)变为式(3-75)的形式，这样更能准确反映出牵引运行时，随着运行速度的提高，列车耗能增加或减少的百分数。

$$j=[(w_{0高}/w_{0低})\times(\eta_{低}/\eta_{高})-1]\times100\% \tag{3-75}$$

由以上可知，运行速度每提高 10 km/h 时，普通重货列车的平均基本阻力、机车总效率分别平均增幅约为 12.08%、4.0%，即 $w_{0高}/w_{0低}=1.120\,8/1$，$\eta_{低}/\eta_{高}=1/1.040$。将此代入式(3-75)得

$$\begin{aligned}j&=[(w_{0高}/w_{0低})\times(\eta_{低}/\eta_{高})-1]\times100\%\\&=[(1.1208/1)\times(1/1.040)-1]\times100\%\\&\approx7.77\%\end{aligned}$$

取 $j\approx8.0\%$，即普通重货列车平道牵引运行速度每提高 10 km/h 时，通常约增加耗能 8.0%。

(2)空货列车增加的百分数

从表 3-20 看到，空货车（车辆）运行速度每提高 10 km/h 时的平均基本阻力增幅为 16.88%，则此时空货列车运行速度每提高 10 km/h 时的平均基本阻力增幅约为 16.52%。

由以上可知，运行速度每提高 10 km/h 时，空货列车的平均基本阻力、机车总效率分别平均增幅约为 16.52%、3.0%，即 $w_{0高}/w_{0低}=1.165\,2/1$，$\eta_{低}/\eta_{高}=1/1.030$。将此代入式(3-75)得

$$\begin{aligned}j&=[(w_{0高}/w_{0低})\times(\eta_{低}/\eta_{高})-1]\times100\%\\&=[(1.165\,2/1)\times(1/1.030)-1]\times100\%\\&\approx13.13\%\end{aligned}$$

取 $j\approx13.0\%$，即空货列车平道牵引运行速度每提高 10 km/h 时，通常约增加耗能 13.0%。

(3)普通旅客列车增加的百分数

普通客车（车辆）运行速度每提高 10 km/h 时的平均基本阻力增幅取 10.0%，则此时普通旅客列车运行速度每提高 10 km/h 时的平均基本阻力增幅约为 10.38%。

由以上可知，运行速度每提高 10 km/h 时，普通旅客列车的平均基本阻力、机车总效率分别平均增幅约为 10.38%、2.0%，即 $w_{0高}/w_{0低}=1.103\,8/1$，$\eta_{低}/\eta_{高}=1/1.020$。将此代入式(3-75)得

$$\begin{aligned}j&=[(w_{0高}/w_{0低})\times(\eta_{低}/\eta_{高})-1]\times100\%\\&=[(1.1038/1)\times(1/1.020)-1]\times100\%\\&\approx8.22\%\end{aligned}$$

取 $j\approx8.0\%$，即普通旅客列车平道牵引运行速度每提高 10 km/h 时，通常约增加耗能 8.0%。

4. 其他坡道牵引运行速度每提高 10 km/h 时列车耗能增加百分数问题

通过上面分析计算可以证明，列车在下坡道牵引运行速度每提高 10 km/h 时列车耗能增加百分数要大于平坦线路。这是因为下坡道列车起速快，需要机车牵引功率增量小，机车总效率增量小造成的。相反，列车在上坡道牵引运行速度每提高 10 km/h 时列车耗能增加百分数则要小于平坦线路。

第二节 列车惰行节能运行基本问题

一、列车动能

物体由于运动而具有的能量叫做动能。

列车到达某一速度后，都具有一定的动能。动能 E_k 其大小与列车质量成正比，与速度的平方成正比。可用式(3-76)表达

$$E_k=(1/2)mv^2 \tag{3-76}$$

式中 m——列车质量，等于机车计算质量加牵引质量，kg；

v——列车运行速度，m/s。

例如，HXD_3 型机车($P=150$ t)，牵引 $G=5\,500$ t 的列车，当运行速度达到 80 km/h 时，求列车获得的动能。

解：将已知条件化为国际单位，得

$$m = P + G = 5\ 650\ \text{t} = 5.650\times10^6\ \text{kg}$$

$$v = 80\ \text{km/h} = 800/36\ \text{m/s}$$

将 $m = 5.650\times10^6$，$v = 800/36$ 代入上式，得

$$E_k = (1/2)\times5.650\times10^6\times(800/36)^2$$

$$\approx 1\ 395.06\times10^6(\text{J})$$

列车获得的动能为 1 395.06×10⁶ J，相当于 387.5 kW·h 或 527.2 马力·h，能量是巨大的。

二、列车获得动能的宏观性结论

①列车在上坡道或平道由 S_1 处开车后，在 S_n 处列车具有的动能是列车在 $S_1 \sim S_n$ 间机车一部分牵引功转化而来的，如图 3-5、图 3-6 所示。

②列车在下坡道速度由零从 S_1 开始惰行，在 S_n 列车具有的动能是列车在 $S_1 \sim S_n$ 间一部分重力势能转化的结果，如图 3-7 所示。

③ 当列车在下坡道速度由零从 S_1 开始牵引运行时，在 S_n 列车具有的动能是列车在 $S_1 \sim S_n$ 间部分牵引力和下坡力共同做功的结果，如图 3-8 所示。

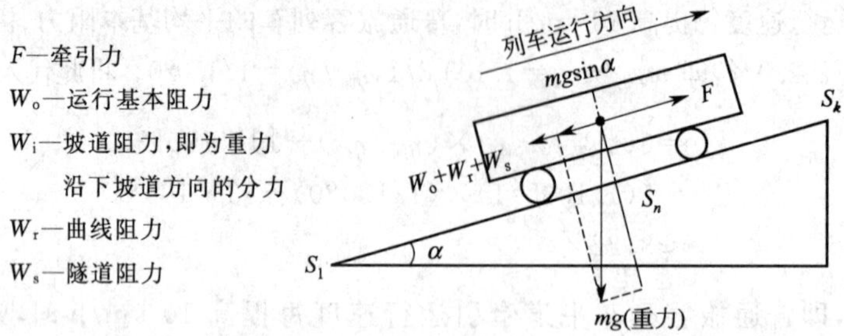

图 3-5　列车在上坡道牵引运行与列车运行方向平行的各种力示意图

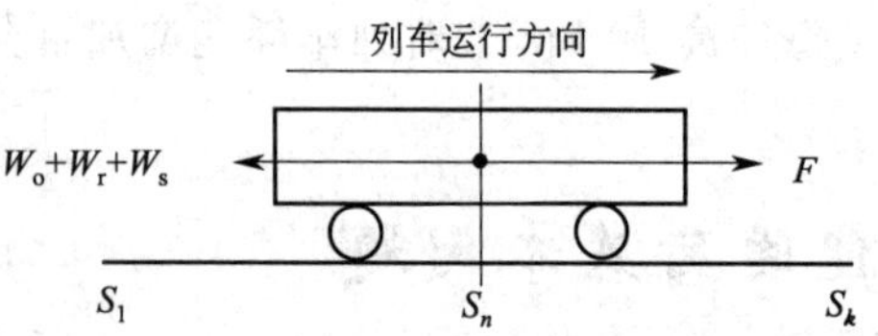

图 3-6　列车在平道牵引运行与列车运行方向平行的各种力示意图

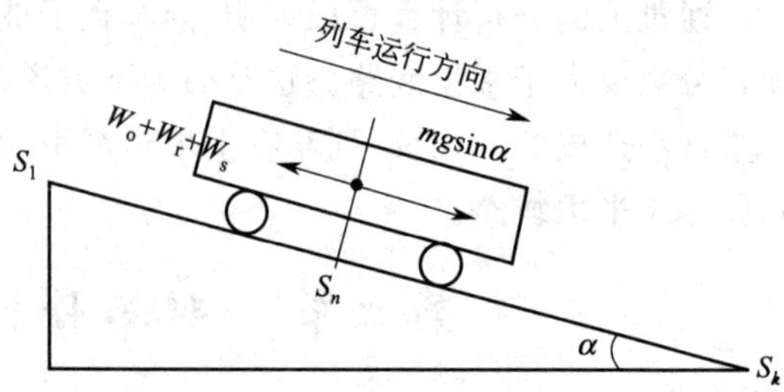

图 3-7　列车在下坡道惰力运行与列车运行方向平行的各种力示意图

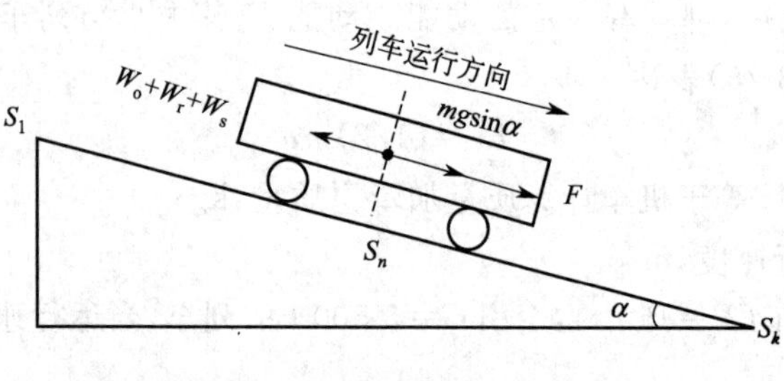

图 3-8　列车在下坡道牵引运行与列车运行方向平行的各种力示意图

综上所述，运行基本阻力、曲线阻力、上坡道阻力等阻力，其方向始终是与运行方向相反的，对列车做的是负功，因此，只能会消耗列车动能，绝不可能增加列车动能。只有牵引力、下坡力与运行方向相同，对列车做正功。所以，列车在任一参照点获得的动能都是机车牵引力、下坡力单独或共同做功转化的结果。这个结论是对局部进行分析后得出的。如果从整体考察又如何呢？请看下面的分析。

上坡力对列车做负功，下坡力对列车做正功。如图 3-9、图 3-10 所示，列车由 S_1 运行至 S_k，在此过程中上坡力负功和下坡力正功的代数和为零。这说明列车在 $S_1 \sim S_k$ 间任一参照点列车具有的动能，从宏观上、整体上讲都是由机车牵引力做功转化而来的。

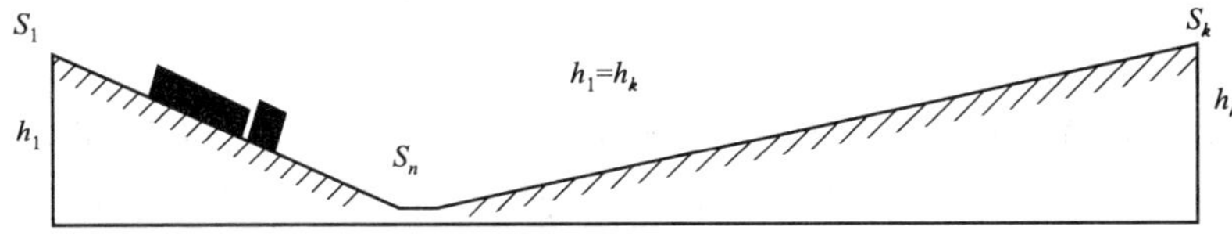

图 3-9 列车在凹变坡点区段(间)运行

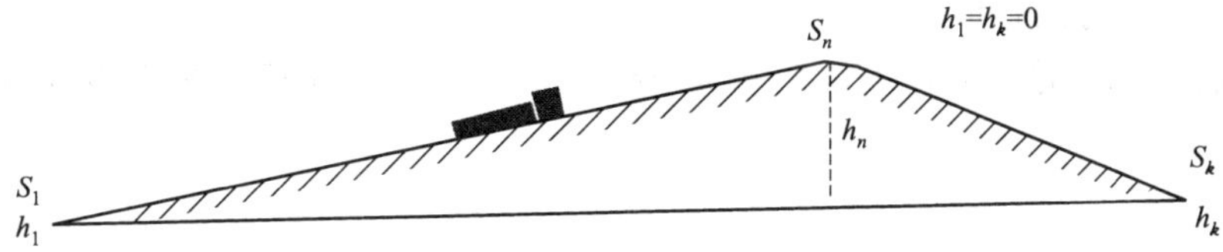

图 3-10 列车在凸变坡点区段(间)运行

当 $h_k > h_1$ 时，如图 3-11 所示，列车由 S_1 运行至 S_k，在此过程中，上坡力负功和下坡力正功的代数和在数值上等于 $-mgh_k$，这需由机车牵引力多做相应正功来克服。这说明，列车在 $S_1 \sim S_k$ 间任一参照点具有的动能，从宏观上、整体上讲也完全是由机车牵引力做功转化的；若同等重量的列车由 S_k 部分牵引运行至 S_1 时，下坡力正功与上坡力负功抵消一部分后还剩余 mgh_k 的重力势能便得到释放。因此，在 $S_k \sim S_1$ 间任一参照点列车获得的动能从宏观上讲是机车牵引力和下坡力做功共同起作用的结果。但综合上下行，如果上下行运量大体相当并用 m 表示时，则

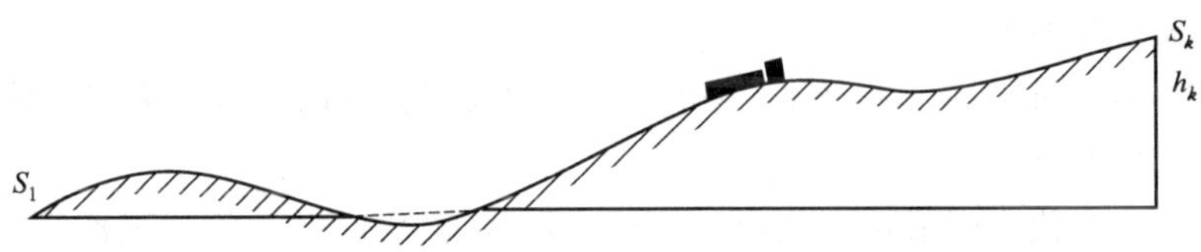

图 3-11 列车在一般性组合坡道区段(间)运行

$S_1 \sim S_k$ 间上下坡道功的代数和在数值上等于 $-mgh_k$。

$S_k \sim S_1$ 间上下坡道功的代数和在数值上等于 mgh_k。

由此可进一步看出上下行上下坡道功的总代数和为零，即

$$-mgh_k + mgh_k = 0$$

综合以上分析可得列车动能获得的宏观性、普遍性结论，即从宏观上、整体上讲，一般而言列车在任一参照点获得的动能都是机车牵引力做功的结果。比如，质量为 m 的列车在某参照

点的速度为v，这就表明机车牵引力曾为此做了在数值上等于$\frac{mv^2}{2}$的功。作为内燃机车来讲，机车曾为此消耗了$\frac{mv^2/q\eta}{2}$的燃油(q为燃油热值，η为机车总效率)；作为电力机车曾为此消耗了$\frac{mv^2/\eta}{2}$的电能。

这个结论的重要意义在于可以更加清楚地知道列车动能从根本上来讲都是机车牵引力做功蓄积的，要使之得到充分利用。否则，若被制动消耗掉，便会造成能源浪费。

三、列车获得动能的有用程度

1. 有用动能和无用动能

列车在某参照点具有的动能可能全部是有用的，也可能全部是无用的，还可能是一部分有用而另一部分无用。这与参照点所处的地理位置，前方运行需要以及对列车运行的各种限制条件有关。有用动能是指列车前方运行过程能使此动能得以充分利用的能量；无用动能是指前方运行过程不能被利用的能量。

2. 对列车动能有用程度的界定

下面借助图 3-12 对重货列车在某一典型线路纵断面 $S_1 \sim S_5$ 间各参照点获得动能的有用程度进行分析。

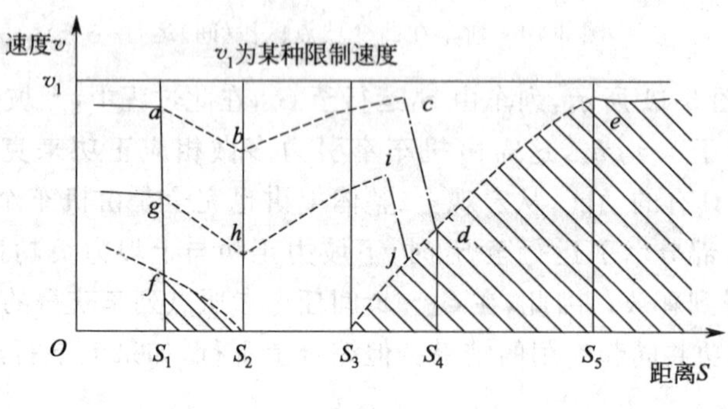

图 3-12　重货列车在 $S_1 \sim S_5$ 间各参照点获得动能有用程度示意图

线路纵断面情况如下。

参照点 S_2 以左为平道或上坡道；$S_2 \sim S_5$ 为长大下坡道；S_5 以右为平道或上坡道。

速度线含义如下。

a、g 之左，e 之右代表牵引速度线；cd、ij 代表制动速度线；其他均代表惰行速度线。

当列车在参照点 S_5 及以右区域，其运行速度在某种限制速度 v_1 以下，假如列车具有的动能全部为有用动能时，对 $S_1 \sim S_5$ 间各参照点列车获得动能的有用程度进行分析。显然，阴影部分为有用动能(速度)范围，fS_2S_3de 以上为无用动能(速度)范围。于是，$S_1 \sim S_2$ 间各参照点列车获得的动能一部分是有用的(fS_2 以下部分)，一部分是无用的(fS_2 以上部分)；$S_2 \sim S_3$ 间各点全部为无用动能；$S_3 \sim S_5$ 间各参照点一部分是有用的(S_3e 以下部分)，一部分是无用的(S_3e 以上部分)；S_5 以右区域各参照点列车具有的动能全部为有用动能。

从上面分析可以看出，当有用和无用动能同时存在时，有用速度(动能)范围总是在下面，无用速度(动能)范围总是处于上面，并以一条惰行速度线作为一条分界线。

3. 有用动能和无用动能是相对的，是有条件的

当限制条件发生变化时，有用和无用动能范围会做相应改变。仍借图 3-12 进行分析，当某种限制速度得到提高时，相应就会拓宽有用动能范围，即 S_3e 速度线上移，S_5 处列车利用重力势能转化的高于 v_1 的速度便得到进一步利用；相反，若限制速度进一步降低，就会缩减有用动能范围，其结果使列车通过 S_5 点时的速度比图 3-12 所示的还要低。以上分析进一步表明，有用动能和无用动能是相对的，是有条件的。

4. 限制列车动能充分利用的各种因素

限制列车动能充分利用的因素很多，概括起来主要有各种限制速度、线路纵断面特征及站场位置、调度指挥方式、列车运行限制信息传递、列车司机操纵技术水平等。

① 各种限制速度主要指线路限速、机车车辆限速、施工慢行限速、闸瓦压力限速、道岔限速、监控装置设定限速、政策性限速等。当列车通过某一地点，如果几种限速同时存在，列车就必须在最低限速下运行。限速越高，有用速度（动能）范围就越大，就为充分利用动能创造了好的条件。反之，有用速度（动能）范围就越小，制动耗能就会随之增加。

② 列车在长大下坡道运行，重力势能转化为巨大列车动能，往往使列车超过某种限速，而无法充分利用。位于下坡道上的站场，列车停车时，其列车动能无法得到充分利用。

③ 当列车调度员安排重货列车在不经济、较不经济型中间站停车时，其有用动能利用水平很低。

④ 当列车司机不能及时得到准确的列车运行限制信息时，就可能使列车过早地获得较多的动能，而无法充分利用。

⑤ 当列车司机不懂得列车在各参照点获得动能的有用程度时，牵引运行阶段将会使列车获得过多无用动能，而无法利用。

四、列车惰行与节能操纵的关系

1. 列车惰行耗能量

(1)列车惰行耗油量

列车惰行时，内燃机车牵引电动机（或液力变扭器）处于无负荷工况，此时柴油机只向气缸供给很少量的燃油，这些燃油发出的能量只用来克服柴油机内部阻力及辅助装置阻力做功。当柴油机空转转速提高时，空转油耗也相应的增加。

表 3-22　DF_4（货、客）型机车柴油机空转单位时间燃油消耗量

手柄位数 n_s	0,1	2	3	4	5	6	7	8
燃油消耗量 e_0(kg/min)	0.35	0.38	0.41	0.46	0.52	0.58	0.64	0.70
手柄位数 n_s	9	10	11	12	13	14	15	16
燃油消耗量 e_0(kg/min)	0.77	0.84	0.92	1.01	1.10	1.20	1.34	1.48

表 3-23　DF_{4C}（货）型机车柴油机空转单位时间燃油消耗量

转速 n_e(r/min)	430	468	506	544	582	620	658	696
燃油消耗量 e_0(kg/min)	0.37	0.39	0.42	0.46	0.50	0.55	0.60	0.66
转速 n_e(r/min)	734	772	810	848	886	924	962	1 000
燃油消耗量 e_0(kg/min)	0.71	0.77	0.84	0.92	0.99	1.08	1.13	1.24

表 3-24 DF_{11}型机车柴油机空转单位时间燃油消耗量

转速 n_e(r/min)	400	440	480	520	560	600	640	680
燃油消耗量 e_0(kg/min)	0.37	0.41	0.48	0.55	0.63	0.70	0.78	0.84
转速 n_e(r/min)	720	760	800	840	880	920	960	1 000
燃油消耗量 e_0(kg/min)	0.92	1.01	1.13	1.24	1.32	1.44	1.53	1.64

表 3-25 ND_5型机车柴油机空转单位时间燃油消耗量

手柄位数 n_s	0	0,1	2	3	4	5	6	7	8
燃油消耗量 e_0(kg/min)	0.19	0.27	0.32	0.45	0.52	0.66	0.66	0.78	0.98

由表 3-22～表 3-25 可以看出，柴油机空转时单位时间燃油消耗量与手柄位或柴油机转速有关，为减少燃油消耗量，惰行（空气制动及停站）时，应将手柄置于 0 或最低柴油机空转转速位。

内燃机车的惰行（空气制动及停站）燃油消耗量，按柴油机空转燃油消耗量 E_0 计算

$$E_0 = \sum(e_0 \cdot t) \tag{3-77}$$

式中 e_0——柴油机空转单位时间燃油消耗量，kg/min；

t——空转时间，min。

(2)列车惰行耗电量

列车惰行（制动及停站）时，电力机车牵引电动机处于无负荷工况，此时机车耗能为自身用电，主要用于机车辅助装置消耗。

电力机车的惰行（制动及停站）自用电量 Q_0，有

$$Q_0 = \frac{U_w \cdot I_{p0} \cdot \sum t}{60 \times 10^3} \tag{3-78}$$

式中 U_w——受电弓处网压，V；

I_{p0}——自用电有功电流，A；

t——相应工况时间，min。

惰行、空气制动及停站时，自用电有功电流取 2 A（电阻制动时，4 轴和 6 轴机车取 10 A，8 轴机车取 13 A）。

实际上，惰行时机车各冷却风机的工作状态与手柄所处位置有关。

济南西机务段对 HXD_3 型机车不同情况下的空载耗能情况数据进行了分析记录，有关情况见表 3-26、表 3-27、表 3-28。

表 3-26 HXD3 型机车牵引列车在站有动力停留时耗能情况

车　站	耗能(kW·h)	停留时间(min)	每分钟耗能(kW·h)
董家庄	10	12	0.83
北园	12	15	0.80

注：2010 年 8 月 9 日；车次 34029；HXD_3—8088 机车；机车使用空调

表 3-27 2011 年 11 月 9 日 HXD_3—8111 站停及单机转线走行耗能情况表

到达车次	车　站	耗能(kW·h)	停留时间(min)	每分钟耗能(kW·h)
55102	沭埠岭	58	61	0.95

续上表

到达车次	车　　站	耗能(kW·h)	停留时间(min)	每分钟耗能(kW·h)
55101	郑旺	52	45	1.16
55104	沭埠岭	63	52	1.21
55103	郑旺	44	37	1.19

注:55102 次到达沭埠岭站后,只存在机车摘机转线走行连挂本列另一端情况,所以其每分钟耗能最少。其他车次到达时,存在调整列车位置情况,所以每分钟耗能相对较高。

表 3-28　HXD_3—0875 机车空载耗能试验数据

试验步骤	主手柄级位	换向手柄	耗能(kW·h)	试验时间	每分钟耗能(kW·h)	备　　注
1	0	中立位	5	10 min 22 s	0.48	各风机停止工作
2	0	前进位	11	10 min 0 s	1.10	换向手柄不在中立位及牵引 4 级以下各风机低速旋转
3	1	前进位	12	10 min 11 s	1.18	
4	3	前进位	11	9 min 41 s	1.14	
5	4	前进位	27	10 min 4 s	2.68	牵引 4 级及以上及动力制动时,各风机均全速旋转

注:2011 年 11 月 22 日;济西南整备场三股;未开头灯、电炉、空调,空压机未工作

HXD_3 型机车主手柄在 4 级及其以上及动力制动惰力运行时各风机处于全速状态,主手柄 4 级以下处于低速状态,这将使机车自用电量有较大差别。因此,列车惰行时,应将主手柄或动力制动手柄置于 0 位(停车后应及时将换向手柄置于中立位),以减少电力机车辅助消耗。

建议,HXD_3 型机车换向手柄在中立位时,其空载耗能按每分钟 0.8 kW·h 进行计算(适用于机车停车时);HXD_3 型机车换向手柄不在中立位主手柄 4 级以下惰力运行时,其空载耗能按每分钟 1.3 kW·h 进行计算;主手柄在 4 级及以上及动力制动惰力运行时,空载耗能按每分钟 2.9 kW·h 进行计算。

2. 只有惰行才会使列车动能得到充分利用

当列车在平道或上坡道惰行时,动能释放(减少),被运行基本阻力、曲线阻力、上坡道等阻力所做的负功所消耗;当列车在下坡道惰行,下坡力大于其他各种阻力之和时,部分下坡力所做的功使列车动能增加;当下坡力等于其他各种阻力之和时,动能保持不变;当下坡力小于其他各种阻力之和时,动能释放,被部分阻力负功所消耗。

惰行时只有运行阻力(基本阻力、曲线阻力、上坡道阻力等)才会消耗列车动能。因此,只有通过惰行才会使列车动能得到充分利用。若列车动能被运行阻力功全部耗尽,称列车动能全部得到了利用。由于运行时间限制,这在现实中通常是不可能的。由于种种原因,大量的动能往往要被制动过程消耗掉。

3. 惰行与列车节能运行的关系

ND_5 型机车(P=135 t),牵引 G=4 000 t 的滚动轴承重货列车,当运行速度达到 70 km/h 时,列车获得的动能为 781.69×10^6 J,相当于 217.1 kW·h 或 295.4 马力·小时,能量是巨大的。若此时列车在平直线路上开始惰行至动能全部被运行基本阻力负功耗尽,能走行约 14.0 km的路程,耗时 27.3 min,惰行耗油约为 7.37 kg(柴油机空转耗油)。若维持恒速 70 km/h时走行同样距离,主手柄须置于 6 位,运行时间 12.0 min,按 6 位计算时的牵引耗油

约为 78.96 kg。两者比较，惰行可节油 71.59 kg，而运行时间延长 15.3 min，但运行时间过多地延长往往是运输实际所不允许的。

上述列车由 70 km/h 惰行至 50 km/h，可走行 5.76 km，耗时 5.80 min，空转耗油 1.57 kg。若维持恒速 70 km/h 走行 5.76 km，运行时间为 4.94 min，按手柄置于 6 位牵引时计算，耗油 32.38 kg。两者比较惰行可节油 30.81 kg，而运行时间仅仅延长 0.86 min。如此微小的时间损失完全可以在起动或加速阶段赚回。因此，在停车、慢行前或非理想条件下运行应及时由牵引运行转入惰行，并尽可能延长惰行阶段；在运行时间允许的前提下，应在尽可能低的速度下开始制动，这样不仅能节能，而且也节约了轮箍和制动闸瓦。

及时由牵引运行转入惰行是使列车动能得到较充分利用的前提，是列车节能运行理论研究与应用的一个重点。

第三节　列车制动运行节能基本问题

列车制动耗能占机车总耗能量的比重较大，为了有效降低制动耗能量，就必须下大力气去研究制动耗能问题，对制动造成的耗能量必须有一个较为准确的数量概念，需提出列车制动耗能一般意义公式。另外，对必要、不必要制动和制动损失等问题也应认真研究，以便制定出切实有效的措施。

一、列车制动耗能一般意义计算式

《牵规》中也列出了制动耗能公式，但其耗能量与制动所造成的列车动能损失量不相关，而只与制动所对应的机车工况(空气制动时为空载，动力制动时也基本为空载)相关。因此可将其称之为列车制动耗能特殊意义公式；那么，与列车动能消耗量密切相关的制动耗能计算式就应为一般意义计算式。

1. 电力机车牵引的列车制动耗能一般意义计算式

$$Q_{制} \approx 1.07\times10^{-5}\ m(v_{2惰}^2 - v_{2制}^2)\ /\eta_{电} \tag{3-79}$$

当电力机车牵引运行取其平均总效率 $\eta_{电}$ 为 80%时，代入上式，得

$$Q_{制} \approx 1.34\times10^{-5}\ m(v_{2惰}^2 - v_{2制}^2) \tag{3-80}$$

因电力机车采用再生制动时可以向电网反馈一部分电能，所以式(3-79)不能直接用于电力机车采用再生制动时制动耗能量的计算，还应综合考虑再生制动过程向电网反馈的能量和辅助设备能量消耗。

2. 内燃机车牵引的列车制动耗能一般意义计算式

当 $E_{制}$ 单位取 kg，Q 单位取 kJ/kg，列车质量 m(它等于机车计算质量 P 加牵引质量 G)单位取 t，运行速度 v 单位取 km/h 时，制动耗能一般意义计算式

$$E_{制} \approx 3.86\times10^{-2} m(v_{2惰}^2 - v_{2制}^2)/\ Q\cdot\eta_{内} \tag{3-81}$$

当 Q 取 42 200 kJ/kg，机车总效率 $\eta_{内}$ 取 31%，代入上式并整理得

$$E_{制} \approx 2.95\times10^{-6} m(v_{2惰}^2 - v_{2制}^2) \tag{3-82}$$

式(3-80)、式(3-82)是将机车总效率简单化处理后得到的宏观计算式，但它还是能比较准确方便地计算出制动消耗列车动能相当的耗电、耗油数量，为分析制动耗能问题提供了方便。

3. 列车制动耗能一般意义计算式推导

从宏观上讲，列车动能都是机车牵引力做功蓄积的结果。机车牵引力做一定数量的功，就

会消耗相应数量的燃料或电能。因此，计算制动所造成的耗能量，第一步应先确定制动所造成的列车动能损失。

因为列车动能从宏观上讲是机车牵引轮周功蓄积的。所以，制动消耗掉多少动能，就等于机车轮周牵引力曾为此做了多少无用功。

如图 3-13 所示，列车在 S_1 处开始制动，在 S_2 处制动结束，制动消耗掉的列车动能，不应看作为 $m(v_1^2-v_{2制}^2)/2$，而 $m(v_{2惰}^2-v_{2制}^2)/2$ 可视为制动消耗掉的列车动能。这是因为在制动过程中还有坡道力和其他阻力也对列车产生作用。因此要计算制动消耗列车动能数值，应先确定 $v_{2惰}$。显然，$v_{2惰}$ 为列车从 S_1 处以 v_1 惰行至 S_2 时的速度；其次是确定 $v_{2制}$。

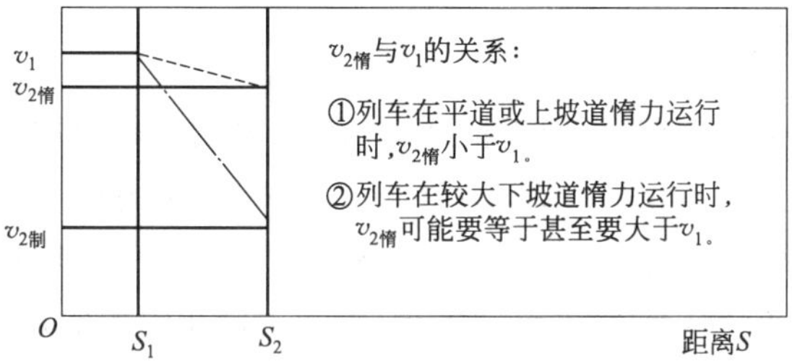

图 3-13　制动消耗列车动能分析图

根据动能定理可知动能增量 $m(v_{2惰}^2-v_1^2)/2$ 为列车在 S_1S_2 间运行基本阻力和附加阻力共同对列车做功的结果。$m(v_{2惰}^2-v_{2制}^2)/2$ 可看作是制动力对列车做功而消耗掉的列车动能。

(1)内燃牵引条件下列车制动耗能一般意义公式推导

内燃机车牵引运行时，燃油热能转变为机车轮周功，并不是所有燃油热能都能转化为轮周功，得到利用的热能只占总热能的较小比例，这个比例在数值上就为内燃机车总效率。

当燃油热值用 q，内燃机车牵引工况平均总效率用 $\eta_{内}$，制动耗能折合的燃油损失用 $E_{制}$ 表示时，有

$$E_{制}\cdot q\cdot\eta_{内}=m(v_{2惰}^2-v_{2制}^2)/2 \tag{3-83}$$

整理得

$$E_{制}=m(v_{2惰}^2-v_{2制}^2)/(2Q\cdot\eta_{内}) \tag{3-84}$$

当 $E_{制}$ 单位取 kg，q 单位取 kJ/kg，列车质量 m(它等于机车计算质量 P 加牵引质量 G)单位取 t，运行速度 v 单位取 km/h 时，式(3-84)变为

$$E_{制}=1\ 000m(10^2v_{2惰}^2/36^2-10^2\ v_{2制}^2/36^2)/(2\times1\ 000\ q\cdot\eta_{内}) \tag{3-85}$$

整理得

$$E_{制}\approx3.86\times10^{-2}m(v_{2惰}^2-v_{2制}^2)/q\cdot\eta_{内} \tag{3-86}$$

当 q 取 42 200 kJ/kg，$\eta_{内}$ 取 31%，代入式(3-86)并整理得

$$E_{制}\approx2.95\times10^{-6}m(v_{2惰}^2-v_{2制}^2) \tag{3-87}$$

(2)电力牵引条件下列车制动耗能一般意义公式推导

电力机车牵引运行时，机车供电电能经传动装置转变为轮周功，但并不是机车从接触网获得的全部电能都能转化为轮周功，而得到利用的电能只占总获得电能的某一比例，这个比例在数值上应等于电力机车牵引运行时的机车总效率 $\eta_{电}$。

$$\eta_{电}=(N/\ N_g)\times100\% \tag{3-88}$$

式中　N——机车牵引运行时一定时间内平均轮周功率，kW；

N_g——与 N 相对应时间内的平均供电功率，kW。

当制动消耗电能用$Q_{制}$表示时，有

$$Q_{制}\cdot\eta_{电}=m(v_{2惰}^2-v_{2制}^2)/2 \tag{3-89}$$

整理得

$$Q_{制}=m(v_{2惰}^2-v_{2制}^2)/(2\eta_{电}) \tag{3-90}$$

当上式中$Q_{制}$单位取 kW·h，列车质量m取 t，运行速度v取 km/h，上式变为

$$1\,000\times3\,600Q_{制}=1\,000m(10^2v^{2惰}/36^2-10^2\ v_{2制}^2/36^2)/(2\eta_{电})$$

整理得

$$Q_{制}\approx1.07\times10^{-5}\ m(v_{2惰}^2-v_{2制}^2)/\eta_{电} \tag{3-91}$$

当电力机车牵引运行取其平均总效率$\eta_{电}$为80%时，代入(3-91)式，得

$$Q_{制}\approx1.34\times10^{-5}\ m(v_{2惰}^2-v_{2制}^2) \tag{3-92}$$

二、列车制动耗能量计算

例如，一列总质量m为 4 138 t 的货物列车，在S_1处的运行速度v_1为 75 km/h，若在此处开始惰行至S_2时，$v_{2惰}$为 70 km/h。试计算当分别由内燃、电力机车牵引时，在S_1处开始制动控速，在S_2处制动控速结束，$v_{2制}$为 30km/h，求制动控速造成的耗能量各是多少；上述列车若以同一速度在S_1处开始制动，至S_2时正好停车，求制动停车造成的耗能量(前提条件为电力机车均未采用再生制动)。

解：①计算制动控速造成的耗能量

将有关数据分别代入式(3-82)、式(3-80)，得

内燃机车耗能量：$E_{制}\approx2.95\times10^{-6}m(v_{2惰}^2-v_{2制}^2)$

$=2.95\times10^{-6}\times4138\times(70^2-30^2)\approx48.8$(kg)

电力机车耗能量：$Q_{制}\approx1.34\times10^{-5}\ m(v_{2惰}^2-v_{2制}^2)$

$=1.34\times10^{-5}\times4\,138\times(70^2-30^2)\approx221.8$ (kW·h)

②计算制动停车造成的耗能量

内燃机车耗能量：$E_{制}=2.95\times10^{-6}\times4\,138\times(70^2-0^2)\approx59.8$ (kg)

电力机车耗能量：$Q_{制}=1.34\times10^{-5}\times4\,138\times(70^2-0^2)\approx271.7$ (kW·h)

三、必要制动、不必要制动

1. 必要制动

一般而言，凡是列车运行图所规定的或列车调度员根据实际情况合理安排的停车，以及列车操纵示意图中规定的为不超过各种限制速度列车司机所采取的制动停车或制动控速措施，如果列车司机能按照相对应的操纵方式在一定合理限度内对列车施行制动，此时的制动就为必要制动。其特点如下。

①列车运行图规定的或调度员根据实际情况合理安排的停车。

②为不超过各种限制速度，列车司机所采取的制动控速措施。

③制动开始地点由机车牵引功转化的速度值不高于合理值。

④制动控速终了时的速度值不低于合理值。

2. 不必要制动

当列车运行在非理想条件下(指列车运行即将受到一定阻碍影响)时，若列车司机不能及时得到前方站列车运行限制信息或由于操纵技术等原因，使牵引阶段提供了列车过多的速度(动能)，以及长大下坡道前制动控速过程未充分控制好时间，使列车过早地到达限制通过地点

而引发的制动控速或停车；或当列车在理想条件下(列车运行不受任何阻碍影响)运行时，制动开始地点由机车牵引功转化的速度值高于合理值，制动控速终了时的速度值低于合理值等，由此产生的制动均为不必要制动。

3. 必要、不必要制动产生原因

无论是必要制动，还是不必要制动，消耗的都是列车动能，都会产生制动损失，但必要和不必要制动产生的原因又各有其特点。因此，只有弄清楚产生的原因，才可能为减少制动耗能制定出有效的措施。

(1)必要制动产生原因及特点

货物列车必要制动总量是巨大的。它主要受线路纵断面及站场所处位置特点，各种限制速度，旅客列车提速及对数增加(指客货共线)，监控装置使用等影响。使列车动能，尤其是下坡道转化的巨大列车动能得不到有效利用，其主要原因概述如下。

①历史的原因。因车站所处位置的形成主要是历史原因造成的，在位于下坡道、尤其是长大下坡道尾部附近的车站停车，其必要制动量是很大的。

②自然的原因。线路纵断面特征主要受地形、地貌影响，当然设计施工也是一个重要方面。长大下坡道列车超过某种限制速度，频繁制动，产生大量必要制动。

③设施的原因。技术装备越落后，各种限速就越低，使列车动能，尤其是下坡道重力势能转化的巨大动能利用率就越低；反之，动能利用率就越高。

④科研的原因。站场、线路、道岔、信号等设计施工，未同优化操纵紧密结合起来进行系统研究。

⑤旅客列车提速及对数增加原因。旅客列车提速，对数增加，使旅客列车与货物列车之间速度差别增大，从而造成货物列车在区段内平均避让旅客列车停车制动次数明显增加。

⑥列车运行监控记录装置使用原因。列车运行监控记录装置的使用，这使列车运行限制速度牢牢得到控制。一方面的确对安全起到了可靠保证作用；但另一方面，必要制动损失却有较明显增加，它主要受监控模式的影响。

(2)不必要制动产生原因及特点

货物列车不必要制动总量也是巨大的，它主要受人员业务水平、责任心、政策、科研水平等因素影响。

人员方面的原因主要是列车司机，车站值班员、列车调度员三方面。

列车司机方面，最主要原因是由于对优化操纵的基本观点和宏观、微观优化操纵方法知识欠缺，对列车动能有用程度认识不清，以至于在实际操纵中有许多经济控制点不能够很好地把握，再加之盲目早点，臆测运行，造成巨大不必要制动损失在所难免。当然，除此之外，列车司机行车经验、精神状态、责任心等也是不容忽视的。另外，监控装置操作使用不当，造成放风，也是产生不必要制动损失的一个重要原因。

车站值班员方面，当临时安排开来列车在车站停车，或者当车站接发列车、调车作业等，可能对通过列车产生影响，而车站又不使用列车无线调度通信设备预告或不提前足够时间预告开来列车司机，列车司机仍采用开放式操纵(参见第四章第二节)(此种操纵方法适用于列车在理想条件下运行)运行。此时，造成不必要制动，主要是车站值班员的责任。

列车调度员方面，主要是对列车运行宏观速度特性、中间站的经济类型不清楚，当调度列车时，使列车产生巨大的不必要制动损失就在所难免。例如，安排某一重货列车在位于长大下坡道尾部的中间站停车，其制动损失是巨大的，是列车司机和车站值班员所无法避免的。

四、制动损失及机车节能操纵的侧重点问题

1. 制动损失问题

从广义上讲制动损失包括电能、燃油损失，闸瓦、车轮磨耗损失，列车冲动造成的机车、车辆部件破损、车轮擦伤，扰乱列车运行秩序降低通过能力，机车维修费用增加(动能被制动耗掉，机车需多做功)，大气污染(多耗能造成)等。从狭义上讲制动损失主要指由此造成能耗增加和列车运行秩序的混乱。

2. 列车节能操纵的侧重点及动力制动单独使用问题

京沪线济南西—徐州北区段，货物列车因制动造成的能耗损失约占运行总能耗量的20%(装有再生制动的列车约为15%)，其中必要制动约占10%，不必要制动约占10%。因此列车节能操纵的侧重点，应是尽量避免或减少列车的不必要制动损失，尤其是重货列车的不必要制动损失。

对于装有再生制动的电力机车，比如 HXD_3 型机车，牵引货物列车单独使用动力制动调速与采用空气制动调速相比，可节省大量电能。因此，货物列车需制动调速时，在确保安全的前提下，从节能角度应尽量单独使用动力制动调速。

在货物列车无需贯通试验的地段，如果单独使用动力制动能满足调速要求，可单独使用动力制动。列车在理想条件下运行，单独使用动力制动调速的前提是比其他调速方式能缩短运行时间，即应尽量做到贴限运行。否则应采用动力制动与空气制动配合调速方式(动力制动与空气制动配合调速方法参见第七章第七节)。

五、制动工况耗能量问题

《牵规》中列出的空气制动及电阻制动时的机车耗能量计算式，为对应机车工况时的耗能情况。空气制动时为机车空载耗能，电阻制动时单位时间机车耗能比空气制动时增加较多，但与高级位牵引耗能相比也基本相当于空载。

对于内燃机车电阻制动时比柴油机在0位空转时增加的耗能，主要体现在以下三个方面，牵引电机励磁电流消耗、柴油机转速提高、冷却风扇全速旋转。对于电力机车电阻制动比单纯空载增加的耗能，主要体现在两个方面，牵引电机励磁电流消耗、各冷却风机全速旋转。

1. 空气制动工况耗能问题

内燃机车的空气制动(惰行及停站)燃油消耗量，按柴油机空转燃油消耗量式(3-77)计算。

电力机车的空气制动(惰行及停站)耗电量，按机车空载自用电量式(3-78)计算。

为减少空气制动(惰行及停站)工况耗能量，减少辅助消耗，应及时将手柄置于0位。

2. 电阻制动工况耗能问题

各型内燃机车电阻制动工况的燃油消耗量 E_d，有

$$E_d=\sum(e_d\cdot t) \tag{3-93}$$

式中　e_d——电阻制动工况单位时间燃油消耗量，kg/min。

几种机型内燃机车电阻制动工况单位时间燃油消耗量参见表3-29～表3-31。表中，v 表示速度，km/h；e_d表示单位时间燃油消耗量，kg/min；n_e表示柴油机转速，r/min。

表 3-29　DF_4B(货)和 DF_4C(货)型机车电阻制动工况单位时间燃油消耗量

n_e	v	5	10	15	18.5	20	22.5	30	35
850	e_d	0.97	0.97	0.97	0.97	0.97	0.97	0.97	0.97
n_e	v	40	50	58	60	70	80	90	100
850	e_d	0.97	0.97	0.97	0.97	0.96	0.94	0.91	0.88

表 3-30　DF_{11} 型机车电阻制动工况单位时间燃油消耗量

n_e	v	5	10	15	20	30	40	50
840	e_d	1.24	1.24	1.24	1.24	1.24	1.24	1.24
n_e	v	60	70	80	83.5	90	100	110
840	e_d	1.24	1.24	1.24	1.24	1.24	1.24	1.24
n_e	v	120	130	138.3	140	150	160	170
840	e_d	1.24	1.24	1.24	1.24	1.24	1.24	1.24

表 3-31　ND_5 型机车电阻制动工况单位时间燃油消耗量

n_e	v	5	10	11.5	15	16.5	20	20.7
880	e_d	1.14	1.14	1.14	1.14	1.14	1.14	1.14
n_e	v	22	26	29.5	30	40	50	60
880	e_d	1.14	1.14	1.14	1.14	1.14	1.14	1.14
n_e	v	70	80	90	100	110	118	
880	e_d	1.15	1.15	1.14	1.14	1.15	1.15	

电力机车电阻制动工况的耗电量，按式(3-78)计算，自用电有功电流 4 轴和 6 轴机车取 10 A，8 轴机车取 13 A(惰行、空气制动及停站时，自用电有功电流取 2 A)。

第四节　综 合 问 题

一、列车起停车耗能问题

列车起停车耗能问题是构成列车运行总耗能问题的一个重要方面。现场中有人认为起停耗能是停车耗能一次，起车又耗能一次；而对于耗能数量，说的也不准确。因此，正确认识列车起停耗能问题是现场实际的需要，也是理论分析的需要。下面对列车起停时的耗能量与牵引通过时的耗能量进行比较，并以列车在平直线路上运行为例进行分析。

1. 列车起停车耗能与牵引通过耗能问题一般性结论

一般而言，若去除停车后至起车前这段停留时间的机车空载耗能量(内燃机车一般为柴油机最低空转转速时的耗油量，电力机车为自用电耗电量)，起停耗能与运行相比所增加的那部分耗能量，在数值上比制动造成的耗能量要少。也就是说，起停与运行相比，造成耗能量增加，其根本原因是制动造成的，而不是起车造成的，但实际耗能量的增加却表现在起车过程中。

2. 对一般性结论的分析证明

(1)列车起停与通过耗能问题分析图

图 3-14 中 $S_0 \sim S_3$ 间为平直线路；abc 为牵引开放式操纵通过速度线，且 $v_a = v_b = v_c$；ade 为惰行速度线；dS_2 为空气制动停车速度线；S_2c 为起车加速速度线。

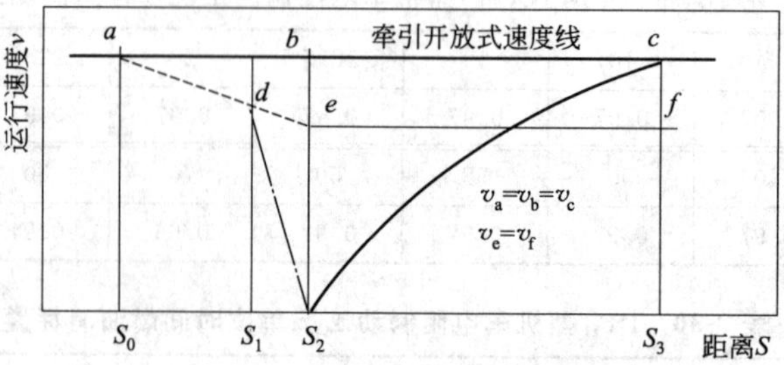

图 3-14 列车起停与通过耗能问题分析图

(2)列车在 $S_0\sim S_3$ 间沿速度线 abc 牵引通过时的耗能量分析

根据图 3-14 可知：$v_a=v_b=v_c$，即列车以均衡速度运行。

又因为 $S_0\sim S_3$ 间为平直线路，所以 $F=W_0$（机车轮周牵引力 F 等于列车总运行基本阻力 W_0，即列车合力为零，列车作等速运行）。

列车在 $S_0\sim S_3$ 间，机车轮周牵引力所做的轮周功 $W_{牵ac}$ 完全用于克服运行基本阻力功 $W_{基ac}$，即功能平衡式为

$$W_{牵ac}=W_{基ac} \tag{3-94}$$

①内燃机车牵引通过时的耗油量 $E_{y通}$

若设列车在 $S_0\sim S_3$ 间沿速度线 ac 运行时的内燃机车总效率 $\eta_内$ 不变，则牵引开放式操纵耗油量为

$$E_{y通}=W_{牵ac}/q\cdot\eta_内=W_{基ac}/q\cdot\eta_内 \tag{3-95}$$

式中 q——燃油热值。

②电力机车牵引通过时的耗电量 $Q_{y通}$

若设列车在 $S_0\sim S_3$ 间沿速度线 abc 运行时的电力机车总效率 $\eta_电$ 不变，则牵引开放式操纵耗电量为

$$Q_{y通}=W_{牵ac}/\eta_电=W_{基ac}/\eta_电 \tag{3-96}$$

(3)列车在 $S_0\sim S_3$ 间起停过程耗能量分析

①停车（即惰行和制动）过程耗能量分析

列车惰行或单独采用空气制动运行时的相应时间段的能耗量，内燃机车一般为柴油机最低转速空转时的燃油消耗量；电力机车为自用电量。若惰行时间为 $t_惰$，空气制动时间为 $t_制$，停车（即惰行和制动）过程耗能量作如下分析。

a. 内燃牵引条件下停车过程即机车空载耗油量 $E_{0停}$

当内燃机车柴油机最低转速空转时的单位时间燃油消耗量用 e_0 表示时，则列车沿速度线 adS_2 运行时的机车空载耗油量为

$$E_{0停}=e_0(t_惰+t_制) \tag{3-97}$$

b. 电力牵引条件下停车过程即机车空载耗电量 $Q_{0停}$

电力机车空载耗电量为自用电量，列车沿速度线 adS_2 运行时的机车自用电量为

$$Q_{0停}=U_w\cdot I_{p0}\cdot(t_惰+t_制) \tag{3-98}$$

式中 U_w——受电弓处网压；

I_{p0}——电力机车惰行、空气制动运行时自用电有功电流。

②起车过程耗能量分析

起车过程中列车沿 S_2c 运行时的机车牵引轮周功 $W_{牵S_2c}$ 具有两种作用，可分为两部分，一部分用于克服列车运行基本阻力功 $W_{基S_2c}$；另一部分用于克服列车加速力做功，即用于蓄积列车动能 $mv_c^2/2$。根据功能原理，其功能平衡式为

$$\begin{aligned} W_{牵S_2c} &= W_{基S_2c} + mv_c^2/2 \\ &= W_{基S_2c} + m(v_c^2 - v_f^2/2 + mv_f^2/2 \end{aligned} \tag{3-99}$$

式中 m——列车质量。

因为 $v_b = v_c \quad v_e = v_f$

所以
$$W_{牵S_2c} = W_{基S_2c} + m(v_b^2 - v_e^2)/2 + mv_e^2/2 \tag{3-100}$$

因为 ade 是惰行速度线，列车又运行于平直线路。所以，当列车由 S_0 惰行至 S_2 时，其动能损失值 $m(v_b^2 - v_e^2)/2$ 应等于运行基本阻力对列车所做的功 $W_{基ae}$，即

$$m(v_b^2 - v_e^2)\ /2 = W_{基ae} \tag{3-101}$$

由式(3-100)、式(3-101)得

$$W_{牵S_2c} = W_{基S_2c} + W_{基ae} + mv_e^2/2 \tag{3-102}$$

a. 内燃牵引条件下起车过程耗油量 $E_{y起}$

由式(3-102)可得列车在 $S_2 \sim S_3$ 间起动加速过程的耗油量为

$$E_{y起} = (W_{基S_2c} + W_{基ae} + mv_e^2/2)/q\eta_{内} \tag{3-103}$$

b. 电力牵引条件下起车过程耗电量 $Q_{y起}$

由式(3-102)可得列车在 $S_2 \sim S_3$ 间起动加速过程的耗电量为：

$$Q_{y起} = (W_{基S_2c} + W_{基ae} + mv_e^2/2)/\eta_{电} \tag{3-104}$$

③起停过程总耗能量分析

a. 内燃牵引条件下起停过程总耗能量 $E_{起停}$

由式(3-97)、式(3-103)得

$$\begin{aligned} E_{起停} &= E_{0停} + E_{y起} \\ &= e_0(t_{惰} + t_{制}) + (W_{基S_2c} + W_{基ae} + mv_e^2/2)/Q \cdot \eta_{内} \\ &= e_0(t_{惰} + t_{制}) + (W_{基S_2c} + W_{基ae})/\ Q \cdot \eta_{内} + mv_e^2/2Q \cdot \eta_{内} \end{aligned} \tag{3-105}$$

式(3-105)右侧第一项为停车过程中的内燃机车空载耗油量，第二项等于列车在起停过程中列车运行基本阻力功折合的耗油量，第三项等于列车制动造成的耗油量。

b. 电力牵引条件下起停过程总耗能量 $Q_{起停}$

由式(3-98)、(3-104)得

$$\begin{aligned} Q_{起停} &= Q_{0停} + Q_{y起} \\ &= U_w \cdot I_{p0} \cdot (t_{惰} + t_{制}) + (W_{基S2c} + W_{基ae} + mv_e^2/2)/\eta_{电} \\ &= U_w \cdot I_{p0} \cdot (t_{惰} + t_{制}) + (W_{基S2c} + W_{基ae})/\eta_{电} + mv_e^2/2\eta_{电} \end{aligned} \tag{3-106}$$

式(3-106)右侧第一项为停车过程中的电力机车空载自耗电量，第二项等于列车在起停过程中列车运行基本阻力功折合的耗电量，第三项等于列车制动造成的耗电量。

(4)列车起停车耗能与牵引通过耗能问题一般性结论分析论证

借助图 3-14 对列车在平坦线路上牵引运行时的能耗量与列车起停时的能耗量进行分析。

从图 3-14 中可以看出列车在 $S_0 \sim S_3$ 间运行时，运行基本阻力对列车所做的功显然有如下关系

$$W_{基ac} > W_{基ae} + W_{基S_2c} \tag{3-107}$$

由式(3-107)得：

$$W_{基ac}/q \cdot \eta_{内} > (W_{基ae} + W_{基S_2c})/q \cdot \eta_{内} \tag{3-108}$$

$$W_{基ac}/\eta_{电} > (W_{基ae} + W_{基S_2c})/\eta_{电} \tag{3-109}$$

式(3-108)、(3-109)左侧为牵引通过运行时机车克服运行基本阻力功产生的耗油量、耗电量，右侧为起停车过程机车克服运行基本阻力功产生的耗油量、耗电量。因列车通过速度一般要比起停平均速度高出许多，所以通常式(3-108)、(3-109)左侧项要高出右侧项许多，又因惰行及空气制动停车过程相当于机车空载耗能，加之时间较短，因而此过程耗能量很小。所以，对应式(3-108)、(3-109)，分别有下列关系式存在：

$$W_{基ac}/q \cdot \eta_{内} > e_0(t_{惰} + t_{制}) + (W_{基ae} + W_{基S2c})/q \cdot \eta_{内} \tag{3-110}$$

$$W_{基ac}/\eta_{电} > U_w \cdot I_{p0} \cdot (t_{惰} + t_{制}) + (W_{基ae} + W_{基S2c})/\eta_{电} \tag{3-111}$$

综合式(3-95)、(3-105)、(3-110)得：

$$E_{起停} - E_{y通} < mv_e^2/2q \cdot \eta_{内} \tag{3-112}$$

综合式(3-96)、(3-106)、(3-111)得：

$$Q_{起停} - Q_{y通} < mv_e^2/2\eta_{电} \tag{3-113}$$

以上分析表明，列车起停车过程比牵引通过多耗能的数值要小于制动造成的耗能数量 $E_{制}$($E_{制} = mv_e^2/2q \cdot \eta_{内}$)、$Q_{制}$($Q_{制} = mv_e^2/2\eta_{电}$)。当停车前的惰行过程越短，并且起车加速过程越采用高手柄位，则列车起停与运行相比多耗能的数值越接近于制动造成的耗能数量 $E_{制}$ 或 $Q_{制}$。

二、牵引、惰行、制动各阶段的合理组合问题

1. 节能操纵方式优劣的比较

图 3-15 以内燃牵引为例，同一列车在 S_1S_2 间(平直道)采用四种不同操纵方式的速度线情况。若其间不包含制动过程，根据第一论断可知，运行速度高时费油，低时省油。所以，不再讨论运行速度不同时的情况，只讨论图 3-15 中四种操纵方式严格遵守同一时间，即平均速度相同时的耗油量。设 $v_a = v_a''$，$v_b = v_b'$，$v_c = v_d = v_c'$。当四种操纵方式平均速度相同时，则有 $v_a - v_b = v_b - v_c$

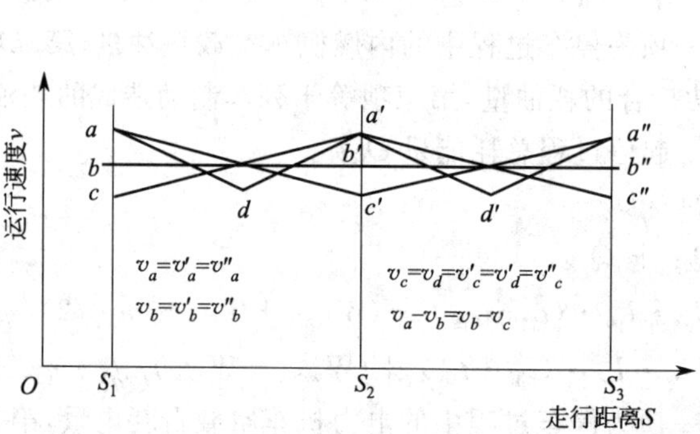

图 3-15　四种操纵方式优劣比较示意图

根据已知条件上述四种操纵方式平均速度相同，第二种操纵方式在 S_1S_2 间以恒速运行，其余三种操纵方式速度波动程度相同，根据第二论断应得：$W_{基1} = W_{基3} = W_{基4}$，$W_{基1} > W_{基2}$，若四种操纵方式的机车平均总效率 η 不变，则有 $E_1 = E_3 = E_4$，$E_2 < E_1$，即第二种操纵方式最省油，其余三种操纵方式耗油量应大体相当。但实际上这四种操纵方式在 S_1S_2 间的燃油消耗量

大小关系为 $E_1<E_2<E_3<E_4$。

表 3-32　S_1、S_2 间四种操纵方式参变量表

操纵方式	速度线	动能增量	基本阻力功	燃油消耗量
1	ac'	$(1/2)m(v_c^2-v_a^2)$	$W_{基1}$	E_1
2	bb'	0	$W_{基2}$	E_2
3	ada'	0	$W_{基3}$	E_3
4	ca'	$(1/2)m(v_a^2-v_c^2)$	$W_{基4}$	E_4

为什么会出现这种情况呢？是因为比较时除应考虑时间和距离外，还应考虑初、末动能。之所以第一种操纵方式用油量最少，是因为前一运行过程提供的$(1/2)m(v_a^2-v_c^2)$的动能被该过程消耗掉，用以克服运行基本阻力功。如果以后牵引运行距离还很长，为保证运行正点，S_2以后的下一运行过程就必须提高手柄挡位。因此，下一运行过程就需多耗油。而第四种操纵方式用油最多，是因在此过程中机车牵引功为 S_2以后的下一过程蓄积了$(1/2)m(v_a-v_a^2)$的动能。

当前方运行过程还有相当长的牵引距离，如扩展到 S_3，四种操纵方式的速度线为：第一种 $ac'a''$，第二种 $bb'b''$，第三种 $ada'd'a''$，第四种 $ca'c''$。此时四种操纵方式初末动能之差均相等，四种操纵方式可以直接进行比较。尽管第二种操纵方式在 S_1S_2间用油不是最少的，但根据第二论断可知，它却是大的运行过程 S_1S_3 中的最节能操纵方式。其余三种操纵方式，因速度波动程度相同，其操纵方式优劣度从大的运行过程看大体一致。

但当列车通过 S_2后就需停车，显然第一种操纵方式最优，第四种最劣。

综上所述，比较任意两种操纵方式优劣，除距离、时间外，还应考虑初末动能。另外，单纯从某一中间运行过程，还不能断定某种操纵方式的优劣，应当结合总的运行限制条件以及它在整个运行过程的地位来考虑。

2. 列车起动加速阶段

起动加速阶段一般应采用较高手柄位加速至某一理想速度，这一理想速度通常略高于运行全过程的平均速度。采用较高手柄位加速，主要有以下几方面意义。

①采用较高手柄位加速是优化运行秩序的需要。列车起动阶段因运行速度低，易对跟踪列车形成刚性波及，用较高手柄位起车加速，就能减弱对跟踪列车的波及强度，从而对优化运行秩序具有重要意义。

②起动阶段机车牵引力克服阻力做功，蓄积列车动能，这些都是必须要做的。况且启动加速阶段较高手柄位一般对应的机车总效率较高，因而牵引经济性较好。

③能争取一定运行时间，为接近长大下坡道、慢行地点或停车前及早转入惰行减少制动损失创造必要条件，为整个运行过程优化奠定基础。

④采用较高手柄加速，争取一定时间，也为抑制牵引运行速度峰值的出现奠定基础。根据第二论断，这能在一定程度上减少机车牵引力克服运行基本阻力做功的数量。

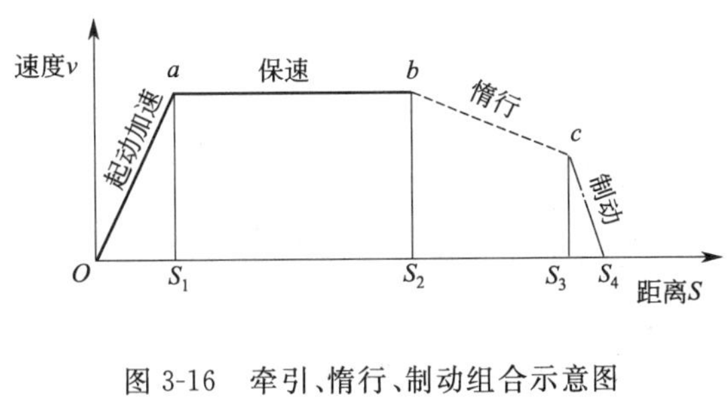

图 3-16　牵引、惰行、制动组合示意图

3. 牵引、惰行、制动的合理组合

列车的实际运行过程一般包括有起动加速、保速、惰行及制动几个阶段，其典型的速度线如图 3-16 所示。

显然，在给定的运行路程、限制时间的

条件下，存在着一种最节能的操纵方式。它要求牵引、惰行、制动各阶段必须合理组合。从优化理论看，它是一个非线性动态最优问题。

以列车起车至停车为一个运行过程并以较平坦线路为例，短距离运行过程的最优节能操纵方式保速阶段比较短，甚至可能由牵引加速阶段直接转为惰行阶段；而长距离运行过程保速阶段就可能很长。

加速手柄位及加速终点的速度值 v_a 对于经济性有重要影响，应根据给定的列车、走行距离及时间等进行比较计算后确定。

惰行是节能操纵的主要环节，任何不包括惰行阶段的运行过程不会是最节能的操纵方式。惰行地点及对应速度 v_b 对于经济性也具有重要影响。

确定一种节能操纵方式在于寻求恰当的加速和合理的减速过程，即在运行时间允许的前提下，尽量减少机车牵引力提供给列车的动能，并最佳地利用列车已取得的动能。

一种节能操纵方式必须以充分利用给定的运行时间为前提。反之，提前到达终点（早点）的操纵方式，不可能是最节能的操纵方式。

至此，对于机车节能操纵问题，已有了一个初步的认识。采用节能操纵方法，可以在耗能相同的条件下提高列车运行速度，或在运行时间相同的条件下降低能耗。

第四章　列车两种宏观优化操纵方法

要将列车优化操纵理论方便地转化为现实生产力，关键的一点就是必须制定宏观和微观优化操纵方法。本章主要以能量的观点和宏观分析的方法，在对列车功、能关系式进行分析的基础上，归纳出列车两种宏观优化操纵方法，即开放式和保守式操纵，并对其具体应用进行介绍。

第一节　列车功能关系式

列车节能运行问题不仅要研究与列车运行方向平行的各种力，而且更为重要的是研究列车运行的各种功、能关系。这是因为只有功和能，才能更为直接地体现出能耗情况。

一、列车功能关系式

综合分析列车运行所受到的各种与列车运行方向平行的力以及相对应的功、能之间的关系，通常气候条件下，某列车在某区段（间）运行全过程（全过程指始点为开车、终点为到达停车）的列车功能关系式，有

$$\sum(N_k \cdot t)=\sum W_{基}+\sum E_{k不}+\sum E_{k必}+(\sum W_{上坡}-\sum W_{下坡})+\sum W_{曲}+\sum W_{隧} \tag{4-1}$$

二、对列车功能关系式各项的解释

1. 等式左侧项

$\sum(N_k \cdot t)$为机车在某区段（间）牵引列车所做的轮周功之和，即总轮周功，其中 N_k 为某手柄位对应某速度值的轮周功率，t 为对应该功率值的使用时间。

2. 等式右侧第一项$\sum W_{基}$

$\sum W_{基}$为列车在某区段（间）基本阻力（变力）所做功之和。该项也可采用其他表现形式。

3. 等式右侧第二项$\sum E_{k不}$为列车在某区段（间）因不必要制动所消耗的列车动能之和。

4. 等式右侧第三项$\sum E_{k必}$为列车在某区段（间）因必要制动所消耗的列车动能之和。

5. 等式右侧第四项$(\sum W_{上坡}-\sum W_{下坡})$

其中$\sum W_{上坡}$、$\sum W_{下坡}$分别为列车在某区段（间）上坡力功、下坡力功之和。若区段（间）起点标高为 h_1，终点标高为 h_2，列车质量为 m，重力加速度为 g，有

$$(\sum W_{上坡}-\sum W_{下坡})=mg(h_2-h_1) \tag{4-2}$$

即区段（间）某列车上、下坡道功的代数和等于该列车在终点和起点具有的重力势能之差。

6. 等式右侧第五项$\sum W_{曲}$

$\sum W_{曲}$为列车在某区段（间）曲线附加阻力对列车所做功之和。曲线附加阻力一般认为是不随速度变化的，也不是每时每刻都存在的，如在直线上运行就不存在曲线阻力。

7. 等式右侧第六项$\sum W_{隧}$

$\sum W_{隧}$为列车在某区段（间）隧道空气附加阻力对列车所做功之和。隧道空气附加阻

力随速度变化而变化。但在许多区段(间)并无隧道,为论述方便,在下面分析比较中暂不考虑。

三、列车功、能关系式是宏观分析的有力工具

列车功、能关系式具有丰富内涵,它是列车运行经济性宏观分析的有力工具,是决策者、设计者打开节能宝库的金钥匙。

1. 便于搞清各种阻力功造成的能耗比例及数量。

2. 关系式既可分析一个区间、一个区段、一列的情况,也可分析多个区段多列的情况。

3. 关系式左侧项$\sum(N_k \cdot t)$在列车节能运行以外的重要涵义。

如果第一台机车的机车平均总效率用 η_1 表示,第二台机车的平均总效率用 η_2 表示,且 $\eta_1 > \eta_2$。当分别用这两台机车在同一区段牵引同一列车时,假设机车所做的总轮周功$\sum(N_k \cdot t)$完全相等。若 Q_1、Q_2 分别为第一台和第二台机车的耗电量,当轮周功折合耗电系数为 k 时,则有:

$$Q_1 = k \cdot \sum(N_k \cdot t)/\eta_1 \tag{4-3}$$

$$Q_2 = k \cdot \sum(N_k \cdot t)/\eta_2 \tag{4-4}$$

因为 $\eta_1 > \eta_2$,所以 $Q_2 > Q_1$。

因此,为了节省能源,厂方或机务段检修方面应尽可能保持机车优良的状态。

4. 关系式右侧第一项$\sum W_{基}$在节能操纵以外的重要涵义。

列车运行中,运行基本阻力每时每刻都存在,并且是随运行速度的增加而增大,根据表3-20、表3-21其平均增加幅度要超过10%,由于机车总效率随着手柄位或牵引功率的提高总体呈上升趋势,根据分析计算可知,普通重货列车、空货列车、普通旅客列车在平道牵引运行速度每提高10 km/h,耗能增加幅度要略低于基本阻力增加幅度,耗能增加幅度通常分别约为8.0%、13.0%、8.0%。

当上、下行运量大体相当时,上、下坡道功代数和为零。因此,机车牵引列车从根本上讲绝大部分牵引功是用于克服运行基本阻力功,这个数值可能要占70%。

因机车耗能与列车运行速度具有如此密切的关系。所以,列车运行时刻的制定就是一个很重要的问题。例如,运行时刻一经制定便决定了$\sum W_{基}$项的基数,所以运行时刻应根据社会效益、经济效益和能源效益等综合因素来确定。

为减少机车牵引力克服运行基本阻力做功,应尽可能改进轴承及机车车辆外形设计,改进货物装载方式等以降低运行基本阻力,节约能耗。

5. 关系式右侧第二、三项节能操纵以外的涵义。

①$\sum E_{k不}$的涵义

$\sum E_{k不}$是不必要制动造成的列车动能损失,货物列车因它造成的能耗约占10%;它的产生既有人员方面的原因,也有政策和科研等方面的原因。

②$\sum E_{k必}$的涵义

$\sum E_{k必}$是必要制动造成的列车动能损失,货物列车因它造成的能耗约占10%。它的产生有历史、自然、设施、科研等方面的原因。

某区段在某一运行条件下,其中主要包括各种限制速度,站场所处地理位置,线路纵断面,信号设置位置,列车运行图所规定的运行方式、运行时刻和各种限制速度等。这些共同决定着能源消耗基数。显然,能源消耗基数低的区段为经济区段,如京沪线济西—南仓区段;能源消

耗基数高的区段为不经济区段，如京沪线济西—泰山区段。造成能源消耗基数高的最根本原因是下坡道重力势能转化的列车动能不能得到充分利用，使巨大的列车动能白白消耗在制动中。从这一点，通过比较各区段间$\sum E_{k必}$的大小就能初步确定各区段的经济性，为制定各区段能耗标准提供科学依据。

6. $\sum W_{基}$和$\sum E_{k不}$在节能操纵中的涵义

关系式右侧优化操纵所涉及的主要是第一项$\sum W_{基}$和第二项$\sum E_{k不}$。这是因为第三至第五项作为已定列车在一定区段和一定运行条件下可以认为是定值，是列车司机无法改变的。而$\sum W_{基}$和$\sum E_{k不}$却是变量，它们随操纵方法和调度方法的不同而存在很大差别。因此，长期以来所寻求的正是围绕在给定运行时间和路程的条件下，如何尽量减少机车为克服运行基本阻力所做的功和如何尽量避免或减少不必要制动损失的节能操纵方法。

第二节　开放式和保守式操纵方法

无论列车的实际运行过程如何复杂，情况如何千变万化，根据列车功、能关系式得出的寻求节能操纵方法的重要提示，思路已逐渐清晰。再根据不少有长期优化操纵实践经验列车司机的亲身体会，通过分析、比较后，最终可归纳出列车两种宏观优化操纵方法，即开放式操纵和保守式操纵方法。

一、开放式操纵方法

1. 开放式操纵的定义

开放式操纵是指列车运行在理想条件下，列车司机根据列车编组、线路纵断面等情况以及列车运行图规定的运行时刻，并参照优化操纵的某些观点、方法，适时地调节手柄挡位或进行必要的制动调速或制动停车，称此种理想条件下的速度线为开放式速度线，它近似于现阶段各机务段操纵示意图上的速度线。列车沿开放式速度线运行时的宏观优化操纵方法就为开放式操纵。开放式操纵又分牵引开放式和制动开放式操纵。

2. 牵引开放式操纵遵循的原则

此种优化操纵方法所遵循的主要原则之一，是当列车中途运行在较为平坦的线路上时，要遵循“第二论断”，即列车司机应根据列车编组及线路纵断面等情况适时调节手柄挡位，以使列车保持较为恒定的速度运行（动能闯坡等情况除外），尽量降低列车运行图规定时刻下的$\sum W_{基}$。

原则之二，是当列车运行前方为长大下坡道，列车运行速度将超过某种限速需制动调速，或前方站将安排停车等，列车由牵引运行变为惰行时，在运行时间允许的前提下，要尽可能地减少机车牵引功提供给列车在经济控制点的动能（速度）。

3. 制动开放式操纵遵循的原则

原则之一，在恰当时机，采取合理的制动措施。做到既安全，又尽量缩短运行时间。

原则之二，掌握好缓解时机，以尽量拓宽列车有用动能（速度）范围。

二、保守式操纵方法

1. 保守式操纵的定义

所谓保守式操纵实际上是指列车运行在非理想条件下，列车司机为了尽量避免或减少不必要制动损失，降低对跟踪列车的波及强度(是为了优化运行秩序)，而采取的一种提前采取措施、适当拖延必要时间的优化操纵方法。保守式操纵又分牵引保守式和制动保守式操纵。根据这一定义，可以很容易联想到，在运输繁忙的干线上，那种始终使列车运行在理想条件下的情况并不多见。因此，适度的保守式操纵就显得尤为重要。

2. 牵引保守式操纵遵循的原则

原则之一，在牵引阶段，列车司机依据实际限制时间(波及强度)及时使列车转入惰行或低挡位观察运行，以降低运行速度，拖延必要时间，化解或降低波及强度。这样做一方面避免了即将发生的不必要制动损失；另一方面根据第一论断运行速度降低，运行克服基本阻力做功减少。因此，采用适度的牵引保守式操纵若不发生不必要制动，实际上可取得双重节能效果。

原则之二，当列车运行前方为长大下坡道而需要制动调速，由牵引变为惰行时，在运行时间允许的前提下要尽可能地减少机车牵引力提供给列车在经济控制点的动能(速度)。

3. 制动保守式操纵遵循的原则

列车在长大下坡道上运行，与制动开放式操纵相对应的原则之一是，提前采取制动调速措施，依据实际限制时间尽量多消耗列车获得的无用动能，以拖延必要时间，避免有用动能损失。

原则之二，掌握好缓解时机，以拓宽列车的有用动能(速度)范围。

至此，有关机车两种宏观优化操纵方法的框架已基本构成，在实际操纵中，列车司机首要的任务是能熟知这两种宏观优化操纵方法。

第三节　开放式和保守式操纵的具体应用

一、开放式和保守式操纵的具体应用

列车在运行中，列车司机是采用开放式操纵还是采用保守式操纵，应依据实际限制条件而定。在理想条件下，列车司机采用开放式操纵；而在非理想条件下，必须采用与实际条件相对应的适度保守式操纵。如何正确地运用这两种宏观优化操纵方法，尤其是保守式操纵，体现了一名列车司机的巨大安全和经济价值。这是因为在运输繁忙的铁路干线上，由于中间站接发列车、调车作业以及工务、电务施工等诸多因素影响，那种使列车运行始终不受任何波及的理想条件并不多见。只有当列车司机真正掌握了机车两种宏观优化操纵方法和主要的微观优化方法，并熟悉担当区段线路和各经济控制点获得动能的有用程度，才能够准确地控制列车运行速度，从而才能够使列车始终沿优化的速度线运行。

借助图 3-12 进行分析，如果 $abcde$ 代表某一重货列车在 $S_1 \sim S_5$ 间的开放式速度线，当该列车运行在理想条件下，列车司机应采用开放式操纵，使列车沿 $abcde$ 速度线运行。

当列车运行在非理想条件下，假设参照点 S_5 为对通过列车产生某种波及强度(指信号机延时开放的时间长短)的某一中间站进站信号机的设置地点。此时，为避免即将发生的不必要制动损失，有优化操纵经验的列车司机便很自然地会采用与实际条件相对应的适度保守式操纵，使列车巧妙地避免即将产生的不必要制动。对此可做如下描述。

1. 他(们)深知所担当区段列车在各参照点具有动能的有用程度。

2. 他(们)在长期的行车实践中，掌握了各种编组列车的速度特性，尤其是惰行速度特性。

3. 他(们)对不同强度的波及，能自如地运用与之相对应的适度保守式操纵。

4. 他(们)有明确的操纵目的，即如果要确保列车在 S_5 处利用重力势能转化的有用动能达到开放式操纵水平，就必须采用适度的保守式操纵拖延必要时间来达到。

图 3-12 中 $ghijde$ 为某种程度的保守式操纵速度线。首先列车司机采用牵引保守式操纵拖延一部分时间，再采用制动保守式操纵拖延一部分时间。其结果不仅没有造成不必要的制动损失，此时与采用开放式操纵相比反而取得了双重节能效果。这是因为，一方面，如在此种条件下仍采用开放式操纵，便会提前接近 S_5，因 S_5 处的信号机仍处于关闭状态，就必然造成不必要的制动，而采用适度的保守式操纵就避免了这一损失，从而取得了一重节能效果；另一方面，由于采用了牵引保守式操纵，从而降低了列车运行速度，根据“第一论断”牵引运行时“列车运行速度越低越节能”，与开放式操纵相比达到了节能，但此时更为重要的是减少了机车牵引功提供给列车在经济控制点（凸点）S_2 的动能（$v_h < v_b$），取得了另一重节能效果。

综上所述，清楚地看到，如果列车司机不清楚列车具有动能的有用程度，不懂得两种宏观优化操纵方法的具体应用，心中没有明确的操纵目标（非理想条件下使 S_5 处列车利用重力势能转化的列车有用动能达到开放式操纵水平就是明确的操纵目标）。那么，就难以做到准确地控制列车运行速度。经常造成巨大的不必要制动损失也就在所难免。

其实，根据现阶段各机务段列车操纵示意图，在其速度线（它近似于开放式速度线）上不难确定有用动能或无用动能范围，而两种宏观优化操纵方法也并不难掌握。这样，当列车司机采用保守式操纵时，便能正确地选择牵引保守式操纵范围。实际行车中，当在非理想条件下，根据保守式操纵的目标（产生波及的地点）有可能采用单纯的牵引保守式或单纯的制动保守式操纵；也有可能是牵引和制动保守式操纵的配合使用。如图 3-12 中保守式速度线 $ghijde$ 所示。在图 3-12 中情况下应以牵引保守式操纵为主（目的是尽量早拖延、多拖延必要时间，以便留有余地，掌握主动权），制动保守式操纵为辅。总之，应根据实际情况灵活运用。

二、适度保守式操纵的安全、效率意义

对保守式操纵所具有的重要节能意义已很明确。其实，适度的保守式操纵还具有重要的安全意义和效率意义。

1. 适度保守式操纵的安全意义

如果列车司机不采取与实际情况相对应的操纵方法，而是盲目地、一味地采用开放式或与之近似的操纵方法，结果则往往是不必要的制动停车或不必要的大幅度减速。当列车在自动闭塞区间运行时，由于不必要制动的产生，使列车运行速度在很短的距离和时间内发生很大的变化。列车间正常的时间和距离间隔遭到严重破坏，信号机对跟踪列车产生刚性波及，极易招致跟踪列车也产生不必要制动。由理论分析和大量的事实可得出如下两个结论。

①列车在自动闭塞区段运行时，若产生不必要制动就意味着对跟踪列车将产生波及。不仅本列车产生不必要制动损失，而且可能导致跟踪列车（一列或多列）也产生不必要制动损失。

②适度的保守式操纵既能化解前行列车或前方站对本列车形成的刚性波及，又不至于对跟踪列车形成刚性波及。

如果列车司机不依据实际情况，而是一味地采用开放式操纵。那么，司机制动停车和大幅度减速的频率要大大高于采用与实际情况相对应的操纵方法。因此，客观上就容易发生冲突、追尾、冒进和困难上坡道重货列车受波及停车后无法重新起动等问题。根据实际情况，当列车运行即将受到某种程度的波及时，列车司机随之采用适度的保守式操纵，本身就加强了对信号的确认。

再结合②作一推论：适度的保守式操纵能最大限度地减少冲突、追尾和困难上坡道重货列

车受阻碍影响停车后无法重新起动等问题的发生。

综上所述，适度保守式操纵也不失为一种重要的安全操纵方法。

2. 适度保守式操纵的效率意义

根据保守式操纵的定义便很直观地看出，保守式操纵是以避免不必要制动为目的的一种适当拖延必要运行时间的操纵方法。既然如此，保守式操纵似乎显得美中不足。这是因为它降低了列车运行速度，影响了效率。其实，这种认识是片面的。诚然，当列车运行在理想条件下，列车司机却一味地采用保守式操纵，或者当列车受较弱的波及时，却采用程度过分的保守式操纵，此时的确会影响效率。但是，当列车受某种程度的波及时，采用适度的保守式操纵与开放式操纵相比，反使效率提高，使列车旅行速度实指标得到提高。对此，可借助图 3-12 予以说明。

假设 S_5 为某一中间站进站信号机坐标。当该中间站因站内调车作业将对开来通过列车产生较强波及时，如果列车司机采用开放式操纵，就必然造成机外停车。在此种条件下，如果列车司机采用适度的保守式操纵，尽管比采用开放式操纵稍晚到达该中间站进站信号机外方，但由于前者导致列车停车，后者使列车以较高速度通过该中间站，其结果采用适度保守式操纵的列车很快便超越了采用开放式操纵的列车。

适度保守式操纵的效率意义，最重要的是协调了列车间的运行关系，有效地减少了列车非正常停车(例如重货列车由于受刚性波及在长大上坡道停车后无法重新起动等)给运输秩序带来的混乱，使列车运行秩序更加和谐，也极为有利于调度指挥。

第四节　经济控制点和中间站经济类型

一、经济控制点

确定一种节能操纵方式，在于寻求恰当的加速及合理的减速过程。在运行时间允许的前提下，应尽量减少机车牵引力提供给列车的动能，尤其是某些经济控制点的动能，并最佳地利用列车已取得的动能。在一次乘务过程中，如果列车司机能把握住几个重要环节，便掌握了节能操纵的主动权，便为实现一次乘务最佳节能奠定了坚实的基础。

经济控制点是指对机车节能操纵具有重要影响的一类地点，它们是节能操纵的重要目标。列车司机只要能调控好这类地点的运行速度，就可取得明显的节能效果。通过观察列车通过该点的运行速度并结合前后机车工况进行比较分析，便可对操纵方式的优劣得出定性和定量的评价。如凸凹变坡点、慢行地点、停车站对应的需由牵引转惰行的地点等就是一类重要经济控制点。下面仍以图 3-12 为例对凸凹变坡点列车具有的动能(速度)与节能操纵的关系进行研究。图 3-12 中参照点 S_2 为凸变坡点，S_5 为凹变坡点。

1. 列车在凸变坡点具有的动能(速度)与节能操纵的关系

当凸变坡点列车具有的动能(速度)是由牵引转惰行后得到的时，从图 3-12 中看出，由于列车在该参照点具有的动能全部是无用的(无用动能大部分要在前方制动过程中消耗掉)。因此，列车在此参照点具有的动能(速度)越大，就说明机车为此曾耗能越多，就越不经济。但是，在理想条件下列车司机必须按列车运行图规定的运行时刻行车，尽管此参照点全部是无用动能，列车亦必须具有一定速度；而在非理想条件下，依据实际限制时间，要尽可能地减少机车牵引力提供给列车的这一无用动能(速度)。

无论是牵引开放式还是牵引保守式操纵，要想准确地使列车在经济控制点达到预定的经济速度，列车司机就必须熟练掌握牵引运行转为惰行的微观操纵方法（参见第七章第二节）。例如，列车在经济控制点 S_2 具有速度的高低，取决于牵引运行转惰行参照点 S_1 速度的高低。这就需要列车司机在平时操纵中认真观察、多多留意，尽快掌握不同编组列车（这里是指列车运行单位基本阻力特性的不同）的惰行速度特性（通常气候条件下，主要指风速、风向，除线路纵断面因素外，是列车运行单位基本阻力特性决定着惰行速度特性）。通过准确地把握牵引运行转惰行参照点的速度，就能相当准确地"遥控"列车在经济控制点的速度，从而达到优化操纵的目的。除此之外，如安排列车在某一中间站停车或列车即将通过慢行地点时，牵引运行转惰行的地点以及相对应的速度对列车运行全过程的经济性也会产生重要影响，特别是重货列车。

以上主要探讨的是列车司机在操纵中如何把握列车在凸变坡点运行速度的问题。当凸变坡点列车具有的动能是由牵引转惰行后得到的时，在某些包含此类凸变坡点（必须是运行前方需要制动调速）的区间，列车运行图规定的运行时刻要适宜。否则，如对运行时间要求太苛刻，必然导致凸变坡点列车运行速度的提高。由于每天都有许多列车经过此类经济控制点，从而对整体经济性有较大影响。

2. 列车在凹变坡点具有的动能与节能操纵的关系

当列车在凹变坡点具有的动能（速度）是由制动调速转惰行后得到的时，从图 3-12 可以看出，在某种限制速度 v_1 以下，列车在凹变坡点 S_5 具有的动能全部是有用的。因此，在实际操纵中，列车司机要掌握好缓解时机，以使列车在通过 S_5 时其运行速度（由下坡道重力势能转化而成）越接近限制速度就越经济。

无论是制动开放式还是制动保守式操纵，要准确把握列车在经济控制点 S_5 的运行速度，列车司机必须熟练掌握制动转为惰行的微观操纵方法。以图 3-12 为例，列车在 S_5 具有速度的高低，取决于缓解时机，即解除制动地点和对应速度的高低。这就要求列车司机在平时操纵中应细心观察，尽快掌握不同编组列车的惰行速度特性。通过准确把握缓解时机，就能相当准确地"遥控"列车在经济控制点的速度。

在现实中，图 3-12 中所指的某种限制速度 v_1 往往是机车车辆限速、线路限速或闸瓦压力限制速度等。在确保安全的前提下，如能更新或改进设备提高限速，就意味着此类经济控制点的有用动能（速度）范围扩大，就能更充分地利用下坡道重力势能所转化的巨大动能。所以，提高限制速度对于包含此类经济控制点的区段颇具现实意义和经济意义。

二、中间站的经济类型

节能操纵的侧重点是尽量避免或减少列车的不必要制动损失，尤其是高速、重载。这是理论和实践得出的重要结论。由于中间站接发列车、调车作业等易对通过列车产生波及影响，这就使中间站成为列车有用动能损失的主要场所，其中大部分动能损失又发生在进站信号机外方。但是，不同的中间站所引起重货列车有用动能损失又存在很大差别。因此，从产生有用动能损失程度上对中间站进行经济性划分，能使列车司机明确保守式操纵的目标，对于调度指挥也是非常有必要的。根据情况，一般可将中间站分为四类，即经济型、较经济型、较不经济型、不经济型中间站。

1. 经济型中间站

无论是对货物列车正常通过产生波及，还是临时安排停车，一般不会使货物列车产生有用动能损失，或只产生很小的损失，这类车站被划分为经济型中间站。凡是处于连续上坡道或长大下坡道中部之前的车站，一般都为此类中间站，如京沪线济兖间下行张夏、青杨、界首、大河等。此类车站是次要保守目标，在操纵上接近此类中间站时一般可采用开放式操纵运行。

2. 较经济型中间站

这类车站经济程度可塑性大，随不同的调度方式和操纵方式而存有很大差别。凡处于连续较平坦线路上的中间站，一般都为较经济型中间站，如京沪线济德间张庄、平原、三唐等中间站。

此类车站是重要保守目标。当此类中间站对通过列车产生某种程度的波及时，列车司机必须采用适度的保守式操纵，才能够避免不必要制动损失，所采用的保守式操纵多为牵引保守式。当安排列车在车站停车时，依据实际限制时间，列车司机应尽可能早地使列车转入惰行，以尽量减少制动损失。

3. 较不经济型中间站

当重货列车通过将受此类车站波及或将安排重货列车在此类车站停车时，会产生较大有用动能损失。要从根本上减少重货列车在此类车站的有用动能损失，重点应通过调度指挥手段来解决。一般处于连续较小下坡道上的中间站都属此类，如京沪线济徐间下行大汶口、南沙河等站。

此类车站是重要保守目标，对此所采用的保守式操纵多是牵引和制动保守式的结合，并且要以牵引保守为主。

4. 不经济型中间站

当安排重货列车在此类车站停车时，通常情形下无论列车司机采取什么措施都无法避免巨大有用的动能损失；当重货列车在此类车站通过受到刚性波及时，巨大有用的动能损失也较难避免。一般处于长大下坡道尾部的车站均属此类。

当此类车站对通过列车将产生某种程度的波及时，所采用的保守式操纵的范围和程度都将超过较经济、较不经济型中间站。否则，极易产生有用动能损失。对此类车站所采用的保守式操纵，通常是牵引保守式和制动保守式配合使用；有时是单纯的制动保守式操纵；在无用动能范围很窄小的区间，采用保守式操纵时要尽量以牵引保守式为主。

三、有用动能倾注热点中间站

有用动能倾注热点中间站是指频繁使重货列车产生巨大有用的动能损失的个别中间站。这类车站通常是接发列车、调车作业繁忙或终点站接近处的较经济、较不经济、不经济型中间站。要消除这种现象，应主要依靠调度指挥、车机联控、优化操纵、终点站敞开接车等方式来达到，如京沪线济徐下行泰山、枣庄、韩庄、茅村等中间站就属此类。

第五章 列车跟踪运行优化(操纵)问题

在运输繁忙的自动闭塞区段,列车(尤指货物列车)始终运行在理想条件(即列车运行不受任何阻碍影响)下的情况并不多见,在几个相临中间站间运行在理想条件下的情况比较常见,但更多情况下是跟踪列车运行。列车司机采用节能优化操纵,不仅是对本列优化,更重要的应是对运行秩序的优化,这就需要熟练掌握列车跟踪运行的优化操纵方法。因此,探讨列车跟踪运行(操纵)一般规律,也是列车优化运行(操纵)理论研究和应用的一个关键。

第一节 列车跟踪运行的几个概念及定义

一、时间间隔、等时性间隔

时间间隔 $t_{隔}$ 是指从某时刻起,假设前行列车在此时刻突然停车,保持静止状态,至跟踪列车的头部与前行列车的尾部相接时止所需要的时间。

等时性间隔 $t_{等隔}$ 是指两列车在同一线路上跟踪运行,在某一时间或距离范围内,若从任意时刻起至跟踪列车与前行列车首尾相接时止所用时间均相等,把此种情形下的时间间隔称为等时性间隔,即

$$t_{隔ab}=t_{隔bc}=t_{隔cd}=\cdots=t_{隔mn} \tag{6-1}$$

式中 $a,b,c,d,\cdots,n$ 分别表示跟踪列车与前行列车头尾相接时各相继时刻。

二、距离间隔、等距离性间隔

距离间隔 $S_{隔}$ 是指在某时刻,跟踪列车的头部至前行列车尾部之间的距离。

等距离性间隔 $S_{等隔}$ 是指在一定时间或距离范围内,在任意时刻两列车的距离间隔均相等,即

$$S_{隔a}=S_{隔b}=S_{隔c}=\cdots=S_{隔m} \tag{6-2}$$

式中 $a,b,c,\cdots,m$ 表示在一定时间或距离范围内各不同时刻。

三、刚性波及、柔性波及

在自动闭塞区段内,若列车运行速度在很短时间内发生很大变化,比如前行列车施行大幅度制动减速或停车,列车间正常的时间和距离间隔遭到严重破坏,此时,分区通过信号机、进站、进路或出站信号机对跟踪列车所产生的强阻碍影响,称为刚性波及。

在自动闭塞区段,若列车运行速度在较短时间内变化不大,如司机采用适度的牵引保守式或制动保守式操纵,由于列车处于连续运动过程中,此时,分区通过或进、出站、进路信号机对跟踪列车所产生的轻度阻碍影响称为柔性波及。

第二节　列车跟踪运行(操纵)有关结论的得出

一、等时性间隔和等距离性间隔的相对性及其相互关系

1. 等时性和等距离性间隔都是相对的

等时性间隔是一个理想概念。现实中绝对等时性是不存在的，因而它是相对的。但是两列级别相同的列车以近似操纵方式沿近似速度线运行时，在各个不太大的距离范围内基本保持等时性间隔的性质。

等距离性间隔也是一个理想概念。完全等距离性间隔在现实中也是不存在的，因而它也是相对的。但是，两列级别相同的列车(尤为编组也近似时)，以同一操纵方式在线路纵断面无明显变化的线路上以较均匀的速度运行时，在各个不太大的距离范围内基本保持等距离间隔的性质。

2. 等时性和等距离性间隔之间的关系及有关结论的得出

结论一：等时性间隔成立的前提条件是，两列车沿同一速度线在同一线路上跟踪运行。此时的速度线可以是任何形状，只要符合“同一”就足够了。

显然，两列车跟踪运行保持等时性间隔时，等距离性间隔不一定同时成立；但当两列车保持等距离性间隔时，等时性间隔必然同时成立。

图 5-1 为两列车沿同一速度线跟踪运行时的距离间隔变化示意图。图 5-1 中线路纵断面情况是 S_3 以左部分为上坡道，以右部分为下坡道；速度线情况是 S_2 以左对应部分为牵引速度线，以右对应部分为惰行速度线；S_3 为一凸变坡点；T1～T7 为分区通过信号机。另外，图 5-1 中任一地面参照点对应的速度值为列车中心处此位置时对应的速度。

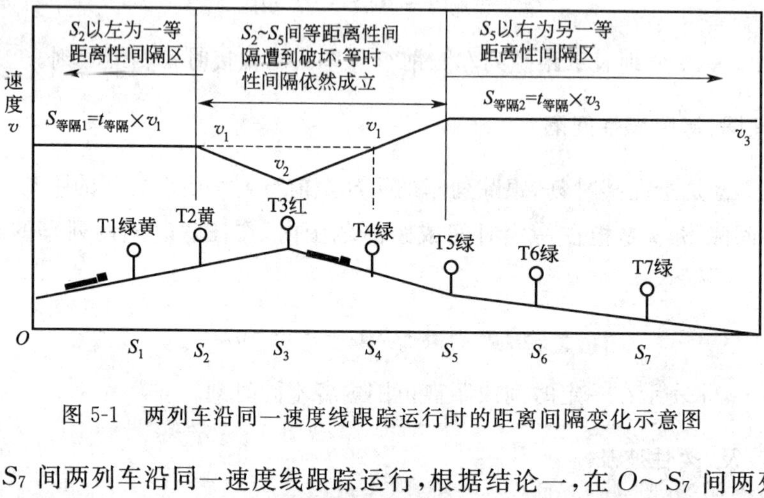

图 5-1　两列车沿同一速度线跟踪运行时的距离间隔变化示意图

因在 $O\sim S_7$ 间两列车沿同一速度线跟踪运行，根据结论一，在 $O\sim S_7$ 间两列车保持等时性间隔的性质。

从图 5-1 中可看出，S_2 以左部分对应的速度线是一条均衡速度线，其速度值为 v_1；S_5 以右部分也是一条均衡速度线，其速度值为 v_3。在前行列车驶出 S_2 之前和跟踪列车驶出 S_5 之后，等时性和等距离性间隔同时存在。因此，S_2 以左为一等距离性间隔区：$S_{等隔1}=t_{等隔}\times v_1$，S_5 以右为另一等距离性间隔区：$S_{等隔2}=t_{等隔}\times v_3$，因为 $v_3>v_1$，所以 $S_{等隔2}>S_{等隔1}$。

据此可以得出结论二。

结论二：等时性间隔和等距离性间隔同时存在的前提条件是，在一定距离范围内两列车沿同一均衡速度线运行。

由此可得一推论：等时性间隔相对稳定，等距离性间隔相对易变。进而可作进一步推广，即时间间隔相对稳定，距离间隔相对易变。

从图 5-1 还可看出，前行列车一经驶出 S_2，等距离性间隔便遭到破坏，随着前行列车速度的逐渐降低，距离间隔 $S_{隔}$ 也逐渐变小。前行列车通过 S_3 后虽然速度逐渐回升，但由于跟踪列车速度仍高于前行列车，故 $S_{隔}$ 将继续减少。一直到某一时刻，当前行列车和跟踪列车速度瞬间相等时，距离间隔便达到 $O \sim S_7$ 间的最小值 $S_{隔\min}$。此后，随着前行列车速度的进一步提高，$S_{隔}$ 逐渐增大，至跟踪列车到达 S_5，距离间隔第一次达到 $O \sim S_7$ 间的最大值 $S_{隔\max} = S_{等隔2}$。在图 5-1 中情况下，当前行列车到达 S_4 时，距离间隔达到最小值。

结论三：正常情况下，级别相同的列车沿开放式或现行操纵示意图通过速度线跟踪运行时，在各个较大距离范围内保持等时性间隔的性质。当速度变化不大(通常为线路纵断面变化不大)时，等时性间隔和等距离性间隔同时存在，在基本保持等时性间隔的前提下，低速时的距离间隔要小于高速时的距离间隔。而当速度发生显著变化(通常为线路纵断面有明显变化)时，等距离性间隔遭到破坏，等时性间隔依然成立。

结论四：通常凸变坡点处、慢行地点、中途进路方向发生变化(即侧向道岔限速)的地点，巨大有用动能倾注热点的中间站，以及终点站接近处等，距离间隔都容易达到所属操纵小区内的最小值。因此，易对跟踪列车产生刚性波及。

3. 增加和减小时间、距离间隔的操纵方法

①使时间间隔 $t_{隔}$、距离间隔 $S_{隔}$ 一般趋势向增大方向移动的控制方法。跟踪列车控制方法参见表 5-1；前行列车与表 5-1 控制方法相反。

②使时间间隔 $t_{隔}$、距离间隔 $S_{隔}$ 一般趋势向减小方向移动的控制方法。跟踪列车与表5-1相反；前行列车与表 5-1 相同。

表 5-1　跟踪列车控制方法

机车工况	控制方法	制动运行	增大制动力和制动时间
牵引运行	降低牵引功率	惰力运行	降低惰行初速

二、刚性波及和柔性波及的特点及其相对性

1. 刚性波及和柔性波及的特点

①刚性波及的特点

由于距离间隔 $S_{隔}$ 迅速变小，往往使跟踪列车司机措手不及。面对这一矛盾，一般都是通过制动来解决，这样便进一步扰乱列车间的正常时间和距离间隔，从而对其他跟踪列车也产生刚性波及。这种情况在繁忙干线较为常见，称此种情况为连锁效应。

②柔性波及的特点

由于距离间隔 $S_{隔}$ 缩小的速率缓慢，故能使跟踪列车司机有较为充分的反应余地。跟踪列车司机一般采用适当降低牵引功率、回手柄惰行或适当采取制动措施多消耗无用动能的方法，就可完全或基本化解柔性波及。

2. 刚性波及和柔性波及的相对性

①刚性波及的相对性

由于各种原因，如司机操纵方面、车站方面、设备方面或调度方面等，致使前行列车对跟踪列车产生刚性波及，如果跟踪列车司机经验丰富，及时获得有关信息，并在恰当时机采用与实际情况相对应的适度保守式操纵，增大距离间隔，将化刚性波及为柔性波及，甚至完全化解刚性波及。对其他跟踪列车也仅产生柔性波及，从而将抑制繁忙区段的“连锁效应”现象的出现。

②柔性波及的相对性

尽管前行列车对跟踪列车产生的只是柔性波及，但是，如果跟踪列车司机不是依据实际限制条件采用适度保守式操纵，而是一味地采用开放式或与之近似的操纵方法，由于距离间隔 $S_{隔}$ 的不断缩小，就可能使柔性波及转化为对自己的刚性波及，进一步发展，对其他跟踪列车也将产生刚性波及，甚至会产生“连锁效应”现象。

第三节　列车跟踪运行的问题、目的和原则

一、列车跟踪运行的两个问题

1. 列车跟踪运行的稳定问题

所谓“列车跟踪运行的稳定”是指前行列车运行趋势已呈现出有规律的变化，跟踪列车司机能容易地做出准确的判断，比如以下几点。

①跟踪列车猛然受到刚性波及，在进行速度调整后继续跟踪运行一段时间，一般便能准确把握前行列车的运行趋势。

②在通过限速地点前，一般前行列车有明显降速趋势；通过限速地点后，有明显升速趋势。

③前行列车由车站开车，一般有明显升速趋势。

④前行列车在理想条件下运行，一般基本按现行操纵示意图的速度线运行。

2. 合适的列车间隔问题

“时间间隔相对稳定，距离间隔相对易变”。司机若不清楚列车间隔的这种变化规律，则当距离间隔取得最小值时，若受到刚性波及，将不可避免地要造成不必要的制动损失；或在距离间隔取得最小值时，前行列车仍然无影无踪，使通过能力降低。因此，所谓调整合适的列车间隔就是要求司机把握适度原则，在各优化操纵小区内，做到当距离间隔取得最小值时不受到刚性波及，同时跟踪又比较紧凑，从而达到安全、经济和高效的多重目的。

二、列车跟踪运行（操纵）的目的

列车在自动闭塞区段运行时，若由于各种原因产生了制动，往往对跟踪列车产生刚性波及。不仅造成本列车的制动损失，而且可能导致跟踪列车（一列或多列）也产生不必要的制动损失。所以，列车跟踪运行（操纵）的目的，一方面是尽量减少本列的不必要制动损失（尤其是高速和牵引重货列车时）；另一方面要尽量减少对跟踪列车的刚性波及频率。这实际也是列车跟踪运行（操纵）的总原则。

三、列车跟踪运行（操纵）原则

1. 微调原则

所谓微调原则是指在列车跟踪运行稳定的前提下，当跟踪列车司机发觉列车间隔不理想时，为了保持合适的列车间隔，对前行列车的速度线所做的适当修正，它包括牵引微调和制动微调。

牵引微调是指牵引运行时，若司机发觉时间或距离间隔不足，就应提前适当减少一点牵引功率，力求在一段较长距离内把间隔拉大；反之，则应适当增加一点牵引功率。

制动微调是指司机为保持合适的列车间隔，通过适当调节无用动能（速度）的大小来调整列车间隔的大小。

如图 5-2 所示在 $O \sim S$ 间前行列车沿 $abef$ 开放式速度线运行，跟踪列车沿 $abcdef$ 速度线运行。起初跟踪列车司机发现远处有黄灯（即黄色信号）或通过无线电话得知前行列车离自己距离较近，为增大列车间隔，采用牵引微调方法，在 S_1 处适当降低牵引功率，使跟踪列车速度线逐渐低于开放式速度线，从而将时间和距离间隔逐渐拉大，经过一段时间，司机认为时间和距离间隔较为合适后，再适当增加牵引功率，至 S_2 处跟踪列车与前行列车速度线又达到重合，等时性和等距离性又同时存在。经过 $S_1 \sim S_2$ 间的牵引微调（即对开放式速度线的适当修正），使跟踪列车在距离间隔取得最小值时可能受到的刚性波及，在不知不觉中得到化解。此时显然有 $t_{等隔1} < t_{等隔2}$，$S_{等隔1} < S_{等隔2}$。

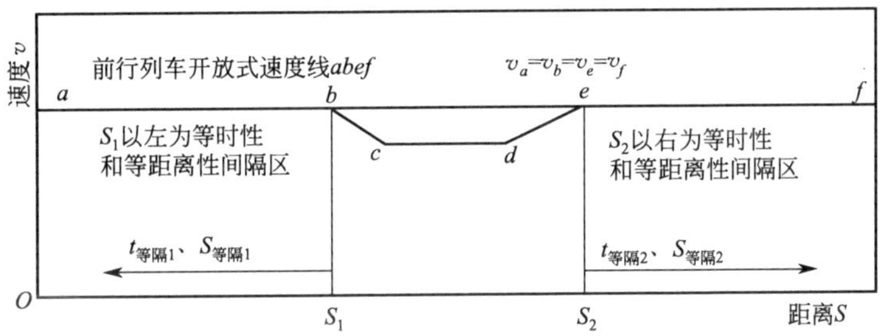

图 5-2　跟踪列车沿前行列车开放式速度线采用牵引微调方法增大列车间隔示意图

2. 平行操纵原则

所谓平行操纵原则是指列车跟踪运行已稳定，跟踪列车司机在保持必要时间间隔的前提下，应尽可能采用与前行列车同一的操纵方式，即沿尽可能一致的速度线运行，以维护列车间正常的时间和距离间隔。

平行操纵原则主要适用于同一级别的列车。这样做能使等时性较为稳定，便于跟踪列车在准确判断前行列车运行趋势的基础上进行微调。

这一原则不仅适用于理想条件，也适用于非理想条件，因而它是对结论三（参见本节第一部分）的进一步扩展。

这一原则的重要性还在于现实中如重货列车、空重混编列车、空货车、单机，虽然它们是同一级别的列车，但由于编组不同，其速度特性就存在很大差别。如果不采用同一操纵方式，沿尽可能一致的速度线运行，尽管列车是运行在理想条件下，也会使列车间正常的时间和距离间隔遭到破坏，甚至产生刚性波及。因此，在运输繁忙的自动闭塞区段跟踪运行时，尽管自己担当的是单机或空货列车值乘任务，也要尽量沿重货列车的速度线运行，除非调度等方面有特殊要求。这具有重要安全经济和效率意义。

3. 牵引手柄挡位相对稳定原则

所谓牵引手柄挡位的相对稳定，是指列车运行在理想条件下或跟踪运行时，司机为保持合适的列车间隔，在对牵引功率的宏观变化趋势熟知的基础上，采用微调技巧，避免频繁移动手柄挡位而使牵引功率在短时间内出现无目的性的大起大落。

4. 级别不同列车跟踪运行操纵原则

级别不同的列车跟踪运行，应视具体情况具体对待。

5. 货物列车黄灯、绿灯原则

黄灯原则是指货物列车在上坡道或低速跟踪运行时，在最坏情况下，也应尽量跟着黄灯（即黄色信号）运行，以便留有调节余地。否则，应进行牵引微调，增大列车间隔。

绿灯原则是指货物列车在较为平坦的线路或下坡道高速运行的情况下，必须保证跟着绿灯或绿黄灯运行。否则，就必须回手柄惰行或采取制动措施做较大幅度的调节。

6. 突发事件处理原则

在平道或下坡道高速运行的列车，若猛然遇到黄灯、红灯、受到刚性波及，应迅速解除牵引功率，并做好停车准备。

第六章 优化列车运行(操纵)环境问题

优化列车运行涉及诸多环节、要素,更离不开列车优化操纵和优化运行(操纵)环境。要使列车运行(操纵)环境得到进一步优化,应首先从研究各种约束条件入手,尤其是重要的约束条件,才能理清各种关系,抓住关键重点环节,进而使各种硬件、软件得到优化,产生出巨大安全经济效益。

第一节 优化列车运行是一个复杂的系统工程

铁路运输市场是客源、货源,它是铁路运输取得良好效益,获得发展的前提。但在客源、货源一定的情况下,如何使列车尤其是直货列车运行得到不断优化,以便以尽量少的人力、物力投入去完成一定的运输任务。这是提高运输效率、降低运输成本的一个重要问题。

一、优化列车运行的两个主要宏观经济目标

优化列车运行的两个主要宏观经济目标,一是最大限度地提高旅行速度;二是在一定旅行速度下最大限度地减少机车耗能量。

1. 最大限度地提高旅行速度

旅行速度最大限度地得到提高,主要是指通过优化运输组织指挥,减少中间站、本外段所在站停留,采用轮乘制、长交路减少中间环节,优化列车运行图等方式来实现预期目标。

当然通过提速可带来旅速的提高,但它产生的效益应充分论证。它既带来正效益(机车、车辆周转加快,机车乘务员劳动时间缩短等),也带来负效益(如为保证提速而带来的基础设施等投入的提高,列车靠牵引提速会造成列车耗能大幅增加等)。

旅行速度最大限度地得到提高,尤其是旅行速度在更长的区段内得到提高,可取得下列主要宏观经济效果。

①节省机车供给(投资)。旅速提高,机车周转加快,在牵引定数不变的情况下,完成同样的运输任务,使用机车台数减少,可节省购置机车投资。

②节约劳动力。旅速提高,旅时缩短,在乘务机班月劳动定额时间不变的情况下,完成同样的列车对数,就可少投入机班,从而节约劳动力,节省工资支出。

③节省车辆供给(投资)。旅速提高,必然使车辆周转加快,从而提高了车辆运用效率。

④加速客货送达。缩短运输时间,从而提高铁路在运输市场的竞争力。

⑤节省能源。提高旅速,缩短旅时(主要是指货物列车在中间站停留时间缩短,只有尽量减少中间站停留时间总量,才会带来旅速的根本性提高),就等于节省了机车空载耗能。

2. 在一定旅行速度下最大限度地减少机车耗能

机车耗能占铁路运输成本的比重较大。因此,减少机车耗能是降低铁路运输成本的关键环节,也具有很重要的社会效益。而优化列车运行,尤其是优化货物列车运行是降低机车耗能的重要途径。

要达到明显减少机车耗能的目标，应主要在以下三个方面进行努力。

①优化行车调度指挥，优化机车操纵，优化车机联控制度，以此大量减少列车不必要制动环节是节能降耗的关键。据统计分析，该环节耗能约占总能耗的10%。

②优化列车运行图，大力减少中间站停留，减少本段及外段所在站停留时间是节能降耗的重点。该项约占总能耗的10%(为机车停留时的空载耗能)。

③关键道岔、信号的换型、施工、设计、设置、运行径路优化以及监控装置限速值的合理设定等，是列车有用动能得到充分利用的基础。

3. 两个主要宏观经济目标的最终实现途径

优化列车运行是一个系统工程，既需要优化的硬件，如机车、车辆、站场、线路、道岔、信号等；更需要优化的软件，如优化的运输组织、行车指挥，优化的列车操纵技术，先进、合理、明确的指标及考核评价体系等。无论各子系统被优化的程度如何，系统的"两个主要宏观经济目标"最终主要还是通过列车司机的具体操纵来实现，这是由优化操纵在整个系统中的地位所决定的。

二、系统优化的主要约束条件

因"两个宏观经济目标"最终主要是通过列车司机的具体操纵来实现，所以应先下大气力研究列车优化操纵问题，以便揭示列车安全、经济、高效运行的内在客观规律，界定各种约束条件及主次地位，使整个系统借此联结成为一个有机的统一体，形成一个列车运行(操纵)环境诸环节都努力为列车优化运行(操纵)服务的运作机制。优化操纵应研究的主要有以下问题。

①列车运行速度与列车耗能的关系(包括机车总效率特性、列车运行基本阻力特性与列车耗能的关系)。

②列车动能的有用程度和制动损失问题。

③牵引质量与机车单位耗能的关系问题。

④重货列车在不同中间站停车的经济性问题。

⑤本段站、外段站、中间站停留空载耗能问题。

⑥列车运行信息与优化操纵的关系。

⑦节能操纵的侧重点问题。

⑧站场、线路、信号、道岔、列车运行径路、监控装置等对优化操纵的重要影响。

⑨列车跟踪运行操纵与优化列车运行秩序问题。

⑩起停车、通过慢行地点、重要经济控制点等微观操纵技法问题。

⑪两种宏观优化操纵方法即开放式和保守式操纵的具体应用问题。

因此，从列车优化操纵的角度，便于揭示列车安全、经济、高效运行的内在规律，便于澄清错误、模糊的认识，便于正确界定各种主要约束条件，为系统整体优化研究指明方向，确定框架。

三、优化列车运行是一个复杂的系统工程

建立起不断优化的列车运行系统应成为我们的理念和为之不懈努力的目标。使列车运行系统得到优化，是降低运输成本、提高经济效益、社会效益的关键。在运输市场竞争激烈的今天，应成为铁路运输关注的焦点。优化列车运行系统框图如图6-1所示。

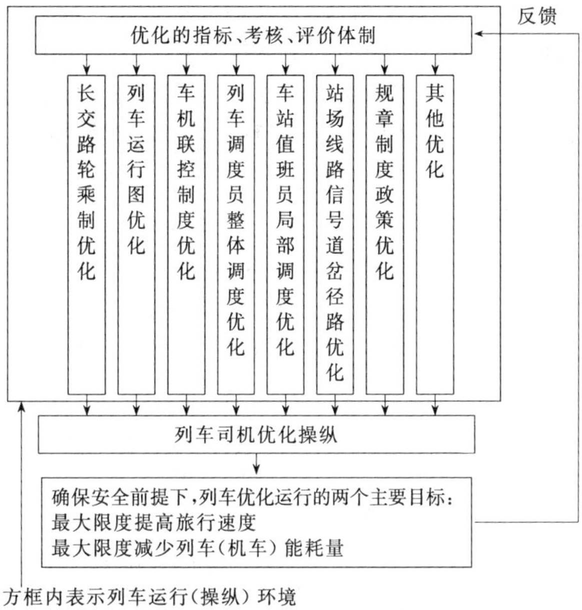

图 6-1　优化列车运行系统框图

优化货物列车运行是一项复杂的系统工程,要使系统各环节得到整合,产生出最佳经济、社会效益,最重要的是应达成共识;还应有强有力的组织领导;跨学科、跨部门的联合攻关;理论和实际的紧密结合;不达目的不罢休的坚韧毅力。

必须抓住关键重点环节,抓住一些投资少、见效快的项目。优化一些硬件,如进行关键信号、关键道岔的施工改造。将优化的软件成果尽快付诸实施。围绕宏观经济目标,制定出经过优化的作业标准,分解落实到关键岗位,并纳入严格考核。

逐步建立起科学的评价体系,并以实际效果和最终经济效益作为评价尺度,力戒虚指标,及时进行反馈、优化、调整、补充、提高,使系统不断优化,在运作中更具生命力。

四、对列车运行(操纵)环境的定义

尽管在操纵上列车司机有其充分发挥主观能动性的弹性空间,但这一"弹性"是有限度的。如果操纵环境未被优化,仅靠列车司机优化操纵单方面挖潜,"两个主要宏观经济目标"的实现程度将大打折扣。

操纵环境是指除机车操纵以外的所有外部约束条件,如机车类型、牵引特性、动力制动特性、能耗特性;监控装置类型、可靠性、限速设定、控制模式;列车运行基本阻力特性、制动特性;列车编组;站场、线路、信号、道岔、运行径路等情况;乘务制度;交路长度;列车运行图规定的运行时刻;调度指挥方式、方法;车机联控制度;规章制度;政策、指标、评价、考核等,它们共同制约着机车操纵,操纵环境对列车优化操纵有巨大反作用。必须下决心、下大气力去研究操纵环境。在系统分析、比较、论证的基础上,抓住关键重点环节,使列车运行系统尽快得到整体优化,取得显著经济效果。

列车运行环境和列车操纵环境的区别是列车运行环境涵盖列车操纵。

五、机车或列车相对和绝对节能的概念

采用优化列车运行环境或优化操纵的某些措施后,在节能方面,会取得一些效果。但如何

才能做到正确评价节能效果，是需要认真面对和思考的一个问题。其中正确识别各种措施对节能所带来的正负作用是进行评价工作的一个重要方面。

机车节能效果通常是用实际完成的机车单位耗能和能耗指标进行的比较计算，这种计算方式不太适合于实施某项措施后对节能效果的评价，主要因为能耗指标的不确定性。

机车或列车节能应当是一个相比较的概念，即允许相比较的某项或某些列车运行环境条件有一定变化，此种情况下的计算结果就为"相对节能"数据。

"绝对节能"是一个理想概念，即不允许某项或某些相比较的列车运行环境条件有任何变化。这是一种最为理想的比较条件，但在现实中很难做到。

下面以济南西机务段为例对"相对节能"和"绝对节能"情况进行一些初步分析，见表6-1。

表 6-1　1996 年～2003 年济南西机务段燃油单耗变化显示表

<table>
<tr><td>客车提速对数增加情况</td><td rowspan="3">燃油单耗 1993～1995 年分别为 17.8、17.9、18.1。货运列车运行环境变化不大</td><td colspan="8">自 1997 年以来，京沪线旅客列车连年调图提速、对数增加</td></tr>
<tr><td>主要的优化运行环境措施实施情况</td><td>无</td><td>无</td><td colspan="6">自 1999 年 4 月开始，济南局开展了持续多年的"三项攻关"活动，如 1999 年 6 月，济徐间 10 对直货列车在兖北实行直通；2000 年 6 月党家庄上行 4 股接车道岔进行优化施工；2001 年开始对一些设置位置不合理的信号机进行了优化设置施工</td></tr>
<tr><td>机车优化操纵技术应用情况</td><td>无</td><td>无</td><td colspan="6">1999 年 9 月《机车优化操纵方法》读本下发，并对机车乘务员进行培训；2001 年 2 月《列车优化操纵示意图》推广应用</td></tr>
<tr><td rowspan="2">年度</td><td rowspan="2">1996</td><td rowspan="2">1997</td><td rowspan="2">1998</td><td colspan="2">1999</td><td rowspan="2">2000</td><td rowspan="2">2001</td><td rowspan="2">2002</td><td rowspan="2">2003 上半年</td></tr>
<tr><td>上半年</td><td>下半年</td></tr>
<tr><td rowspan="2">单位耗能 [kg/(万 t・km)</td><td rowspan="2">17.90</td><td rowspan="2">18.30</td><td rowspan="2">18.72</td><td colspan="2">18.64</td><td rowspan="2">18.35</td><td rowspan="2">17.99</td><td rowspan="2">17.89</td><td rowspan="2">17.94</td></tr>
<tr><td>18.83</td><td>18.45</td></tr>
<tr><td>总重(万 t・km)</td><td></td><td></td><td></td><td colspan="2"></td><td>5 155 446</td><td>4 901 931</td><td>4 867 918</td><td>2 385 057</td></tr>
</table>

表 6-1 中显示的年度内，济南西机务段使用 ND_5 型机车担当京沪线济南西(现在为济西站)—徐州北、济南西—南仓间大部分货运列车牵引任务。

从表 6-1 中可以看到，在货运列车运行环境变化不大的 1993～1995 年三年中，机车单位耗能比较平稳，变化幅度只有 0.3 kg/(万 t・km)。

为逐步提高旅客列车运行速度，我国铁路自 1997 年以来实行了多次调图提速措施，京沪线旅客列车也连年调图提速并且对数增加，客车提速、对数增加会使在同一线路上运行的货物列车运行时间延长、停车次数增加，当未采取其他有效措施时，无疑会使机车耗能相应增加，这从表 6-1 中 1997 年、1998 年及 1999 年上半年机车单位耗能大幅攀升的势头中可以清楚看出。只有两年时间机车单位耗能就从未调图提速 1996 年的 17.90 攀升到 1998 年的 18.72，升幅达 4.58%。

为实现节能提效、扭亏增盈的目标，1999 年 4 月以来，济南铁路局开展了持续长达 5 年的"三项攻关"活动，采取了许多优化货运列车运行环境措施，并加强了领导和评价考核，取得明显效果。从表 6-1 中可以看到，1999 年下半年开始抑制住机车单位耗能连年大幅攀升的势头，2000 年出现明显下降，在旅客列车仍然调图提速的不利因素下，2002 年货运机车单位耗能不但没有升高，反而下降到未调图提速前的水平，见表 6-2。

表 6-2　采取优化措施后济南西机务段货运列车相对节能效果比较表

<table>
<tr><td>负作用的：
货运列车运行环境</td><td colspan="4">1997 年以来京沪线旅客列车连年调图提速并且对数增加，造成货运列车运行时间延长、停车次数增加</td></tr>
<tr><td rowspan="6">正作用的：
货运列车运行环境和列车操纵措施（得益于持续近 5 年的济南铁路局“三项攻关”活动）</td><td colspan="4">①1999 年 6 月济徐间 10 对直货列车在兖北实行直通，减少了在兖北站制动耗能和停车时的空载耗能</td></tr>
<tr><td colspan="4">②2000 年 6 月党家庄上行 4 股接车道岔改为 18 号道岔，提高了去济西站大量货运列车通过速度，减少了制动耗能</td></tr>
<tr><td colspan="4">③2001 年开始对一些设置位置不合理的信号机进行了优化设置施工，优化了列车运行秩序，减少了制动耗能</td></tr>
<tr><td colspan="4">④加强了组织领导和评价考核等</td></tr>
<tr><td colspan="4">⑤1999 年 9 月《机车优化操纵方法》读本下发，并对机车乘务员进行培训</td></tr>
<tr><td colspan="4">⑥2001 年 2 月《列车优化操纵示意图》推广应用</td></tr>
<tr><td>年度</td><td>1998</td><td>2000</td><td>2001</td><td>2002</td></tr>
<tr><td>单位耗能[kg/(万 t · km)]</td><td>18.72</td><td>18.35</td><td>17.99</td><td>17.89</td></tr>
<tr><td>与 1998 年比的相对节能数据</td><td></td><td>1.98%</td><td>3.90%</td><td>4.43%</td></tr>
</table>

结合表 6-1 所列数据，表 6-2 对采取措施后取得的相对节能效果进行了计算。1998 年的单位耗能数是旅客列车调图提速的第二年，基本没有采取优化货运列车运行环境的措施，货运列车单位耗能的增幅基本反映的是旅客列车调图提速直接带来的结果，具有重要意义，因此选取它作为相对节能效果的比对数据。因 1999 年下半年各项优化措施才开始实施，取得的效果不很明显，所以表 6-2 中未进行比较。从表 6-2 中可以看出，随着各项优化措施的深入实施，相对节能效果逐渐扩大，2002 年与 1998 年比相对节能效果达 4.43%。而 1998 年后旅客列车仍然调图提速、对数增加，货运列车的这一运行环境不断恶化。假如 1998 年后旅客列车不再调图提速、对数增加，此时计算的节能效果就为“绝对节能”数据，如果是这样，2002 年的“绝对节能”数据就要大于 4.43%。

第二节　车机联控制度优化重点

车机联控制度应当成为我国铁路列车司机提前获知列车运行前方限制信息的一项重要制度，但目前实行该项制度的目的只是为了列车运行安全。对它进行优化，无疑应是少投入、高产出的范例；更是信息潜在经济价值在铁路运输中的充分体现。

一、列车运行限制信息与机车优化操纵

1. 列车运行限制信息的潜在巨大经济价值

对列车动能可做如下描述，一列重货列车在平直线路上以 80 km/h 的初速惰行至停车，约走行 17 km 的路程。由于地形地物和透视距离等原因，致使地面信号机的显示距离，一般情况下要远小于列车具有动能的惰行距离。因此，如果司机仅凭地面信号机显示运行，当遇黄灯、红灯时，等待它的解决方式，往往是制动，不必要制动损失就在所难免。

如果司机能提前得到前方某地点或某站完整准确的某种波及强度的运行限制信息，随之采用适度的保守式操纵，就可减弱波及强度，甚至完全化解。这样，不仅能取得双重节能效果，而且也使局部运行秩序得到优化。

以牵引 5 500 t 货物列车为例，若使 80 km/h 的有用动能被不必要制动完全消耗掉，对于

内燃机车等于损失约 107 kg 的燃油；对于电力机车等于损失约 485 kW·h 的电能。不仅如此，由于列车制动停车，极易对跟踪列车形成刚性波及，导致一列甚至多列也接连产生不必要制动。既造成巨大经济损失，也恶化了局部运行秩序。这既不利于安全，也不利于效率，更不利于经济效益。

在繁忙铁路干线上，非理想条件也是经常存在的。由于运行限制信息传递渠道不畅，即不及时、不准确。由此引发了大量的不必要制动。据统计资料显示，不必要制动耗能约占机车运行用能耗的 10%。显然，此方面的节能潜力最大。列车运行信息的潜在巨大经济价值便凸现出来。

2. 列车无线调度通信设备是实现列车运行限制信息巨大安全经济价值的特殊性载体

减少不必要制动耗能是优化列车运行的关键。是采用开放式操纵还是采用何种程度的保守式操纵，一方面取决于列车司机本人的素质，但更为重要的是取决于司机能否及时获得前方运行信息，前方运行信息制约着列车司机操纵。

地面色灯信号所表示的是狭窄的、固定的信息。列车无线调度通信设备能实现远距离传递各种复杂的列车运行信息，这是地面信号机所不能替代的，它是实现列车运行信息巨大安全经济价值的特殊性载体，是列车司机超视觉的眼睛。

3. 使用列车无线调度通信设备存在恰当地点

若列车司机采用开放式操纵运行，当列车距某一较经济、较不经济或不经济型中间站很近时，才询问是否通过等情况，使得到列车通过将受到很强的波及信息，采取措施为时已晚，解决的方式，只有制动；同样，若开来列车已离车站很近，车站才告之该列车司机需安排临时停车、侧线通过等，司机得知此信息，也为时已晚，不必要制动损失在所难免。这就充分说明，使用列车无线调度通信设备存在着恰当时机。司机若能在恰当地点得知前方较经济、较不经济或不经济型中间站将临时安排停车或将产生某种程度波及影响，只要及时采用适度保守式操纵，就能有效地减少或避免不必要制动，也使运行秩序得到优化。

重货列车对于处在连续平道上的较经济型中间站使用无线调度通信设备的恰当地点，如图 6-2 所示。图 6-2 中 ab 为重货列车的牵引开放式速度线，aS_2 为该列车的惰行速度线。当该列车在地面参照点 S_1 处以开放速度 v_a，由牵引运行转为惰行，至保守式操纵目标 S_2（S_2 距 S_3 约 200 m，S_3 为较经济型中间站乙站进站信号机坐标）处列车动能被运行基本阻力功全部耗尽，即速度为零。故 S_1 以左区域为重货列车对较经济型中间站乙站或乙站对重货列车使用无线调度通信设备恰当地点。

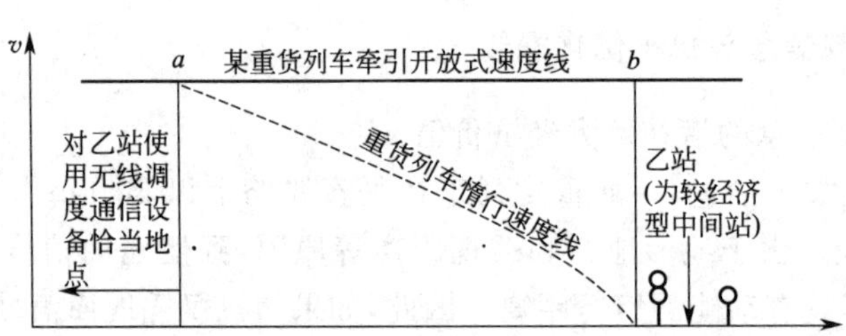

图 6-2 重货列车对于处在连续平道上的较经济型中间站使用无线调度通信设备恰当地点示意图

在恰当地点司机得到前方较经济、较不经济或不经济型中间站某种程度的波及信息时，若能及早采取适度的保守式操纵拖延必要时间，就能有效地避免有用动能损失。而对于每一个较经济、较不经济或不经济型中间站，一般都存在恰当地点。

4. 倒推惰行速度线法求解列车无线调度通信设备使用的恰当地点

恰当地点总的制定原则是以列车有用动能获得充分利用为前提。其求解方法为倒推惰行速度线法，具体步骤如下。

(1)选取对应恰当地点的保守目标

①较经济型中间站，即位于连续平坦线路上的中间站，其恰当地点所对应的保守式操纵目标，一般选在对应车站进站信号机外方 200 m 处。

②较不经济、不经济型中间站，恰当地点距车站较远(当跨越相邻中间站时，这两个车站应建立起车机联控主从协作制度)。一部分保守目标是选取距进站信号机较近的某一凸变坡点；另一部分保守目标是选取车站中心。

③经济型中间站，对于货物列车来讲一般不选恰当地点的保守目标，也即无需确定恰当地点。

(2)两种倒推惰行速度线，确定恰当地点的方法

①从保守目标并从速度为零开始，在列车优化操纵示意图中向左倒推绘制惰行速度线。当惰行速度线与开放式速度线相交时，所对应的地面参照点以左范围即为所对应中间站的恰当地点。

②对于部分较不经济和不经济型中间站可采用从站中心处开始以开放式速度或某一保守式速度倒求惰行速度线，速度为零时的地点以左范围即为恰当地点。对于倒求时开始速度值的确定要遵循以下两个原则，一是尽量不使下坡道重力势能转化的有用速度遭到浪费；二是列车若利用此速度继续惰行一段距离时不至于对跟踪列车形成刚性波及。

5. 优化的车机联控制度加优化的机车操纵

列车运行限制信息制约着列车司机操纵，列车运行限制信息具有潜在巨大经济价值，真可谓“一语抵万金”，列车无线调度通信设备又是实现列车运行限制信息巨大安全经济价值的特殊性载体，是列车司机超视觉的眼睛。如何充分挖掘列车无线调度通信设备的潜能，非“优化的车机联控制度”莫属。现阶段，要想有效降低机车能耗量，应找准这个重点攻关。优化的车机联控制度加优化的机车操纵并辅以必要的科学考核，定能成为铁路运输挖潜、提效、降成本、保安全的最佳组合方式。

二、车机联控制度优化重点

1. 优化车机联控制度的必要性、迫切性

现行车机联控制度，对保证行车安全的确发挥了重要作用，但其弊端也是显而易见的。从联控目的看，只是为了行车安全。

从联控的效果看，信息范围窄、不及时(太晚)。由于大量频繁程式化的操作，并且随之产生了大量无价值信息，污染了通信空间，严重影响了通信效率。

要使列车无线调度通信设备传递信息的潜在巨大经济价值得到充分利用，应优化现行车机联控制度。它不应只是为了安全，通常情况下更为重要的是服务于经济、效率目的，其实这样也更充分地满足了安全目的。另外，它还是缩小货物列车开行计划与实际差距的重要调节补偿手段，是车站值班员联系列车调度员和列车司机的重要纽带。车机联控制度的优化，将使三者关系趋于和谐，便于形成良好的心理氛围。这既有利于行车调度指挥，更有利于列车运行

安全、经济、高效。

2. 车机联控制度优化重点及应遵循的步骤

①建立起服务于列车优化运行的新型车机联控制度。

②既重视形式，更注重实效，不断发现问题，解决问题。突出体现发送信息的准确性、及时性、有效性。尽量避免“无价值信息”，净化通信空间。

③当通信空间得到有效“净化”后，无线列调电话硬件功能或操作使用规定也亟待优化。为提高通信效率，建议采用直接对话功能。这样可大力减少频繁按压呼叫键的时间，以及呼叫键电波占用时间及呼叫键电波产生的噪声污染。既提高了通信效率，也使有价值的信息得到更为广泛的利用。如车站通知前行列车司机的重要波及信息，跟踪列车司机也能及时得知。

现行车机联控制度，必然导致大量频繁程式化的操作，“空间多余噪声污染”严重。现在列车无线调度通信设备功能(450 MHz)一般都设有挂机或守候位置，当在此位置时，其他机车或车站若不按压呼叫键，拿起话筒直呼，是得不到应答的。这也是现场操作中迟迟联控不上的一个重要原因。

④车机联控制度优化研究应同列车调度员整体调度优化、车站值班员局部调度优化、列车司机优化操纵的研究有机地结合起来。

车机联控制度优化应遵循以下步骤，一是要确立科学合理的联控模式；二是要制定出具体的作业标准；三是要加强监督和考核；四是要不断总结完善。

3. 车机联控制度优化建议方案

(1)将列列站站呼唤应答的“全呼全控”联控模式改为有价值、有必要、有需求时才联控的新型联控模式

自动闭塞区段的中间站，正线进路早已准备妥当，进出站信号早已显示绿色灯光时的联控，无论从哪方面讲都无多大价值、无多大必要，可在现行制度束缚下还必须联控。这是现实中现行联控所进行的程式化、频繁操作的典型一例。因众多车站、机车均使用同一频道(指使用450 MHz电话)，造成通信空间拥挤，大量无价值信息充斥其间。尤其是在枢纽站周围，许多情况下需呼叫数次才能接通，有不少列车甚至已进入站内却仍在“联控”。现阶段联控的目的是为安全，但列车司机、车站值班员却把过多的精力用在程式化的“联控”上，这与安全初衷相违背。再者，发生真正的不安全情况，如列车被迫停于区间需向车站汇报，或车站有什么重要信息需立即告之司机时，却往往被例行公事的“联控”给中断。

所谓有价值、有必要才联控是指一切对列车安全、经济、效率有重要或较重要影响的信息才有必要联控。如临时安排停车，列车由正线变更为侧线通过，接发列车、调车作业对通过列车将产生影响，列车在区间被迫停车等是非常有必要进行联控的。而如列车正线通过进路早已准备妥当等情况则是没必要联控的。

所谓有需求时才联控是指司机对运行前方有关情况不甚明确、机车发生故障、进路不对、发现列车或线路有异常情况等情况时的联控，以及车站进行列车阶段运行优化调整，下达加速、减速、注意运行，某时某分赶到某站的调度指令等。

(2)变司机主动呼叫(问路式)，为车站主动使用(指路式)

因接发列车，调车作业等随机性因素影响，使中间站必然成为对通过列车形成刚性波及、产生有用动能损失的主要场所。这一特点决定了制约列车运行的许多重要信息的主动权是掌握在车站手中，这就在客观上要求许多情况下必须由车站主动联控。

要根据各车站的实际情况，列车接近车站的操纵方式，运行时间，动能有用程度等情况认

真制定各车站主动联控的恰当时机范围。车站对列车正常通过产生波及、侧线通过、安排停车时等应提前足够时间主动预告开来列车司机，波及影响一经解除等情况应及时预告司机。

(3)依据“恰当地点”理论，优化呼叫标设置地点

依据使用列车无线调度通信设备对于每一个中间站都存在恰当地点的理论，为使列车有用动能得以充分利用，应重新核定每个中间站对应呼叫标的设置地点。现行车机联控制度规定的一接近联控，对于大部分中间站来讲，距离的确太近，往往是得知信息为时已晚。

(4)查定基本限制时间数据，优化车站联控工作标准

车站值班员只有熟练掌握各种情况下进出站信号机延迟开放的时间，才能向列车司机提供准确的波及信息。因此，各车站要认真查定接发列车、调车作业等影响车站信号开放的时间值(分钟)，以此作为及时向列车司机发送运行限制信息的重要依据，并应尽快制定出有关发送信息的作业标准。

(5)优化车机联控用语标准

对联控用语应重新审视，联控用语应分为标准和非标准两类，用语内涵应适当延伸，以满足列车优化运行对信息准确性的要求。鼓励使用非标准用语向司机通报有关运行信息。对某些运行信息，有关部门应加强调研，制定出较为规范简洁的非标准用语。

例如，由于等信号将造成某列车在车站停车时，联控用语应充分体现出是等信号这种情况，而非调度有意安排的停车。对于等信号这一情况，开来列车司机不一定清楚等信号原因，仍然无法做出采用何种操纵方法的选择，因而可用非标准用语予以询问。

为优化列车运行秩序，车站非常有必要及时用非标准用语向司机发出加速进站、加速运行、减速运行、注意运行、某时某分赶到某站等阶段运行优化调整信息。用非标准用语提醒后面有旅客列车等。

等信号是由接发列车调车作业等造成时，联控用语应提示预计多少分钟后信号才可能开放，以便司机能更为准确地宏观调控列车运行速度。当影响解除时，车站也应及时通知，以便于列车及时加速，恢复正常运行。

(6)联控信息单的优化设计

有关部门应加强组织领导，加强监督检查，不断总结经验，抓住日常典型，督促车务、机务、调度搞好联控工作。

①列车司机联控信息单优化设计

向车务部门应重点反馈的信息有重要信息车站不主动预告，不提前足够时间预告或告之内容不清楚、不准确等造成列车有用动能损失；影响因素解除时不及时通知司机；三呼不答时等。增加关于模范值班员内容的设计，让全体司机来进行评价。

向调度所重点输送的信息有调度指挥不当，如接发列车选择时机不当，无故安排重货列车在不经济型中间站停车；发布调度命令错误等。

另外，还应考虑设计向工务、电务部门输送的重要信息，以督促其改进工作。

②车站值班员联控信息单优化设计

向机务部门输送的信息有重要信息列车司机不汇报或汇报不及时、不正确；三呼不答；不执行阶段优化运行调整指令；无故运缓扰乱运行秩序等。

向调度所重点输送的信息有发令错误；调度指挥不当；不重视车站建议等。

③列车调度员联控信息单优化设计

向车务部门应重点输送的信息有接发列车组织不利；汇报情况不属实；指挥失误波及其他

列车等。

向机务部门输送的信息有不执行调度命令；无故运缓；不执行阶段优化运行调整指令等。

(7)其他优化

①相邻站联控主从协作制度

为优化列车运行，部分相邻站很有必要建立起联控主从协作制度，如京沪线磁窑车站(居主要地位)下行进站信号机因调车作业影响，在某分钟后才能开放进、出站信号，主要站磁窑应提前将这一情况通知从属站大汶口(居从属地位)，大汶口站负责协助对接近自己车站的下行列车提前预报，列车采用牵引保守式操纵，就可化解这一影响。

②沿用原联控制度中合理部分，借用其管理体制和考核手段。

③出现列车被迫停车或其他危及行车人身安全的情况时，一般意义上的联控应予暂停，让位于这种特殊情况。

(8)局部改革实施方案

车机联控制度涉及面广，理想的改革方案是全路统一进行。如果各路局在局部进行改革，那么对于外局在本局运行的机车以及本局在外局运行的机车，就应执行原规定。为发挥车机联控的重大作用，建议铁道部制定弹性政策，加强引导，允许并鼓励使用非标准用语对重要信息及时联控。

第三节　站场、线路、道岔、信号、运行径路、提速等优化重点

在前面的分析中，得出了“从宏观上、整体上讲，一般而言列车在任一参照点获得的动能都是机车牵引力做功的结果”这一列车获得动能的宏观性、普遍性结论。要使之得到充分利用，若被制动消耗掉多少动能，就会相应增加一定数量的列车能耗量。

现场中常有人讲此区段经济，彼区段不经济。而所谓经济与否，主要指万吨公里能源消耗量而言。不经济区段，主要是因下坡道重力势能转化的巨大列车动能无法被充分利用，白白消耗在制动过程中。分析表明，现阶段列车因制动造成的耗能量约占列车总耗能量的20%，是个不小的比例。因此，站场、线路的选址、设计，道岔、信号的设计、施工、设置等应充分考虑重力势能转化为列车动能的利用问题，吸收优化操纵理论的研究成果，为列车优化运行服务。

一、站场线路优化重点

1. 站场选址优化重点及建议

中间站经济类型(从列车节能角度)可分为四类，即经济、较经济、较不经济和不经济型。这主要是根据重货列车受波及或安排停车造成的有用动能损失程度不同而进行的划分。图6-3为线路经济区域类型及站场选址示意图。站场选址落在那个区域，车站就为那种经济类型。但在同一区域不同地点选址，其经济程度又有一定区别。这种差别借助图6-3予以分析说明。

虽然在S_2以左都属较经济区域，当S_2以左平坦线路足够远时，显然在S_1以左部分选址要优于在$S_1 \sim S_2$间；而在$S_1 \sim S_2$间选址，则越靠近S_1越好。

在$S_2 \sim S_4$间选址，虽然均属较不经济区域，但在凹变坡点处达到最不经济，越靠近S_2或S_4越好。

在$S_4 \sim S_6$间，越靠近典型凸变坡点S_5越好。

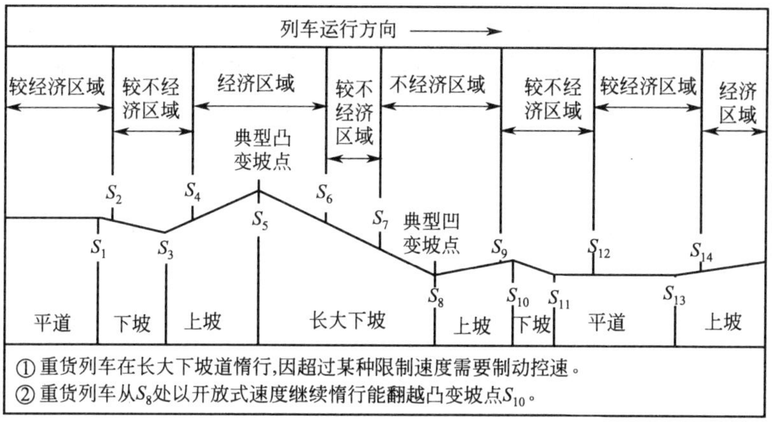

图 6-3 线路经济区域类型及站场选址示意图

在 $S_6 \sim S_7$ 间,越靠近 S_6 越好。

在 $S_7 \sim S_9$ 间,越远离凹变坡点 S_8 越好。

在 $S_9 \sim S_{12}$ 间选址可分两段分别考虑:在 $S_9 \sim S_{11}$ 间,越靠近 S_{10} 越好;在 $S_{11} \sim S_{12}$ 间,越靠近 S_{12} 越好。

在 $S_{12} \sim S_{14}$ 间,越靠近 S_{14} 越好。

我国铁路列车的必要制动、不必要制动两项耗能可能约占机车总耗能的 20%(山区铁路要更多),如果站场选址科学合理,便能有效降低制动耗能总量。站场选址是一个复杂问题,涉及诸多因素,其中机车耗能也是一个重要因素,新建线路站场选址尤其应注意这个问题。应吸收优化操纵理论取得的成果,认真分析、研究、比较论证。

站场选址一般应遵守以下原则,应尽量远离凹变坡点,尤其是编组站和其他频繁停车站;最好是设在凸变坡点,其次是尽量在凸变坡点之前,并应尽量在凸变坡点;应尽量避开小下坡道。

设在典型凸变坡点的车站属于最经济车站,若地理条件允许应尽量多设接车线路。因施工、等线等原因,货物列车需要停车等待时,尽量安排在这类车站停车等待,如京沪线界首站、胶济线王村站,这对于节能和运输效率都十分有效。

设在凹变坡点的车站应尽量撤销,如京沪线五线崮山站、从节能角度和防止重货列车运缓、坡停角度十分有必要撤销该站。

崮山站地处坡底,进站前为下坡道,出站后到张夏进站加算坡度平均高达 5‰,并且区间有分相区,该区间是发生运缓坡停频率最高的区间,都是发生在天气不良、客车曲线涂覆并且是重货列车在崮山开车或低速通过时;另外,该车站为不经济型车站,安排重货列车在此站停车会造成较大有用动能损失(5 500 t 列车,每列多耗能约 300 kW · h)。

建议京沪五线由崮山延长至张夏并与张夏 3 股接轨,取消崮山站,列车在张夏站 3 股正进侧出,侧向出站道岔设为 18 号及以上道岔,出站信号具有双黄闪功能。

从崮山出站信号机至张夏进站信号机距离仅为 4 879 m,施工难度不大,从长远看,进行此项施工将颇具安全、经济、效率意义。张夏—青杨间为缓和上坡道区间,在崮山—张夏—青杨这一区域,若安排货物列车停车,在张夏站最为合理。为此这项施工,还应考虑增加张夏站下行侧线股道问题。

2. 线路优化重点

线路起伏，就容易在局部形成由下坡道重力势能转化的列车动能。由于站场所处位置、各种限制速度、行车指挥等原因，经常使下坡道重力势能转化的列车动能得不到充分利用，被白白消耗于制动过程中。因此，线路设计应尽量平坦，并尽量避免大的起伏；施工改造应尽可能"削平"典型凸变坡点，并尽可能"抬高"典型凹变坡点；对于一般凸、凹变坡点应结合既有站场位置，列车停车频率等考虑施工改造。

区间内的一般凸变坡点，当坡高较小，凸点又距前方站较远，一般无必要施工改造。如果凸点过后不远处为一频繁停车站，就应考虑对其适当"削平"。

区间内一般凹点，通常也无必要施工。当一频繁停车站处于一凹点时，有机会可考虑适当"抬高"施工或取消该站。

二、关键道岔优化重点

1. 道岔优化重点

部分道岔由于侧向限速低，直接造成局部运行秩序混乱，能耗增加。若全面进行道岔换型施工，尽管能为列车优化运行创造最为优越的条件，但投资巨大。为此，道岔优化也应讲究投入与产出的关系。在优化操纵理论指导下，可只对某些关键道岔进行优化。

关键道岔是指大量列车需经此侧向运行通过的某个或数个道岔。由于限速值偏低，使列车在此之前获得的一部分有用动能无法利用。也就是说，为使有用动能得到充分利用，可仅仅改造主要运行径路上的关键道岔，而其他道岔可不改造。这样就能够以少量的投入，取得巨大列车运行优化效果。

2. 道岔优化应遵循的原则

①中间站或线路所大量列车经固定线路侧向通过的道岔应尽量更换大型号道岔。

②车站接车经路的侧向道岔一般要比发车经路的侧向道岔优先进行考虑。这是因为接车径路的侧向道岔型号如果偏小，就容易造成开来列车的有用动能损失；而发车径路的侧向道岔，因为列车一般处于起动阶段，速度较低，一般不会造成列车有用动能损失。

③对道岔侧向限速低(一般指 8 号、10 号道岔)，站外制动调速后又需牵引进站，并且货物列车停车频率又较高的车站，其接车经路的侧向道岔有必要更改较大型号道岔(一般应由 8、10 号改为 12 号道岔)，这将使货物列车运行得到基础性优化。

三、关键信号优化重点

1. 信号机设置位置优化重点

关键信号机优化设置对列车优化运行也发挥着重大作用。关键信号机优化设置在自动闭塞区段特指一、二接近通过信号机与进站信号机，一、二离去通过信号机(尤其是一离去信号机)与出站信号机间设定距离对列车优化运行的影响问题。列车跟踪运行优化操纵理论指出"时间间隔相对稳定，距离间隔相对易变"，前行列车不正常的运行状态，如不必要制动，起车加速阶段，使得跟踪距离急剧缩短。而地面信号机间的距离是一定的，故地面信号机对跟踪列车易形成刚性波及。由于车站接发列车、调车作业等影响因素较多，故中间站易对开来列车形成刚性波及。但如果将一、二接近信号机与进站信号机设定的距离尽量长，就能使波及信息及早发出；一、二离去尤其是一离去信号机与出站信号机间距离设定尽量短，就可使由车站起车开出的列车能尽快让出闭塞分区，从而能显著降低波及强度。"长"接近，"短"离去，这是列车跟踪运行优化操纵理论对信号机优化设置问题得出的重要结论,值得研究推广。

当然,长或短也应结合线路纵断面、列车密度、车站作业繁忙程度等综合进行考虑,如以线路纵断面为例,当出站方向为上坡道时,"一离去"相对应更短些;反之,相对应稍长些。

1999~2005 年在济南局"三项攻关"活动中,济局管内京沪线的不少通过信号机位置进行了优化。

2. 信号显示优化重点

三显示自动闭塞区段,由于地形地物和透视距离等原因,当遇黄灯时,不必要制动较易发生。当采用四显示时,就会使前方信号的波及信息比三显示能提前一个闭塞分区发出,为司机及时采用适度保守式操纵创造了优越的条件。从而能进一步优化列车运行秩序,有效地减少不必要制动损失。因此,为适应列车提速,为实现节能降耗目标,列车运行波及信息利用地面信号更远地传递,应是地面信号和机车信号优化研究推广的重点。

另外,虽然把大量列车经车站固定线路侧向通过的道岔已更换为 18 号及以上道岔,但是从信号机显示状态若不能进行黄闪黄显示,道岔的潜能也就不能充分发挥。因此,对这类关键信号,应尽快组织技术改造。

四、运行径路优化及关键道岔、关键信号的一体化设计施工问题

1. 运行径路优化重点

对于进路发生变化(也即大量列车需要侧向运行)的车场或中间站,其主要运行径路(主要指列车通过径路)应进行优化,该径路应包含尽量少的侧向道岔,并应尽量减少对其他主要运行径路的影响。

(1)进站侧一个方向出站侧为两个方向的主要运行径路优化

中间站出站方向为次要线路方向通常应设计为"侧进正出"径路。

例如,水屯站下行次要线路方向设计为"侧进正出"径路,如图 6-4 所示。

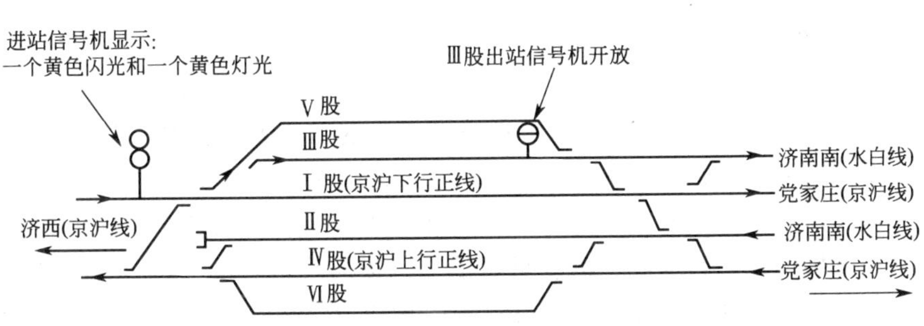

图 6-4　水屯站次要线路方向侧进正出优化径路示意图

水屯下行进站侧为一个方向(济西方向为京沪线)。出站侧为两个方向,一个是主要线路京沪线(党家庄方向),另一个是次要线路水白线(济南南方向)。

水屯站下行进站经Ⅲ股去济南南方向(水白线)的主要运行径路是"侧进正出"径路,这是一条优化的运行径路。一是该运行径路做到了侧向道岔数量最少;二是最大限度减少了对京沪下行运行径路的影响。

如果去济南南方向在水屯站的主要运行径路设计为"正进侧出"径路,则不能算最优化的运行径路。这是因为虽然该运行径路也做到了侧向道岔数量最少,但它对京沪下行运行径路

的影响明显要大于“侧进正出”径路，这是因为它占用京沪线的时间要大于“侧进正出”径路。

(2)进站侧两个方向出站侧为一个方向的主要运行径路优化

中间站进站方向为次要线路方向通常应设计为“正进侧出”径路。

例如，崮山站的次要线路方向设计为“正进侧出”径路，如图6-5所示。

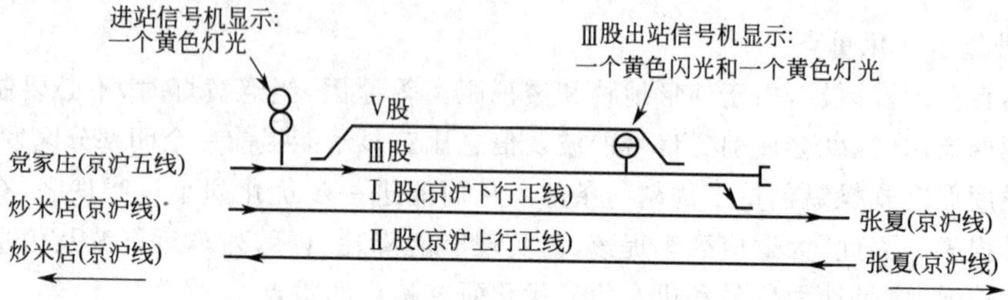

图6-5　崮山站次要线路方向正进侧出优化径路示意图

崮山下行进站侧为两个方向，一个是主要线路京沪线(炒米店方向)，另一个是次要线路京沪五线(党家庄方向)。出站侧为一个方向(张夏方向为京沪线)。

2. 运行径路优化及关键道岔、关键信号的一体化设计施工问题

(1)制约主要运行径路列车运行速度提高的关键因素

主要运行径路在此指大量列车需要侧向运行通过车场或中间站的运行径路。

单纯的运行径路优化或单纯的关键道岔优化、关键信号优化往往都无法实现列车在局部运行环境的最优化，既使缺少一个方面的优化往往也会使设备的潜能大打折扣。

仍以崮山站为例，崮山站地处凹变坡点，下行从京沪五线进站信号机之前有3 km平均坡度高达6.5‰的下坡道，站内984 m为平道，从3股下行出站信号机前约350 m至张夏进站信号机近5 km的线路为平均加算坡度超过5‰的上坡道，并且在张夏机外有分相区。

自2006年7月1日济南西机务段使用电力机车以来，尤其是2007年使用HXD_3型电力机车以来，下行重货列车天气不良等在崮山—张夏间频繁发生运缓、坡停、分相区停车，甚至在崮山站通过的重货列车也不例外。

在对崮山站通过的重货列车发生的坡停概况的分析中看到，从列车运行环境来看(如图6-6所示)，崮山三股为正进侧出(主要运行径路是优化的)，经调查虽然三股出站侧向道岔为18号及以上(关键道岔也是优化的)，但由于进、出站信号显示方式跟不上(即崮山一离去为进行信号时，崮山三股出站信号机不能显示一个黄色闪光和一个黄色灯光)(即关键信号没有优化，限制了列车速度的提高)，加之一离去机车信号机接码晚(约520 m)，由于LKJ限速线的限制，在机车信号机接码前列车速度不能超过40 km/h，这样崮山通过与开车没有太大区别，进站前下坡道转化的有用动能也得不到充分利用。

通过以上分析，自动闭塞区段列车在车站或车场侧向运行时，现阶段机车都会经过一段无码区，这段无码区的起点为显示侧线的地面信号机所处地点，终点为列车运行前方的“收码点”。通常这个显示侧线的地面信号机和“收码点”之后的地面信号机之间没有联锁关系，即使“收码点”之后的地面信号机提前显示进行信号，机车信号在未收到地面信号时LKJ将按停车信号进行控制，当“收码点”距前方信号机越近时，LKJ限速就越低，因此列车运行速度就无法得到有效提高。这就成了限制某些关键车站或车场通过能力的重要制约因素。

(2)《铁路技术管理规程》(以下简称《技规》)有关规定

2007年4月1日起施行的《技规》，为提高这类地点的列车运行速度有了一些规定。

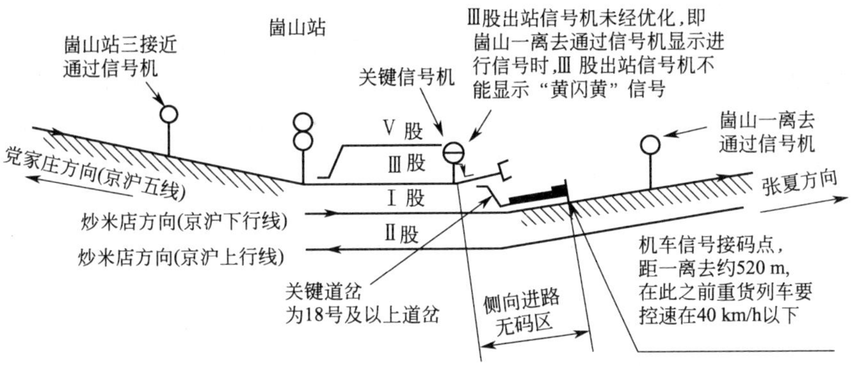

图 6-6　崮山站次要线路方向正进侧出关键信号未优化情况示意图

《技规》第 337 条对进站色灯信号机显示一个黄色闪光和一个黄色灯光规定为：准许列车经过 18 号及以上道岔侧向位置，进入站内越过次一架已经开放的信号机，且该信号机防护的进路，经道岔的直向位置或 18 号及以上道岔的侧向位置。

《技规》第 342 条中规定：设有分歧道岔的线路所，当列车经过分歧道岔侧向运行时，色灯信号机应显示两个黄色灯光；当分歧道岔为 18 号及以上道岔时，显示一个黄色闪光和一个黄色灯光。

《技规》第 357 条对机车信号机显示一个带"2"字的黄色闪光的规定为：要求列车注意运行，表示接近的地面信号机显示一个黄色灯光，预告次一架地面信号机开放经 18 号及以上道岔侧向位置进路，显示一个黄色闪光和一个黄色灯光。

《技规》第 357 条对机车信号机显示一个双半黄色闪光的规定为：要求列车限速运行，表示列车接近的地面信号机开放经 18 号及以上道岔侧向位置进路，且次一架信号机开放经道岔直向或 18 号及以上道岔侧向位置进路，或表示列车接近设有分歧道岔线路所的地面信号机开放经 18 号及以上道岔侧向位置进路，显示一个黄色闪光和一个黄色灯光，或其他相应显示。

《技规》第 44 条对 18 号及以上单开道岔规定为：用于侧向通过列车，速度 50 km/h 以上至 80 km/h 的单开道岔，不得小于 18 号。

地面色灯信号机显示一个黄色闪光和一个黄色灯光时机车信号机接收此信号显示一个双半黄色闪光，这种方式打破了列车在车站或车场侧向运行时那段无码区的制约，列车运行至"收码点"前列车限速不再下降，使列车运行速度得到有效提高。但这种显示方式的前提是地面色灯信号机所防护的侧向进路为 18 号及以上道岔侧向位置。对于 18 号及以下道岔侧向位置的进路，比如 12 号道岔，当该进路为繁忙进路并严重制约通过能力时，信号联锁及显示方式也应有所创新。

地面色灯信号机显示"一个黄色闪光和一个黄色灯光"，以下简称"黄闪黄"；机车信号机显示"一个双半黄色闪光"，以下简称"双黄闪"。

(3)运行径路优化及关键道岔、关键信号的一体化设计施工问题

针对崮山站的问题，2007 年 11 月济南西机务段向路局提出了将崮山三股出站信号改为黄闪黄显示的书面具体建议。路局机务处专门组织了研讨会，并形成会议纪要提交路局，路局总工室牵头组织相关处室形成了有关方案。2008 年初对该关键信号进行了优化(如图 6-5 所示)，该优化方案的实施，取得了列车运行安全、经济、高效的三重效果。

安全方面：崮山—张夏间重货列车坡停、分相区停车明显减少，尤其是在崮山三股通过(不

等信号)的重货列车彻底消灭了坡停、分相区停车。

经济(节能)方面:下行崮山站重货列车能获得约 65 km/h 有用速度(大部分为下坡道重力势能转化),在三股出站信号机未优化前,通过列车在崮山站要制动控速至约 45 km/h 通过,下行每天平均约 55 列货物列车要经过崮山站,按每天平均 30 列在崮山站三股通过,每列牵引质量平均按 4 800 t 计算,信号优化后比优化前每列平均节省电能约为 146 kW·h,每天节省电能约 4 380 kW·h。

运输效率方面:信号优化后比信号优化前,通过列车在党家庄—崮山—张夏间运行时间平均缩短 2 min。

因此,对于多个线路方向的关键站场,要实现安全、节能、提效的多重优化目标,第一步要进行主要运行径路的优化,以便尽可能减少关键侧向道岔的数量;第二部要进行关键道岔的优化,关键道岔最好设为 18 号及其以上道岔,以便为列车提速和关键信号的黄闪黄显示创造必要条件;第三步要进行信号显示优化,既关键信号的黄闪黄显示。这三步要进行一体化的设计和施工,在硬件方面才能实现列车在局部运行环境的最优化。

这三个方面的优化与列车调度优化相结合便创造了很好的列车运行环境。即运行径路优化+关键道岔优化+关键信号优化+列车调度优化=最优化的列车运行环境。

(4)建议对济南枢纽咽喉进行高起点的一体化优化设计和施工

由于济南枢纽咽喉径路、道岔、信号不优,从济南南—济南—济南东间货物列车通过时间达 21.3 min,平均速度只有约 30.7 km/h,形成瓶颈效应,长期严重制约胶济线货物列车运输效率提高,造成列车耗能增加、列车司机超劳,也给调度指挥造成困难。

以下行胶济线货物列车为例,济南站均为侧向出站、济南东正进侧出后都要经过一段无码区,因机车信号"收码点"距前方信号机很近,济南出站后距一离去信号机约 390 m 收码,LKJ 限速下降至 34 km/h,货物列车一般此时只有 24 km/h;济南东正进侧出后距黄台进站信号机约 260 m 收码,LKJ 限速下降至 22 km/h,货物列车一般此时只有 15 km/h。因此,列车运行速度根本无法得到有效提高。

应以胶济线货物列车运行径路为重点,对济南站枢纽进行高起点的优化设计和施工。这是因为途经济南站的旅客列车在济南站一般均办理停车,因此,对于旅客列车无论是北园、济南南还是济南东方向在济南站都无需设直向贯通径路。

胶济线经南环线运行到济西站的上下行货物列车在济南站最好应直向贯通,如果有难度退而求其次则应固定径路运行,使关键侧向道岔减少到最低数量,关键侧向道岔应设为 18 号,并且对济南南、济南东、黄台站的运行径路同时设计,关键侧向道岔均应设为 18 号,以便关键信号能显示黄闪黄信号,使列车限速真正能够得以提高。

如果能采取以上措施,将彻底改变货物列车在济南站区域平均运行速度约 30 km/h 的现状。如果货物列车通过济南站速度能达到 50 km/h,在该区域的运行时间将缩短将近一半,将有效打破瓶颈效应现象,使这一长期困扰节能提效的难题得到比较好的解决。

五、济南铁路局曾采取的措施及节能效果

1999～2004 年,济南铁路局曾深入开展了"三项攻关"活动,在优化基础设施方面,借鉴优化操纵理论研究取得的成果,进行了一些有益的尝试。

关键道岔进行优化施工的范例。济西至兖州北区段的党家庄站,1999 年 6 月进行了优化施工。而在此之前,每天有 50 多列上行货物列车经该站上行 4 股侧向进站道岔去济南西站。

该道岔限速为 30 km/h，列车实际通过速度为 25 km/h。换型后，当按有用速度 50 km/h（该速度由下坡道重力势能转化而成）通过时，根据“列车制动耗能一般意义公式”测算，年节省燃油 300 t，每趟列车在该区域节省运行时间 2～3 min，使局部列车运行秩序得到了基础性优化。

2000 年 8 月前，京沪线济徐区段的韩庄站下行“一离去”长达 3 195 m，且“一离去”为上坡道，重货列车从该站开车至尾部让出一离去信号机耗时长达 7～8 min。因货物列车在该站停车避让旅客列车的机会较多，故常常对跟踪列车形成刚性波及，并经常产生连锁效应（多列遭到波及）；还有如界河站下行“一离去”长达 2 827 m，滕州站上行“一离去”3 018 m，其距离设定也与“短”离去信号机优化设置原则不一致。近年来济南铁路局已对这些设置位置不合理的信号机进行了优化设置施工，上述车站出站信号机至一离去通过信号机的距离已分别调整到：1 726 m、1 890 m、1 633 m（注：前几年京沪线四显示改造后上述信号机间距离又分别调整到：1 250 m、1 208 m、1 241 m）。这些措施，极大优化了局部运行秩序，有效减少了列车，尤其是货物列车的不必要制动损失。

六、典型下坡道地段列车限速提高的优化问题

正如本章第一节中提到的列车靠牵引提速会造成列车耗能等大幅增加的负效应。

如果对部分包含有持续较长大下坡道典型地段的货物列车或线路限速适当提高，将会拓宽货物列车有用速度（动能）范围，货物列车将能更充分利用下坡道重力势能转化的巨大列车动能。

这种依靠典型下坡道地段列车限速提高的提速措施将会节省大量列车耗能，是一种低碳的、低投入高产出的战略举措，值得研究关注。

典型下坡道地段是指重货列车利用重力势能转化的运行速度超过目前车辆或线路限速等，并且列车前方运行仍然需要较高速度（动能）的地段。

例如，京沪线下行泰山站区域、北集坡—大汶口间、胶济线下行王村—周村—马尚间，上行王村—章丘—平陵城间，这四个地段就为典型下坡道地段。因为重货列车在以上地段利用重力势能转化的运行速度均超过目前车辆限速 80 km/h，能达到约 100 km/h 的运行速度，该速度（动能）对于货物列车前方运行过程仍然是必须的。

而京沪线上行炒米店—党家庄—水屯地段则为非典型下坡道地段，虽然该地段为持续较长大下坡道，重货列车利用重力势能转化的运行速度超过目前车辆限速 80 km/h，但水屯前方为枢纽编组站济西站，水屯—济西距离短且仍然为下坡道，也就是说该地段列车前方运行并不需要太高速度（动能）。另外京沪线上行南驿二接近—磁窑—大汶口间为持续较小下坡道地段，重货列车利用重力势能转化的运行速度低于目前车辆限速 80 km/h，根据典型下坡道地段的定义可知，该地段也为非典型下坡道地段，对该地段也没有必要提高货物列车限速。

在上述四个典型下坡道地段，如果能将货物列车限速由 80 km/h 提至 100 km/h，则颇具现实经济意义。若平均牵引质量按 5 000 t 计，当使用 DF_{8B} 型内燃机车在这四个典型下坡道地段及其运行前方均为通过时，每列将节约燃油约 55 kg，平均每处每天按 50 列计算时，这四处地段每天将节省燃油约 11 000 kg（4×50×55）。当使用 SS_4 型电力机车牵引均为通过时，每列将节约电能约 250 kW·h，平均每处每天按 50 列计算时，这四处地段每天将节省电能约 50 000 kW·h（4×50×250）。

不仅如此，典型地段的列车限速适当提高还能有效提高这些地段的通过能力，有效缩短运行时间。

第四节　行车组织指挥及政策、考核、评价等优化重点及建议

一、整体调度与局部调度优化重点

列车司机操纵技术水平高低只对一列产生影响，而车站值班员会对局部列车运行产生影响，列车调度员会对整体列车运行优化与否产生重要影响。

1. 列车调度员整体调度优化重点

列车调度员应对所调度区段的线路纵断面、机车操纵方式、列车速度特性、动能有用程度等有一个感性的了解和宏观的把握，应熟记车站的经济类型；对整体优化调度方法能熟练运用。具体优化重点如下。

①安排重货列车停车，应尽量避开不经济型中间站，其次是较不经济型中间站。

②利用调度指挥手段消除现实中巨大有用动能倾注热点现象的发生。

例如，下行货物列车经常在界首站让行泰山站停车的旅客列车，旅客列车一通过界首站，货物列车随即便跟着黄灯走，其结果是货物列车100%要在泰山机外或站内大幅度减速，甚至停车。不久，信号便显示绿灯，货车重新加速。由于速度低，往往导致跟踪列车也接连制动，造成大的制动损失，也使局部运行秩序恶化。

解决的方式，一是界首站适当拖开几分钟；二是从属站大河预报列车司机泰山站进出站信号多少分钟后可以开放；三是列车司机采用适度的牵引和制动保守式操纵，在通过大河前拖延大部分必要时间，为列车通过泰山站时利用下坡道重力势能转化的巨大动能接近开放式速度水平奠定基础。

③认真听取各车站有关优化列车运行的建议。尤其是不经济或较不经济型车站接发列车、调车作业时要选择合适的列车间隙，尽量减少对通过重货列车的影响。

④通过车站值班员利用好无线调度通信设备向司机及时下达阶段优化运行调整信息，优化列车运行秩序。

⑤尽量减少列车不必要的站停次数和站停时间。两者应以减少站停次数为主，减少站停时间为辅。

⑥重货列车与空货列车相比要重点掌握、重点考虑。

因为空货列车速度容易控制，制动损失一般要比重货列车小得多。所以，对重货列车应重点掌握。比如，当编组站不接车造成等线时，把空货列车安排在不经济型中间站，以把经济或较经济中间站让给重货列车。

2. 车站值班员局部调度优化重点

①车站值班员一项特别重要的工作就是应全力搞好车机联控工作，以尽量避免或减少列车有用动能损失和优化列车运行秩序为己任，其工作是连接调度员和机车乘务员的纽带，具有承上启下的特殊作用。

②查定并熟练掌握车站接发列车、调车作业等影响车站进、出站信号开放的时间值(分钟)，依此制定有关及时发送信息的作业标准。

③车站值班员应对各种列车接近车站的操纵方式和列车具有动能的有用程度有一个感性、宏观的把握。当对开来列车，尤其是通过列车将产生波及时，应及时发出准确、完整的运行信息；按照调度指示，准确及时地向司机发出加、减速，何时到达何站的阶段优化运行调整信息。

④以列车安全、经济、高效运行为目的，认真制定各种情况下的局部优化调度方案。

⑤准确及时地向列车调度员反馈有关情况，提出优化列车运行的有关建议，以利于列车调度员整体调度优化。

⑥接发列车、调车作业影响正线，要精心组织，提前准备，选择好合适的列车间隙，把对通过列车产生的波及强度降到最低。

⑦客车、重货列车与空车相比要重点掌握、重点考虑。

二、货物列车运行图优化及建议

1. 应建立起弹性计划

建立起弹性计划，重点强调始发的正点性、均衡性、图定会让地点只是指导性计划，到达点则可完全不受拘泥，应敞开接车，尽量避免列车等线现象。

2. 图定会让地点尽可能避开不经济中间站

处于下坡道尾部的中间站一般均为不经济中间站，若安排列车尤其是重货列车在这样的车站停车，制动损失是很大的。为便于调度员准确掌握，重货、空货列车的车次应便于区分。

3. 对货物列车运行图及行车组织的评价应重在实际效果

①畅通系数

实际畅通系数应是评价货物列车运行图实施效果的一种重要客观标尺。

畅通系数分运行图畅通系数和实际畅通系数。

图定畅通系数是指列车在区段内(不包括中间站停站时间及加减速附加时间)的图定运行时间与图定旅行时间的比值。

实际畅通系数是指列车在区段内(不包括中间站停站时间及加减速附加时间)的图定运行时间与实际旅行时间的比值。

②对货物列车运行图的评价要看实际效果

仅从图定畅通系数还无法确定运行图的实际效果，只能作为一种参考。只有实际畅通系数才是评价货物列车运行图实施效果的一种重要客观标尺。

对实际畅通系数既要做横向比较，看看是否还有潜力可挖；又要做纵向比较，看看是否比以前提高，并分析提高或降低的原因是什么。

实际畅通系数是某区段行车组织水平和该区段所属编组站能力等的综合反映，它的大小也是该区段运输效率高低的一个重要标志。

实际畅通系数高或低，就意味着实际旅行速度的高或低。因此，实际旅行速度也是评价货物列车运行图实施效果的一种重要指标。

三、规章、制度、政策、考核、评价优化重点

1. 规章、制度、政策优化重点

应理顺安全与效益、效率的关系问题。既要反对不顾安全，片面追求效益、效率的做法；也要反对片面强调安全，造成效益、效率无谓地牺牲。因此，规章、制度、政策、标准等应为共同目标“列车优化运行服务”，把安全、效益、效率统一起来。

2. 考核、评价优化重点

在确保安全的前提下，对运输组织的各部门、各职能人员的考核应紧紧围绕为优化列车运行服务，为最终经济效益服务。因此，制定考核指标应有效、具体、可操作，还应健全监督机制，

抓住日常典型事例进行宣传、教育、考核。

①车机联控制度是减少列车不必要制动损失最有效、最重要的制度，应对这项制度优化，加强这方面的组织领导和考核力度。

②减少中间站停留时间是提高货物列车旅速，降低机车空转耗能的重要措施。因此，应对中间站停车时间、原因进行分类统计，依据一定标准制定考核指标，按原因分类对调度、车务、工务、机务、电务等部门进行考核。

③依据操纵环境条件的变化，制定动态科学的万吨公里耗能指标进行考核，以促进列车司机提高其节能操纵技术水平。对责任运缓严格进行考核，强化正点观念。

④制定科学的本段、站及外段、站停留时间指标，与相关车站进行连挂，以促使其不断改进工作。

⑤无作业的重货列车安排在不经济型中间站停车，应对调度员做出考核。

⑥抓住日常典型事例进行考核。例如，职能人员在不经济或较不经济型车站检查工作时，若发现重货列车低速通过或停车，应查明原因，以便改进行车组织有关措施标准。

对列车运行图实际效果的评价，可通过实际畅通系数和万吨公里耗能指标的变化体现出来。进一步讲，在一定条件下这两个指标也是评价货物列车运行图在某区段实施效果的客观标尺。

对货物列车尤其是直货列车来讲，实际畅通系数越接近1，表明中间站停留时间越短，该区段行车组织水平越高，越畅通。

因此，实际畅通系数或实际旅行速度指标是重要的，具有重要评价意义。技术速度指标不能直接用于考核，可通过对列车司机干扰运输时的责任晚点来间接进行考核，因而技速仅具参考意义。现实表明，在不同时期技速相近时，旅速却有大的差别。如施工封锁期间和未施工时相比，这主要是因技术速度不包括中间站停站时间；再如，某中间站因发出列车而对跟踪列车形成刚性波及，若司机一味采用开放式操纵，不可避免要在车站造成制动停车；反之，若司机能及时采用适度保守式操纵就会避免不必要制动。这两种操纵方式用技速指标来衡量，前者要高于后者；但用经济效益、效率指标来衡量，前者在区段内的旅速反而比后者低，并且造成了不必要制动损失，由于停车极易对其他跟踪列车也形成刚性波及，扰乱列车运行秩序，因而形成一种技速可能较高，但旅速低的不经济低效局面；而后者不但避免了本列制动损失，更重要的是使运行秩序得到优化，因而形成一种技速可能较低，但旅速较高的经济高效局面。因此，对象技速这样的指标应辩证地去看，不能片面追求高指标，否则会使运输效率，经济效益指标遭到严重损害。

四、机车节能管理优化重点及建议

要提高列车司机节能操纵责任心和操纵技术水平，离不开对机车节能奖的科学合理考核，为此需要重点做以下工作。

(1)根据不同编组、不同区段制定科学合理的油标、电标。

(2)对耗油、耗电的计量尽量准确。

(3)采取管理或技术手段记录列车司机的趟车的实际或换算耗能量。

(4)需要时进行实际耗能量的分劈计算。

(5)通过油标、电标和实际耗能量计算趟车省费情况。

要做好这些工作，需要强有力的组织领导和大量的科研攻关，通过改进管理并借助必要的软件、硬件支持并不断改进。只有通过把节能奖的合理分配,才能促进列车司机学习节能操纵技术的积极性,才能使这项工作步入良性发展的轨道。

通过必要的软件,既可以得到每名司机的省、费情况,也可对机车热力状态进行评价,以便及时发现异常情况。

通过科学评价、统计分析,为改进运输组织指挥和改进运输设施提出措施建议。

第五节　防止运缓坡停的优化重点及措施建议

通过第二章第五款的分析对 HXD_3 等机车的黏着性能有了较全面的认识,通常明显受黏着牵引力不足发生的运缓、坡停,均为上坡道、重车,并且大多伴随雨雪霜露天气、钢轨油污等情况。杜绝或大幅减少运缓、坡停是一项系统工程,必须综合治理。

1. 制定货物列车牵引定数时,在有较大上坡道的区段应首先考虑黏着牵引力大小,尤其是天气不良时,不应只考虑机车功率。对于非正常情况列车减吨,虽然《技规》、《行车组织规则》都有要求,但由于运输压力,路局调度一般都不予执行。对于途中下雨或其他特殊情况应减吨而没有减吨的重货列车,建议路局调度应重点掌握,尽量组织上述列车在关键站高速通过或采取相应措施。因为在关键站低速通过和站内开车差别不大,建议铁道部、铁路局能够从调度指挥上完善这方面的规定。

2. 现行列车运行图技术资料中限制停车站和禁止机外停车站制定的停车时的最大牵引吨数,只考虑天气良好时,并未结合雨雪天气等非正常情况制定。由于天气不良时对重货列车停车等不合理安排,易造成不必要运缓坡停的发生。结合不良天气机车黏着牵引力大幅下降实际,建议重新确定限制停车站和禁止机外停车站,并分天气良好和雨雪天气两种情况分别制定停车时的最大牵引吨数,并严格执行。

3. 由于工务施工和曲线涂覆装置造成钢轨油污后在上坡道地段易引起重货列车运缓、坡停,建议从路局层面采取措施,大力减少由于工务施工和曲线涂覆装置造成钢轨油污而发生的坡停。

工务部门要加强施工对钢轨油污的治理,若造成污染应及时清理,尤其是在上坡道上施工时。

合理调整安装曲线涂覆装置的客车车次,以便使其他客车或轻载货车跟踪运行,以减轻由于钢轨油污对重货列车的操纵影响。

为减少施工油污和限速低可能造成的坡停,困难区间首列开行应尽量安排轻载货车。

如确有困难,应保证重货列车在坡底站高速通过或采取其他相应措施。

4. 对于机外为下坡且出站为上坡的关键站,需安排重货列车短时间停车时,建议安排机外停车,再开车时就能消灭坡停,上级需要制定这方面的规定,并改进机外停车的简单统计和对调度的不合理分析考核。如京沪 5 线崮山站。

5. 某些情况下电力机车在困难分相前停车时,需停于分相区前足够的距离,再开车时才能顺利越过分相区。这样列车在区间停车需要占用 2 个闭塞分区。在内燃牵引下,通常这是不允许的;在电力牵引条件下,建议规章制度应增加此方面内容。

6. 困难区间等信号容易产生坡停,并且停车后起动困难,尤其是天气不良时。因此从调度指挥上对困难区间重货列车跟踪间隔应作出规定并加强车机联控,及时告之列车司机有关波及信息非常重要。因为,列车司机根据信号行车不能十分清楚前方列车运行趋势和调度意图，司机跟踪运行时因担心运缓被追究往往只能紧紧跟随，其结果易造成坡停。如京沪线张夏—炒米店间重货列车跟踪运行时就因等信号而多次发生坡停并请求救援的问题。

7. 优化设施、设备等有关建议

①建议京沪五线由崮山延长至张夏，取消崮山站。

②有条件时对部分车站的侧向道岔进行改造，适当提高其限速。如京沪线上行泰山站，25 km/h的限速，天气不良时给重货列车操纵带来极大困难，建议进行关键道岔优化施工，适当提高其限速。

③有条件时对部分分相区设置不合理的地点适当进行更改施工，如进站前有分相区时，距进站信号机的距离应大于 400 m，以便于机外停车越过分相区停车。

④出站后有分相区时，应留出站内开车足够的加速距离。

8. 从电力机车的牵引特性看，安排机车运用，也应扬长避短。

SS_4 机车的黏着牵引力大，应尽量安排在困难区段使用，能发挥它黏着牵引力大的优势；HXD_3 型机车电动机功率限制牵引力大，适合在较为平坦的区段运用，能充分发挥它功率强大的长处。建议上级在配属机车时应考虑这些因素。

9. 天气不良时黏着系数主要依靠撒砂来改善，HXD_3 型机车的撒砂系统存在较多问题，如下砂少、易堵塞。无论是 HXD_3 还是 SS_4 型机车先导轴的撒砂最为关键，无论是设计、制造还是运用，应特别重视先导轴的撒砂情况。对于 HXD_3 型机车撒砂不畅的问题，建议组织攻关并进行必要的技术改造。

10. 现在国内尚缺乏交流传动机车的黏着系数公式，HXD_3 型机车也没有黏着系数参数资料，给有关分析计算带来不便，建议上级有关部门或生产厂家解决。另外，引进或设计新型货运机车，机车功率不能盲目求大，否则会使机车黏着能力严重不足。单轴功率过大的机车适合在平坦线路上运用或者适合牵引定数较小、速度较高的货运列车。

天气不良黏着系数将大幅下降，现场缺乏这方面的理论指导，济南铁路局 2011 年 1 月 7 日组织的 HXD_3 型机车模拟淋雨条件下的黏着性能试验，得到大量数据，对于制定防止运缓、坡停措施具有重要指导意义，对于其他机型的黏着性能研究也是一个很好的借鉴。建议有关部门应深入进行这方面研究，以便制定合理的技术政策，不应当只进行正常天气下的黏着性能试验。

第七章　列车微观优化操纵方法

第一节　列车宏观与微观优化操纵方法的关系

一、列车宏观优化操纵方法

列车宏观优化操纵方法是指列车运行在理想或非理想条件下，列车司机为实现整体优化目标而采取的措施、手段，其方式、方法呈现出一种整体态势。

已知列车运行限制条件可分为两类，即理想条件和非理想条件。无论列车运行面临实际限制条件如何复杂，总能将其列为上述两类中的一类。对应理想条件下的列车宏观优化操纵方法被称为开放式操纵；而对应非理想条件下的列车宏观优化操纵方法则被称为保守式操纵。开放式与保守式操纵方法的外延之和与列车宏观优化操纵方法的外延相等。因此，按照上述划分标准列车宏观优化操纵方法就只有两种，即开放式和保守式操纵。

二、列车微观优化操纵方法

列车微观优化操纵方法是指列车运行在理想或非理想条件下，列车司机为实现整体优化目标下的阶段优化目标而采取的措施、手段，其方式、方法呈现出一种局部态势。

宏观优化操纵方法仅有两种，但微观优化操纵方法却有很多种。有的侧重安全，有的侧重节能，有的侧重运行秩序，有的侧重效率，或兼而有之。

三、列车宏观和微观优化操纵方法的关系

宏观方法是骨架、是灵魂，它是从战略高度统揽，决定着微观方法的组合、取向。不懂得宏观优化操纵方法，对微观方法的运用就会迷失方向、漫无目的。因此，作为列车司机首要的任务就是要学会并熟练运用列车两种宏观优化操纵方法，在此基础上努力学习掌握微观优化操纵方法，尤其是重要的微观优化操纵方法。

微观方法是宏观方法的细化、延伸，它是从战术角度着眼的。只懂得宏观方法而微观方法掌握很少，宏观方法就无从下手，优化操纵仍停留在低水平上。因此，要使宏观方法臻于完美，还必须熟练掌握多种微观优化操纵方法。

微观方法的阶段目标是为宏观方法整体目标服务的。如果整体优化目标不清，阶段优化目标也就无从谈起；阶段优化目标未实现，也谈不上实现整体优化目标，两者相辅相成。

无论是整体优化目标，还是阶段优化目标，主要是指列车以对应运行工况至各参照点，尤其是重要经济控制点的运行速度值。

第二节　数种列车微观优化操纵方法简介

一、列车动能大小和货物列车高、中、低速划分

1. 列车动能大小与改变错误操纵习惯

列车具有动能的大小可用$E_k=\frac{mv^2}{2}$这样一个数学式表示。m为列车质量，它等于机车质量加牵引质量；v为运行速度，即列车动能与列车质量成正比，与速度的平方成正比。

对同一列车来讲，当运行速度分别在10 km/h、20 km/h、30 km/h、40 km/h、50 km/h、60 km/h、70 km/h、80 km/h时，列车具有的动能比为1∶4∶9∶16∶25∶36∶49∶64。由此可以看出，80 km/h时的动能是10 km/h时动能的64倍，是40 km/h时动能的4倍。避免80 km/h的不必要制动，与避免40 km/h不必要制动相比，等于节约了3倍的能耗。因此，作为一名列车司机如能对列车动能有这种数量上的感性认识，将会改变其错误操纵习惯。在操纵上重视高速，注意保持好合适的列车间隔，尽量使高速，尤其是使高速运行的重货列车不产生不必要制动。而列车低速运行时，动能较小，施行制动，能量损失小。因此，当进站停车前调速过低时，应提手柄牵引进站，不要在低速时斤斤计较，其实耗能很少，但这对防止顶车和优化局部列车运行秩序来讲却是很重要的。

2. 列车高、中、低速及相互波及规律

对货物列车高、中、低速段可参照以下标准划分，40 km/h以下为低速段，40～60 km/h为中速段，60 km/h以上为高速段。

列车在低速段运行易对跟踪列车形成刚性波及；列车在中速段运行所形成的波及一般多为柔性波及，既可能使本列车受到柔性波及也可能对跟踪列车形成柔性波及；列车在高速段运行时本列车易受到波及。

二、几种牵引微观优化操纵方法

牵引微观优化操纵方法应根据阶段目标、运行时限、线路纵断面、限速和列车编组等情况，通过适时地调节主手柄位置，使列车沿优化的速度线运行。

1. 快起车、快加速操纵法

主要目的是为减弱对跟踪列车的波及强度，优化局部列车运行秩序；次要目的是提高技术速度，提高通过能力。

该方法应以平稳和不发生空转为前提，适时提高手柄位置，使列车在较短时间内达到较高运行速度。以ND_5型机车为例，快速起车时，重货列车前三位不受3 s限制。在以后每位间应停留不少于3 s，并且在不发生空转的情况下，适时提高手柄位置。重货列车对应速度进位指导如下，10 km/h时进4位、15 km/h进5位、20 km/h进6位、25 km/h进7位、28 km/h进8位。HXD_3型、SS_4改型电力机车的手柄进位参见本章第七节。

适用范围为理想条件下正线开车、侧向限速高的车站侧线开车、平道或上坡道车站开车、有用动能倾注热点车站开车、跟踪旅客快车开车、慢行地点通过后或波及解除后适宜快加速。

2. 二阶段快加速操纵法

为提高通过能力或为减少对跟踪列车的波及强度，充分发挥机车牵引力，在侧向道岔限速较低的车站开车时通常应采用二阶段快加速操纵方法，如图7-1所示。

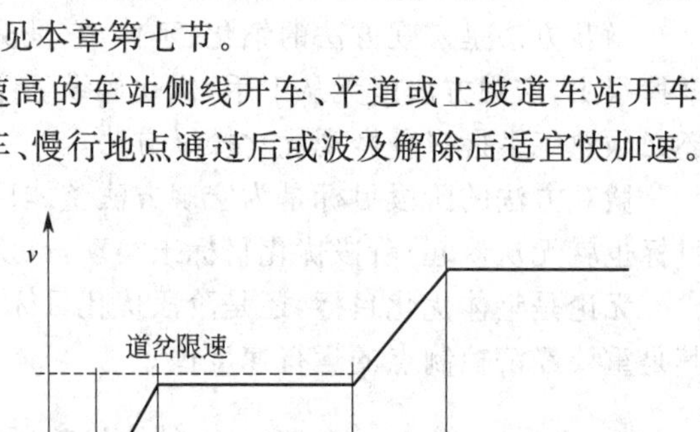

图7-1　二阶段快加速操纵法示意图

第一阶段，以较高手柄位使列车在较短距离内达到接近道岔限速的某一理想速度，然后适当回手柄，保持这一理想速度使列车全部越出道岔。

第二阶段，列车越出道岔后，将手柄置以较高位置，使列车在短距离内加速至另一理想速度。

3. 牵引微调操纵法

该方法是指牵引运行时，若司机发觉时间或距离间隔不足，就应提前适当减少牵引功率，力求在一段较长距离内把间隔拉大；反之，则应适当增加牵引功率。

4. 牵引手柄挡位相对稳定操纵法

当列车运行在理想条件下或跟踪运行时，司机为保持合适的列车间隔，采用微调技巧，避免频繁移动手柄挡位而使牵引功率在短时间内出现无目的性的大起大落，以利于机车操纵保养。

5. 开放式提手柄法

该方法包括起车阶段提手柄法和运行途中提手柄法。起车阶段提手柄法以平稳和不发生空转为前提，并适时提高手柄位置，其进位时间间隔也要符合保养要求。以 ND_5 型机车为例，每位停留应不少于 3 s，并应尽量紧凑。

运行途中提手柄法包括由零位进某位或由某一较低位进某一较高位。前者应在最低功率的手柄位停留时间稍长，以利于平稳，此后每位停留时间不少于最低时间标准，并尽量紧凑，逐位移至所需位置；后者每位停留时间不少于最低时间标准即可，并尽量紧凑。

这种较为紧凑连续的提手柄方法称为开放式提手柄法。

优化操纵示意图中开放式速度线上所对应的手柄进位环节均采用开放式提手柄法。

6. 开放式回手柄法

优化操纵示意图中开放式速度线上所有回手柄环节均采用开放式回手柄法。该方法为逐位回手柄，每位间隔不少于最低时间标准，2 位回 1 位，尤其是 1 位回 0 位，应在 1 位放置时间稍长，以利于平稳和机车保养。这种紧凑连续的回手柄方法称为开放式回手柄法。

此种回手柄方法还适用于平坦线路施工慢行前牵引转惰行。它与过早地采用低位牵着走的操纵方法相比能明显缩短运行时间。

HXD_3 型、SS_4 改型恒力、准恒速机车的开放式提回手柄方法参见本章第七节。

三、惰行微观优化操纵方法

惰行微观优化操纵二要素，一是开始参照点，二是对应该参照点的列车运行速度。把握住这二要素是准确“遥控”另一参照点列车运行速度，是实现阶段优化目标的关键。因为只有，也只有惰行才会使列车动能得到充分利用。所以惰行是机车优化操纵的关键环节，尤其是重货列车。除线路纵断面外，是列车单位运行基本阻力特性决定着列车惰行速度特性。

图 7-2 为列车司机欲使三种不同编组的列车由参照点 S_1 惰行至 S_2 达到同一速度的操纵方法示意图。这三种不同编组的列车分别是空货车、空重混编列车、重货车。显然，在同一运行速度下(无论速度值是多少)，这三种不同编组列车的惰行单位基本阻力存在着下列关系。

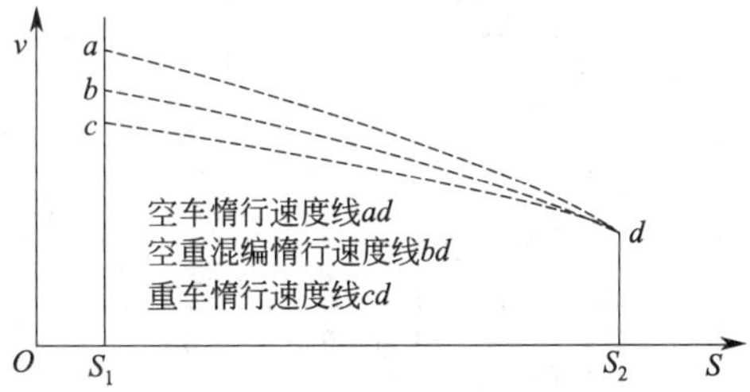

图 7-2　平道上三种编组货物列车由参照点 S_1 惰行至 S_2 达到同一速度操纵方法示意图

$$w_{od空} > w_{od混} > w_{od重}$$

式中　$w_{od空}$——空货列车惰行单位基本阻力，

N/kN；

$w_{od混}$——空重混编列车惰行单位基本阻力，N/kN；

$w_{od重}$——重货列车惰行单位基本阻力，N/kN。

因此，为实现惰行微观优化操纵阶段目标 v_d，三种编组列车在参照点 S_1 处的运行速度关系为：

$$v_a > v_b > v_c$$

式中 v_a——空货列车在 S_1 处的运行速度，km/h；

v_b——空重混编列车在 S_1 处的运行速度，km/h；

v_c——重货列车在 S_1 处的运行速度，km/h。

只要列车司机能熟练掌握惰行微观优化操纵方法，熟知几种典型编组列车的惰行速度特性，尤其是重货列车的惰行速度特性。为使列车在参照点 S_2 处达到某一理想速度，便采取在牵引阶段适当调整牵引手柄挡位或在制动调速阶段适当掌握好缓解时机，来调节列车在参照点 S_1 处的速度高低达到上述目的。在实际操纵中，司机要注意形成固定的操纵模式，这样做能熟知其速度特性，也能从中发现某些规律性的东西。当然，对于固定模式并不是绝对的，而是有条件的。但在司机心中不能没有一种参照标准。

微观优化操纵的阶段优化目标，其构成有三个要素。用图 7-2 中 $S_1 \sim S_2$ 来表述就是列车至 S_2 时的速度值，运行工况，运行时间。

表 7-1、表 7-2 分别列出了 HXD_3 型机车，在平道、3‰及 5‰上坡道分别牵引整列重货、空货列车在各速度间隔内惰行时的惰行距离及惰行时间参考值。表中所列数据是利用铁道科学研究院开发的牵引电算软件(《牵引电算》V2.5 版)模拟的。它对于帮助列车司机提高惰行优化操纵技术水平具有重要指导意义。

表 7-1　HXD_3 型机车牵引 5 500 t 重货列车惰行距离及时间参考表

坡度(‰)	速度间隔	80～0	80～70	70～60	60～50	50～40	40～30	30～20	20～10	10～0
0	惰行距离(m)	16 560	2 914	2 849	2 761	2 442	2 191	1 759	1 145	399
3		5 706	1 206	1 100	992	835	669	493	309	102
5		3 976	875	795	686	552	466	327	205	70
0	惰行时间(min)	28.70	2.35	2.63	3.02	3.40	3.77	4.23	4.60	4.70
3		8.95	0.98	1.02	1.08	1.12	1.15	1.18	1.23	1.20
5		6.18	0.70	0.73	0.75	0.77	0.80	0.80	0.82	0.82

表 7-2　HXD_3 型机车牵引 1 409 t 全列空货车惰行距离及时间参考表

坡度(‰)	速度间隔	80～0	80～70	70～60	60～50	50～40	40～30	30～20	20～10	10～0
0	惰行距离(m)	6 244	974	979	994	987	892	742	498	178
3		3 571	647	650	596	549	466	354	230	79
5		2 740	562	505	458	413	333	253	159	57
0	惰行时间(min)	11.55	0.80	0.92	1.10	1.32	1.53	1.80	2.00	2.08
3		6.02	0.53	0.60	0.67	0.73	0.80	0.85	0.92	0.92
5		4.60	0.45	0.48	0.52	0.57	0.60	0.65	0.67	0.67

四、制动微观优化操纵综合方法

虽然制动阶段在整个列车运行过程中占较小比例，但它对于列车优化运行却能产生重要影响。因此，要做到合理减速，实现制动微观操纵的阶段优化目标，列车司机就必须熟知列车获得动能的有用程度。在理想条件下，尽量缩短运行时间；在非理想条件下，多削减、提前削减无用动能，以拖延必要时间，使有用动能得到充分利用或避免重货列车坡停。

制动微观操纵方法二要素，一是制动时机，二是缓解时机。

制动时机有三个要点，一是制动开始参照点，二是空气制动减压量或动力制动手柄位，三是对应速度。缓解时机有两个要点，一是缓解参照点，二是对应速度（这是准确“遥控”另一参照点运行速度，实现惰行阶段优化目标的关键）。

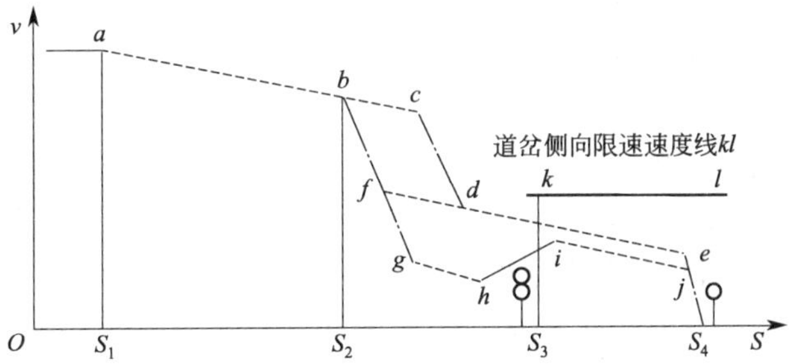

图 7-3　平坦线路车站停车不同制动方法对运行时间和耗能影响示意图

图 7-3 中，abc、fde、gh、ij 为惰行速度线；cd、bfg 为站外制动调速速度线；hi 为进站二次牵引加速速度线；ejS_4为站内制动停车速度线。S_3为车站侧向道岔坐标。kl 为车站道岔侧向限速速度线。下面以图 7-3 为例对理想条件下车站侧线停车过程中三种不同站外调速制动方法对运行时间和耗能量所产生的不同结果进行说明。

表 7-3　S_2～S_4 间三种操纵方法运行时间及耗能参变量表

操纵方法	速度线	运行时间	耗能量
1	$bcdeS_4$	t_1	E_1
2	$bfde\ S_4$	t_2	E_2
3	$bfghijS_4$	t_3	E_3

表 7-3 中不同制动调速方法下运行时间及耗能参变量结合图 7-3 进行比较，显然存在以下关系：

$$t_1 < t_2 < t_3$$

$$E_1 < E_2 < E_3$$

E_2比 E_1稍多，差别约为对应于$(t_2 - t_1)$时间的机车空载耗能量。

第一种站外调速制动方法其制动时机、缓解时机掌握得当，正点到达前方站停车。

第二种站外调速制动方法其制动时机过早，缓解时机得当，造成稍晚点到达。

第三种站外调速方法制动时机过早，缓解时机过晚，不但造成晚点较多，而且因缓解时机过晚造成进站二次牵引加速，使耗能量明显增加。

也就是说，在理想条件下进站停车，既使列车在 S_2 处获得相同速度（v_b），制动微观优化操纵技术水平高（制动时机、缓解时机把握的恰到好处）的司机，能使列车尽快停于前方站；操纵技术水平低的司机则往往延迟到达，当缓解时机过晚，还易造成进站二次牵引加速，不仅使运行时间延长，而且也使能耗增加。

1. 一段制动法和二段制动法

施行制动后不再进行缓解，根据列车减速情况适当进行追加减压，使列车停于预定地点的制动微观方法就叫做一段制动法。

进站前施行制动，待列车速度降至所需速度时进行缓解，充满风后再次施行制动，使列车停于预定地点，这种制动微观方法就叫做二段制动法。图 7-3 为三种优化程度不同的二段制动法。

2. 长波浪式制动法和短波浪式制动法

减压量小、降速慢、制动距离长，这种制动微观方法叫长波浪式制动法；减压量大、降速快、制动距离短，这种制动微观操纵方法叫短波浪式制动法。

因长波浪式制动法降速慢，当慢行处所为下坡道时，没有动力制动的机车，适宜采用此法。又因此法列车冲动小，故站内停车也适宜采用此法。应当注意采用此法制动距离不宜过长，以免闸瓦过热制动失效，或因机车轮箍过热而弛缓。

因采用短波浪式制动法列车降速快，当重货列车在长大下坡道运行，若采用一次长波浪式制动调速距离太长时，可考虑采用二次短波浪式制动调速；当前方运行限制信息传递不及时时（太晚），重货列车又处于长大下坡道运行，可立即采用短波浪制动，尽快削减无用动能以拖延必要时间。短波浪式的缺点是制动频繁，冲动大，因此使用时要调整好机车制动力，防止断钩。尤其要掌握好缓解时机，此时，既要适当增大机车制动力防止冲动，又要防止充风不足，错过下次制动时机。

3. 停车平稳准确的制动方法

站内停车平稳准确的制动方法应遵循以下二条原则，一是初减压宜小不宜大（主要是为平稳，因为越接近停车，摩擦系数越大，制动力随之加强）；二是根据停车标位置，应留有一定的追加减压余地，即初减压为对停车位置的粗调，追加减压为精调。掌握追加减压不应超过初减压量的 1/2。

五、列车微观优化操纵综合方法

1. 中速段运行双优化操纵法

当某列车在低速段运行时，列车司机得知前行列车或前方站对本列形成波及强度较弱的信息，但本列对跟踪列车波及强度却很强时，该列车司机就应采用“中速段运行双优化操纵法”，即应适当提高手柄挡位，尽快接近中速水平，让出一、二个分区后，根据前行列车或前方站的波及情况决定回手柄的位置，这样可取得列车运行双优化的效果，如图 7-4 所示。一是保持了非理想条件下与前行列车的合适间隔，提高了效率，并且使本列在这种运行条件下，速度波动程度变小，根据牵引运行优化操纵第二论断，还使机车牵引力克服运行基本阻力功变小，取得节能效果；二是有效降低对跟踪列车的波及强度，使局部运行秩序得到进一步优化，有效消除了“连锁效应”现象。

机车优化操纵，不仅是对本列的优化，在运输繁忙的自动闭塞区段，更重要的是对运行秩序的优化。理论应侧重这方面研究，实践应强化列车司机这方面的意识。但现实情况往往是，

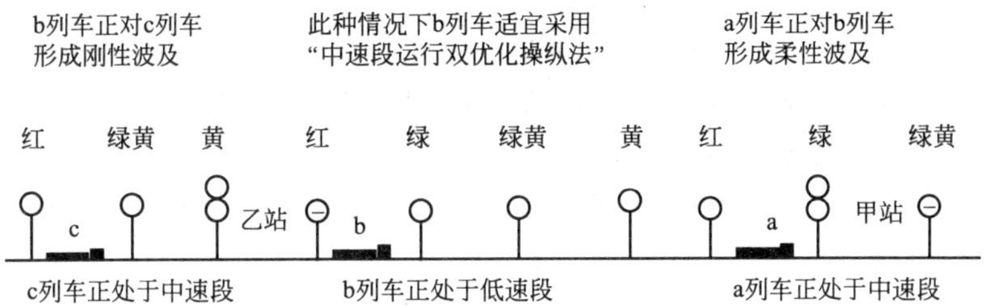

图 7-4　中速段运行双优化操纵法示意图

某列车在车站开车后，司机得知前行列车或前方站对本列形成一定波及，启车阶段慢慢腾腾，半天让不出一离去，导致跟踪列车停车，并产生"连锁效应"后，司机才提高手柄位置，列车在较短时间内达到高速水平。因此，中速段运行双优化操纵法具有重要现实意义。

2. 通过慢行(减速)地点的操纵方法

施工慢行地点是制约通过能力的一个很重要因素，如何合理地操纵列车就显得尤为重要。以连续平道上施工限速为例，在接近慢行地点前的适当位置列车由牵引开放式速度转为惰行，还应有一段制动调速，通过慢行地点的速度不应低于限速 5 km/h，全列通过慢行地点后，采用快加速法尽快恢复至开放式速度水平，拉大与跟踪列车的距离间隔，降低波及强度，优化运行秩序，提高通过能力。

以重货列车通过处于连续平道上限速 45 km/h 的慢行地点为例，距慢行地点 5 500 m 应由牵引运行转为惰行，惰行指导速度间隔应控制在 80～65 km/h，制动调速应控制在 65～42 km/h为宜。在不等信号的情况下，连续平道上的慢行地点应杜绝没有制动调速过程的操纵。因为那样会使通过能力降低，扰乱运行秩序。

3. 增加或减少列车间隔(时间或距离间隔)的操纵方法

参见第五章第二节。

4. 平行操纵方法

平行操纵方法是指列车跟踪运行已稳定，跟踪列车司机在保持必要时间间隔的前提下，应尽可能采用与前行列车同一的操纵方式，也即沿尽可能一致的速度线运行，以维护列车间正常的时间和距离间隔。具体细节参见第五章第三节。

5. 平稳操纵方法

①冲动产生的原因及规律

列车冲动分为伸张冲动和压缩冲动，伸张冲动达到一定程度易发生断钩。一般非常制动时易达到断钩的程度；当列车存在较多间隙时，尤其是前部为空车或轻车而后部是重车的情况下，列车在行进中，进行快速而猛烈的单独制动，会造成强烈的压缩冲动或严重的列车拱起。

起车或惰行转牵引时提主手柄过快会出现伸张冲动，其原因是车钩之间存在间隙，在提主手柄前总有部分车钩呈现压缩状态；前重后空编组的列车制动时易出现较强的伸张冲动，其原因是空重车之间单位制动力差别很大，以及制动缓解时间不同步等；前空后重的列车由牵引转惰行时易出现压缩冲动，其原因是空重车之间惰行单位基本阻力存在较大差别。

一般而言，列车编组辆数越多，制动时冲动会随之增加；减压量越大，冲动随之加强；货物列车制动调速时，一般从自阀手把移缓解位后 3～10 s 内伸张冲动达到峰值，这是制动调速冲动发生的重要规律。列车司机要深刻认识这一规律，在冲动到来前适当增加机车制动力，以提前抵消冲击力的蓄积到来。

车辆动力学理论证明，空气制动时车辆之间的压缩反应力大致与列车编组辆数的平方成正比。在40 km/h紧急制动时，编组60辆、80辆最大车钩力分别是40辆的2倍、4倍，所以重载列车运行中的纵向力远远大于普通列车。

列车的剧烈纵向冲动发生在制动、缓解、起动工况，低速紧急制动及低速缓解时尤为严重。

②平稳操纵方法

减轻列车冲动的操纵原则一是尽量减少列车中各车辆间的纵向作用力差，二是注意减轻“车钩间隙效应”。

a. 列车司机要熟知产生冲动的原因及规律，操纵列车时使制动力、牵引力传递连续、均匀，避免突变。

b. 平坦线路货物列车起车前无需压缩车钩，起车时手柄进位不要过快(重货列车上坡道起车除外)，尤其是牵引旅客列车，要使用1位起车，全列起动后再加速，防止伸张冲动。

c. 当列车前部是空车或轻车而后部是重车的情况下，并且列车通过侧向道岔、小曲线半径或凸变坡点，单独使用动力制动控速时，动作不要太快，每位间停留应不少于3 s(恒牵引力准恒速电力机车缓缓移动手柄)，使列车有10～20 s的时间调整间隙，并且尽量避免施行最强的动力制动。尤其是双机重联的情况(接重联线时)下，更应小心从事，以避免造成列车内极大的压缩力，而出现的列车拱起或脱线事故。

d. 主手柄回0位前，在1位(或小牵引力、电流位置)放置时间稍长，抑制压缩冲动的形成(重车惰行时，车辆推机车前进)。

e. 适当少减压、早减压，尤其是前重后空的货物列车。

f. 货物列车制动调速(包括单独使用空气制动或动力制动与空气制动配合调速)，在自阀缓解前，机车制动缸压力或动力制动力可不必太强，但自阀缓解时应适当增加机车制动力。以牵引60辆货车为例，常用制动时，自阀移缓解位后约20 s，列车最后一辆才缓解。因此，从自阀手把移缓解位后10 s内机车应保持较强制动力，如果制动力不足应及时增强。单独使用空气制动调速时，从自阀手把移缓解位后10 s内机车制动缸压力应不低于200 kPa；动力制动与空气制动配合调速时10 s内机车动力制动力不低于100 kN)，10 s后可逐渐减弱，20 s后可完全解除。牵引后部是空车前部是重车的货物列车时，在调速过程中机车制动力应适当增加，以防止冲动和断钩。

g. 普通货物列车空气制动缓解速度不应低于15 km/h，重载列车(暂指牵引质量超过5 000 t的货物列车)缓解速度不能低于30 km/h。

h. 尽量避免使用非常制动。

注：恒牵引力、准恒速电力机车的主手柄、制动手柄提回方法及动力制动与空气制动配合使用方法参见本章第七节。

6. 减轻机车晃动操纵方法

由于线路和机车转向架的特点，在某些易引起机车较强晃动的不良路段，要予以重视。

对易引起机车晃动的地点，机车晃动轻重有下列规律，同一速度不同工况时，牵引或制动时晃动较轻(并且随牵引力或制动力增大而减轻)，惰行时严重，即当机车车钩与车辆车钩间伸张力越大，晃动越轻。因此，牵引旅客列车制动时应单缓机车制动力，增加伸张力；不同速度，同一工况，速度高比速度低时晃动严重。

因此，对线路不良的地点要熟记，在接近前早转入惰行或低手柄位运行，以抑制速度。接近时，提起手柄。旅客列车惰行晃动严重时，也可使用常用制动，并单缓机车制动。

7. 空转、滑行的危害及操纵应注意的问题

(1)空转

牵引运行时，牵引切线力超过黏着限制力，机车动轮就会发生空转。

①危害。起车阶段或低速时的严重空转会啃伤钢轨，也会造成机车动轮和牵引电动机一定程度的损伤；空转会造成 LKJ 数据出现超前误差；空转未得到抑制达到一定时间(济南铁路局将该 LKJ 参数设定为 30 s)时，就会造成速度突升，而引发自停。

②措施。无论是启车还是牵引运行中，手柄级位要适当，进级不能过快，尤其是天气不良时；发生空转要适当回手柄，并适当撒砂；要注意超前误差，及时进行车位调整。

③ SS_4 型电力机车的空转

SS_4 型电力机车的监控装置只显示和记录操纵节的空转。天气不良在困难地段运行时，为减少空转带来的机车功率下降以提高牵引力，有的机车乘务员将机车电子柜开关打到 B 组，这将更加剧了机车空转。经验表明，SS_4 型电力机车非操纵节比操纵节的空转要严重。

2011 年 4 月 30 日，SS_4 改—7209 电力机车，雨天在兖石线南陶洛—泗水间下行线救援坡停的 DH14517 次货物列车(牵引质量 5 496 t，列车处于 4‰上坡道)。救援司机在列车不能起动的情况下持续加载 1 min 31 s，由于非操纵节剧烈的空转，造成 K44＋500—K44＋600 处钢轨 8 处严重擦伤，轨枕粉碎性损坏 7 根，构成一般事故。

另外，济南西机务段曾发生几起因非操纵节空转造成的动轮弛缓情况。

因此，对 SS_4 型电力机车的空转要及时采取措施进行抑制，尤其是在天气不良列车气动、较高级位低速牵引运行、电子柜打 B 组或防空转系统故障时要引起高度重视。

(2)滑行

制动缸压力过大或动力制动电流太强，使制动切线力超过黏着限制力时就会发生滑行。

①危害。滑行易造成擦伤动轮和钢轨；滑行会造成 LKJ 数据出现滞后误差，给冒进红灯信号留下隐患。

②措施。无论是施行空气制动还是动力制动，制动力不宜过强，尤其是天气不良等情况黏着系数大幅下降时，应引起高度重视。

天气不良施行较强的制动后，要注意确认 LKJ 数据是否出现滞后误差，尤其是在红灯信号停车前，严防冒进信号。

在制动缸压力一定的情况下，速度越低制动力越强。因此，接近停车前机车制动缸压力一般不应超过 350 kPa，尤其是单机走行和调车作业应改变越接近停车越采用单阀全制位的错误习惯，接近停车应适当减少制动缸压力，机车停稳后，再将单阀移至全制位，以避免擦伤动轮。

第三节　站间大锯齿波微观优化操纵方法

一、锯齿波操纵法

列车在平坦线路上运行，用较高手柄位牵引一段距离或时间，再惰行或用较低手柄位牵引一段距离或时间。如此交替进行，其速度线形状如同锯齿波，此种操纵方法为锯齿波操纵。

二、站间大锯齿波操纵法

根据节能运行第二论断，同一列车当严格遵守同一限制时间时，锯齿波操纵不如维持恒速节能。因此，在理想条件下牵引运行时，应适时调整手柄挡位，维持较为恒定的速度运行。但

在运输繁忙的铁路干线，非理想条件也是经常存在的。由于列车司机往往不能够及时得到准确的列车运行限制信息，因而易造成不必要制动。在基本保证同一运行时间的前提下，如果列车司机根据情况采用站间大锯齿波操纵，就可使制动损失减少，运行秩序优化。

所谓站间大锯齿波操纵是指列车司机不清楚列车前方运行限制信息，但据经验前方站波及频率高，为减少可能造成的制动损失，又不致于造成晚点，而采用的前一运行过程手柄位比开放式高，后一过程比开放式手柄位低的一种微观操纵方法。

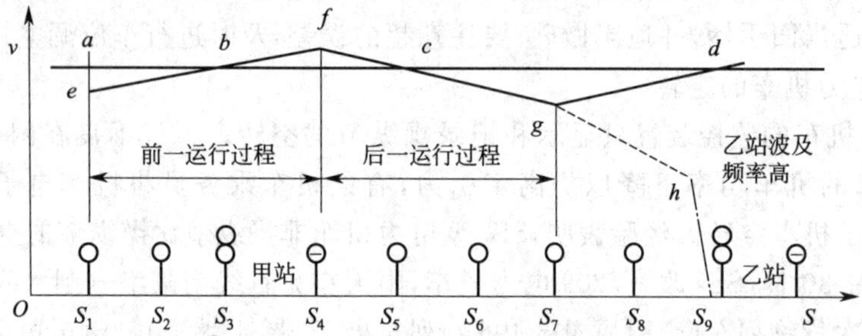

图 7-5　平坦线路站间大锯齿波微观优化操纵方法示意图

图 7-5 中，$abcd$ 为开放式速度线，$ebfcg$ 为站间大锯齿波操纵速度线，gh 为惰行速度线，hS_9 为制动停车速度线。根据经验司机得知前方乙站波及频率很高，但又无法提前得知准确信息，因而当列车轧上甲站一接近得知甲站通过的准确信息后便提高手柄挡位以便在这一运行过程适当早点，为下一运行过程低挡位观察运行奠定基础。由图 7-5 可知，平坦线路采用站间大锯齿波操纵，波形明显且与手柄位高低相对应。但在起伏线路上，这种波形规律就不那么明显。因此，不能以速度线波形来判断此种操纵是否为站间大锯齿波操纵，而应以手柄位高低来判断。即前一运行过程手柄位只要比开放式手柄位高，后一过程手柄位比开放式低，这种操纵方法就为站间锯齿波操纵。

不仅从甲站通过时对乙站可采用站间大锯齿波操纵，而且从甲站开车对乙站也可采用此种操纵方法。

三、站间锯齿波操纵与开放式、保守式操纵的异同

1. 与开放式操纵的异同

(1)不同之处

①开放式操纵是宏观方法，而它是微观方法。

②开放式操纵速度波动程度小，而它的波动程度大。

③开放式操纵一般是以尽量减少机车牵引力克服运行基本阻力做功为目的，而它是以尽量减少前方站可能造成的不必要制动为目的。

(2)相同之处

两者站间运行时间基本相同。

2. 与保守式操纵的异同

(1)不同之处

①保守式操纵是宏观方法，而它是微观方法。

②已得知前方站准确的波及信息是采用保守式操纵的前提条件，对前方站波及频率高的经验判断是采用站间锯齿波操纵的前提条件。

③保守式操纵站间运行时间长，而它的运行时间短。

(2)相同之处

两者在接近前方站时手柄挡位调控总趋势相似，即接近前方站前，手柄挡位有降低的趋势。

第四节　减少因黏着牵引力不足造成运缓、坡停的操纵方法

运缓、坡停，尤其是坡停与机车黏着牵引力不足密切相关。学习本节内容，应结合第二章中第一节、第四节进行学习。

一、从牵引重货列车角度对上坡道区间的分类

1. 缓和上坡道区间

最大坡度大部分在4‰以下且距离较长的为缓和上坡道，具有此类坡道的区间为缓和上坡道的区间。重货列车天气不良在这样的区间运行容易发生运缓，当等信号时就有可能坡停，如京沪线利国—柳泉、姚村—吴村—南驿。

2. 困难坡道区间

坡度大部分超过4‰且距离较长的为困难坡道，具有此类坡道的区间为困难坡道区间。重货列车天气不良时容易发生坡停，如京沪线崮山—张夏、青杨—界首、泰山—大河—界首，胶济线周村—王村、章丘—王村。

在困难坡道上有施工慢行时应减轴。上坡道距离较长的困难坡道区间，坡底站高速通过有利于初期坡道运行，初期运行为闯，后期为爬。

3. 动能坡道区间

短而陡的坡道，坡底若列车获得足够的动能就比较容易通过该坡道；坡底开车或低速通过极易坡停，如京沪线张夏—炒米店间就有一段动能坡道。注：与具他书中关于动能坡道的含义有区别。

二、防止运缓、坡停的措施和一般方法

1. 济南铁路局防止坡停安全措施

摘自《路局十六项机务行车安全措施》机安发〔2009〕90号)

①机务段要加强对机车乘务员防空转和在天气不良时列车动能闯坡及特殊情况过分相操纵技能的培训指导。

②机车出段前，必须达到运用状态，严禁带病上线；保证砂质良好、砂量充足、砂路畅通。

③运行中遇上坡道时，机车乘务员要充分预想，精心操纵，做好动能闯坡。

④遇天气不良、施工慢行、列车限速、双线反方向行车等特殊情况，需要列车临时减吨时，乘务员向机务段机车调度室汇报，机务段按规定程序申请。

⑤遇机车故障通过前方区段困难时，机车乘务员应及时申请站内停车。

⑥对于分相区设置在进站信号机前且处于困难坡道的车站，电力机车牵引货运列车需引导进站时，司机应精心操纵，加强联系，防止停在分相区。

⑦列车在连续上坡道区段牵引困难时，机车乘务员应及时通知后续跟踪列车掌握运行，防止后续跟踪列车坡停。

⑧机务段对发生的坡停及运缓情况必须件件分析，明确原因，吸取教训，落实责任。

2. 围歼运缓、坡停其他机务段的经验

2009 年 2 月 16 日《人民铁道》报对围歼运缓、坡停发了专版。兰州西、湖东、襄樊北、哈尔滨、苏家屯、向塘 6 个机务段做了经验介绍。

①一般的坡停都是机车乘务员操纵的问题，在上坡前列车应该达到最大的速度，但不能超速。这就要考验机车乘务员对线路的熟悉程度了。机车乘务员要做到动能闯坡，然后再闯爬结合。在爬坡的过程中，机车乘务员要注意主手柄的位置，如果手柄位置过高，在爬坡过程中就容易造成空转，导致坡停。如果手柄位置过低，造成机车牵引力不足就更容易造成坡停。在爬坡的过程中，机车乘务员还要适当撒砂，根据实际的操纵情况选择点式或者线式撒砂，以防止机车空转。

②湖东机务段总结出“先预想，再联系，保持间隔，选位置”的牵引困难区段运行办法。

先预想，即运行到困难区段前，机车乘务员要做好预想，在坡底前尽量提高运行速度。进入上坡道合理掌握牵引力，适当点式撒砂，维持速度不空转。

再联系，即接近车站时，早联控早准备，掌握前方列车动态。

保持间隔，即越过绿灯后，如前方信号为绿黄灯，必须合理控制速度，保持与前行列车间隔，尽量避免红灯停车。

选位置，即必须停车时，根据线路纵断面合理选择停车位置，以小坡道、下坡道、下坡道转上坡道等方便起车地段为佳。

③兰州西机务段总结出科学撒砂办法：点式撒砂法、线式撒砂法。机车乘务员在上坡道运行时发现轮对轻微空转可采用撒砂量比较小的点式撒砂法，既能防止坡停，又节约用砂，还不影响运行速度，真正做到“一举三得”。

3. 防止和减小空转影响的措施

(1)撒砂方面

库内及继乘接车看好、试好砂，学会点式、线式撒砂技法，学会节约用砂(正常天气平道启车和运行中一般无需撒砂)，特别困难或特殊需要时采用线式撒砂。

天气不良，重货列车车站停车要再次看砂，重视先导轴撒砂。

用砂量多时，要及时将备用砂或后面砂箱的砂补充到先导轴砂箱。

(2)运行不受影响时，重货列车在接近困难坡道前要不失时机地抢速，储足动能。

(3)等信号并且前方有困难坡道时，首先要提前保持好列车间隔，掌握好跟踪运行的技巧，以使重货列车以较高速度通过困难坡道，记清不应低于的速度值，尽量避免坡停。只要采取了这些措施，坡道上遇红灯该停就停，但停车要为起车做好充分准备。

(4)空转不及时消除，空转达到一定时间，速度突升会引起自停(LKJ 空转抑制参数济南局设为 30 s)(HXD_3 型机车手柄级位不超过限制速度对应的目标速度级位一般不会引起自停)。因此空转时，要及时适度地回手柄(HXD_3 型机车空转时的操纵参见本节第三部分)并采取撒砂措施。要精心调控手柄位置，保持相对稳定，不要大起大落。使手柄位始终贴近可能空转的位置，提高机车黏着利用率。

(5)电力机车必须停车时，一般应越过分相区停车；若需停在分相区前，应留出加速距离。特殊情况应手动过分相，掌握晚断早合原则。

(6)抑制空转的土办法——上“小闸”。盘形制动的机车没必要使用，踏面制动的也不要轻易使用；上闸量不宜大，机车制动缸压力以不超 150 kPa 为宜；每次持续时间不超 1 min，每次使用之间要间隔足够时间，以防止轮箍弛缓。此种方法如果不见效，应停止使用。

(7)非困难地段通过调控手柄级位应尽量不发生空转。

三、济南西机务段减少 HXD_3 型机车运缓、坡停的几点做法

1. 天气不良重货列车在困难地段运行为防止运缓、坡停、分相区停车，HXD_3 型机车应保持适当空转。

通过黏着性能试验发现下雨时对于恒力准恒速 HXD_3 型机车，通常能发挥最大牵引力的级位并不是满负荷级位，当然负荷级位也不能太低，负荷级位适度并保持适当的空转才能发挥比较大的牵引力。

持续下雨时，对于撒砂良好的 HXD_3 型机车能发挥的最大牵引力一般在 300～350 kN 之间。此时，根据黏着性能试验数据如果机车负荷级位的名义牵引力（“名义牵引力”参见第二章第三节）大约是 400～430 kN 时，往往能发挥出比较大的牵引力。

也就是持续下雨、撒砂良好并在困难地段运行时，在 0～45 km/h 手柄级位应保持在约 5.3 级（建议不低于 5 级并且不大于 5.6）；45～55 km/h 手柄级位应保持在高于运行速度对应的目标速度级位（参见第二章第三节，即牵引力恰好为 0 的级位，如 50 km/h 的目标速度级位为 5 级）0.6 级以上；55 km/h 以上手柄级位可保持满负荷级位运行。

持续下雨并在困难地段运行时，撒砂不良和撒砂良好相比手柄级位应适当降低。

下雨时 HXD_3 型机车牵引重货列车在上坡道运行由于空转会造成 LKJ 数据超前误差，尤其是撒砂不良时，应密切关注并及时进行调整。

2. 要充分利用 HXD_3 型机车发生空转不易自停和单轴控制功率的优点。

对于多数机型，空转不及时消除，达到一定时间会引起速度突升而引发自停。而 HXD_3 型机车恒力准恒速特性使手柄级位只要不超过 LKJ 限制速度对应的目标速度级位一般不会引起自停。

由于 HXD_3 型机车功率为单轴控制，可充分利用它的牵引特性曲线，提前储积列车动能，以利于顺利过困难分相或爬坡。

比如出站道岔 LKJ 限速 48 km/h（道岔限速为 45 km/h），困难地段为尽快抢速，列车启动后可尽快将手柄放置 4.5 级（如京沪线下行党家庄、崮山，上行前亭、界河）。

再比如胶济线下行章丘、上行周村、京沪线上行泰山站，天气不良牵引定轴列车在这些车站通过时，根据情况手柄应提前放置 8.1～8.3 级（车辆限速为 80 km/h，LKJ 限速 85 km/h），在坡低前尽量提高列车运行速度（使列车加速至接近车辆限速，比如达到 77～78 km/h 的理想速度）。

3. HXD_3 型机车出现功率封锁限制时的操作。

HXD_3 型机车发生严重空转时，微机系统存在空转记忆功能，将大幅限制功率输出。出现此种情况，应及时回手柄至 0 位，解除记忆功能，解除后重新加速。

4. 总结推广了 HXD_3 型机车点式、线式撒砂和使用“砂管加热直流”开关的方法。

因压下撒砂开关约 2 s 砂管才开始出砂，采用点式撒砂时，建议脚踏撒砂开关应不少于 5 s，间隔 1～2 s。

因 HXD_3 型机车存在间歇性撒砂（间歇性撒砂指持续踩住撒砂开关后，砂管出现一段时间的撒砂后又停止撒砂的现象，需要短时松开撒砂开关使其闭合才能再撒砂），采用线式撒砂时，脚踏撒砂开关 20 s 为宜，间隔 1～2 s。

2010 年 6 月济南西机务段在济西北整备场进行的试验表明，同时闭合“砂管加热直流”与“砂管加热交流”开关，下砂量比仅闭合“砂管加热交流”开关多一倍多。

为减少砂子浪费，一般情况下不要使用“砂管加热直流”，天气不良、牵引质量高，应在进入

困难区段前使用。

为避免造成蓄电池亏电，在断电降弓前必须断开“砂管加热直流”开关。

部分机车中的部分砂管闭合“砂管加热直流”开关后，会出现撒砂不止现象，途中非困难地段，不要闭合此开关，以防止砂箱砂子提前用尽。机车乘务员要认真对这样的信息，做好反馈。

5. 总结了困难地段的定速操纵方法。

HXD_3 型机车模拟淋雨条件下进行的定速控制试验表明，重货列车由于受天气、列车牵重及线路纵断面影响，运行速度偏离目标速度较大，并且使用定速控制时，牵引或制动力发挥并不一定就高。

由于货物列车牵引质量大、车钩间隙大，与动车组存在很大差别，定速控制对于货物列车存有很大局限性。

HXD_3 型机车的定速控制功能是机车的一项基本功能，但这项功能多数情况下不适合货物列车和普通客车。尤其不适合起伏不定的线路，因为这样将会使机车工况频繁变化，一方面和平稳操纵原则相违背，另一方面也会造成机车能耗增加。

对于货物列车，定速控制适合距离较长的持续上坡道或持续下坡道，考虑到与目标速度偏离因素，应在合适的地点合适的速度按下定速按钮，防止列车运缓及超速，在需要空气制动配合调速、停车等情况下应先解除定速控制。

天气不良牵引重货列车在困难地段运行，如果要使用定速控制应在较高速度下进行定速，以便利用机车微机系统自动调节，较充分发挥机车黏着牵引力。

通过困难车站认为已达到最高速度时就可定速，如京沪线下行水屯、党家庄、崮山、青杨、前亭、上行泰山站，胶济线下行章丘、上行周村站。

困难车站开车进行快加速，认为已达到区间最高速度时就可定速。

6. 修订各区段防止运缓、坡停操纵提示卡，实行“请求措施”并狠抓落实。

鉴于 HXD_3 型机车牵引定数相对于机车自重偏大，天气不良造成黏着牵引力严重不足的不利因素，根据铁道部运输局《关于加强列车运行中信息报告工作的通知》(运装机运[2010]202 号)“遇天气不良，机车牵引力不足等原因，货物列车进入困难区段可能发生列车坡停或严重运缓时，司机应提前使用列车无线调度通信设备通知两端站、列车调度员”的要求，并结合困难地段的特点，形成具体的“请求措施”，以便争取有利的外部环境，要求机车乘务员严格执行。

例如，下雨时，HXD_3 型机车牵引质量超过 4 000 t，要求列车司机至少提前 2 站，即最晚在通过北集坡站(京沪线上行)之前利用车机联控向列车调度员或车站提出请求，要求在关键站泰山站高速通过。

7. 对 HXD_3 型机车的撒砂系统的检查、疏通、整备、试砂等工作提出了严格要求，并狠抓检查、监督。

自 2010 年 7 月份开始济南西机务段将 HXD_3 型机车的砂室罩改为铸铁的，提高了强度和刚度，大幅减少了树脂材料制作的砂室罩出现的故障，并且进砂截面有所增加，减少了砂路堵塞。针对 HXD_3 型机车对砂质要求高的特点，自 2010 年 8 月份，济南西机务段采用了 HXD_3 型机车专用砂。通过这些措施，使 HXD_3 型机车撒砂系统不畅的状况得到改善。

8. HXD_3 型机车动力制动的使用问题。

HXD_3 型机车动力制动力较强大，雨天时应尽量避免使用最强的制动力，以避免滑行造成的 LKJ 距离滞后误差，可采用手柄跟进运行速度操纵法(参见第三节第二部分)，在制动力线性变化区(参见第二章第三节)，每降低 0.1 级将增加 36.4 kN 的制动力，跟进的手柄级位不应低于目标速度级位（机车的瞬时速度视为目标速度）的 0.9 级（如机车运行速度为 50 km/h，则目标速度级位为 6 级，制动力此时恰好为 0，即跟进的手柄级位此时不应低于 5.1 级），即名义制动力应不大于 327.6 kN（一般不应大于最大制动力的 82%），随着速度变化及时跟进手柄，应密切关注 LKJ 距离滞后误差并及时进行调整。

不良天气（降雨、雪、雾）红灯信号机前停车时，原则上禁止使用动力制动控速，避免因车轮滑行 LKJ 距离滞后，造成列车冒进事故。必须使用时，跟进的手柄级位应不低于目标速度级位 0.7 级，即名义制动力应不大于 254.8 kN（一般不应大于最大制动力的 64%），应密切注意机车距地面红灯信号机的实际距离，发现异常情况，及时采取措施。

第五节　重货列车困难上坡道起停微观优化操纵方法

由于机车或车辆临时故障、等信号等原因，易发生重货列车在困难上坡道停车后无法起动请求救援的问题，对运输秩序产生较大干扰。其中主要原因就是现场缺乏困难上坡道起停微观优化操纵方法方面的教材对列车司机进行培训而造成。为此，本节从如何停好车，如何压好钩，如何掌握最佳起车时机等方面对重货列车在上坡道起停的有关方法进行介绍。

一般情况下，列车司机应通过保持合适的列车间隔，尽量避免重货列车在困难坡道上停车。

必须停车时，就要知道如何才能停得好，怎样才能起得动。

一、困难上坡道停车的几个问题

1. 减压量大小的问题

减压量大小是困难上坡道停车一个重要问题，直接关系到车钩压缩是否充分，而车钩压缩是否充分又直接关系到起车能否成功。

理论和实践表明减压量宜小不宜大。在不超过 5‰的上坡道停车可减压 50 kPa。它的好处有三方面，一是停车过程能最大限度地使前部车钩压缩；二是若认为停车过程压钩不充分，可考虑采用带闸压钩（带闸压钩指车辆制动状态下用机车推力使部分车辆车钩压缩）；三是若起动失败因用风量少，可保证再次制动。

2. 制动初速问题

停车过程中增加机车制动力，使机车单位制动力大于车辆单位制动力，是使车钩充分压缩并将一部分列车动能储存为车钩弹簧压缩弹性势能的关键。因此，要想利用单阀使车钩充分压缩，让列车自然停车后再制动的做法不妥，制动时须有一定初速。根据经验，初速一般不应低于 15 km/h。

3. 停车地点的选择

停车地点应尽可能避开大的坡道、曲线，以利于顺利起车。电力机车必须停车时一般应越过分相区停车；若需停在分相区前，应留出加速距离。特殊情况应手动过分相，掌握早断晚合原则。

4. 单阀在停车过程中的使用问题

在停车过程中使用单阀增加机车制动力，其目的是充分压缩车钩。在使用单阀操纵技术上有两种方法，一种是先使用，即在使用自阀前，先使用单阀缓缓增加机车制动缸压力至 300 kPa以上，再使用自阀少量减压；第二种是后使用单阀，即在自阀减压后再行使用。一般认为先使用比后使用更能使车钩充分压缩。

接近停车前要适量撒砂，其目的是一方面防止动轮擦伤，另一方面防止起车时空转。

二、压缩车钩的目的和车辆带闸压钩方法

1. 压缩车钩的目的

一是使起动阻力分散，二是起车时便于利用车钩弹簧被压缩后向列车运行方向释放的弹力。这就是理论计算无法起动的列车，而实际上能起动的原因。

2. 车辆带闸压钩方法

机车起动牵引力通常比机车紧急制动力大两倍以上。因此利用机车退行时的推力带闸压钩，将比停车过程中采用单阀压钩可能更为充分，但前提是自阀有效减压量不能过大。

列车司机应熟练掌握压钩退行距离与压缩辆数的关系。每压缩一辆车钩约退行 15 cm，但一般停留列车的车钩并非全部处于伸张状态，所以压缩车钩时的退行距离要根据实际情况掌握。以牵引 60 辆列车为例，带闸压钩时机车后退 3 m，一般即认为已压缩 1/2 以上的车辆车钩，根据计算，SS_4 型机车牵引 5 500 t 当减压 50 kPa 并在 7‰上坡道带闸压钩时不会压溜。因此，此种方法既安全又可靠。

若司机认为未停好车，或认为起车很困难时，为确保一次起车成功可采用车辆带闸压钩法，其步骤如下。

第一步，缓解机车制动(不得缓解车辆制动)。

第二步，换向手柄移后退位。

第三步，提较高手柄位压钩，后退约 2～3 m，单阀全制动，主手柄回零。

现场也有人采用在车辆带闸的情况下，关闭机后十数位折角塞门后，缓解前部车辆进行压钩。这种方法费时费力，也容易发生不安全因素。之所以有人采用这种方法，是因为他们对停车时的减压量考虑不周，甚至错认为减压量越大越好。在大减压量的情况下，带闸压钩就很难成功。

另外，也有人采用缓解列车制动后迅速压钩，在尾部车辆未缓解前迅速起动列车的方法。此法可尝试，但要准确把握压钩时间和起动时机。

三、重货列车困难上坡道顺利起车的必要条件

一是充分压缩车钩；二是最佳时机；三是充分发挥机车牵引力。

最佳时机是尾部车辆缓解与起动同步，这样便使各种起车要素得到最佳组合。起车时机过早，因后部车辆未缓解而导致起车失败。若要掌握最佳起车时机，列车司机应首先掌握一种重要参数，这就是常用制动自阀手把移缓解位开始充风时起，至尾部车辆开始缓解时止所用的时间。牵引 60 辆货车，无论常用制动减压量大小，这个时间均约为 20 s(非常制动除外，这个时间约需 2 min 以上)。

列车缓解(制动缸压力下降到 40 kPa)一般只需 20～25 s 的时间[2]。

从文献[2]中看到，随着牵引辆数增加，列车缓解时间略有增加；还看到 103 型制动机比 GK 型缓解快。103 型制动机 56 辆约为 15 s，GK 型 59 辆约为 25 s。

四、重货列车上坡道常规和特别起车操纵方法

1. 重货列车上坡道常规起车操纵方法

以牵引 60 辆重货列车为例，其操作步骤为缓解自阀→缓解单阀→等待约 5 s→将主手柄

提至较高位置。注意撒砂和电流，如有空转，适当回手柄。提主手柄时，无需间隔，紧随而行，这样可做到尾部车辆缓解与起动基本同步。

2. 重货列车上坡道特别起车操纵方法

对于机车牵引力上升快的机型适宜采用常规起车方法，而对于牵引力上升慢的机型，当坡度大、牵引重时，适宜采用特别起车方法。

当列车处于特别困难的地段，列车吨数高，机车牵引电流上升缓慢时，如果采用常规起动方法，常使牵引力上升的速率无法弥补起动阻力上升的速率，而造成起车失败。因此，为避免起车失败所带来的麻烦，司机可考虑采取下述特别起车方法。

在机车全制动和车辆制动的前提下，先将主手柄较迅速地置于较高位置，然后缓解自阀，待憋足牵引电流后，将单阀手柄逐渐缓解，同时进行线式撒砂。尽管此时机车轮周牵引力很大，但此时车钩牵引力等于轮周牵引力减去机车制动力、机车起动阻力和坡道下滑力之和，随着单阀手把由制动区向缓解位方向缓缓移动，车钩牵引力是稳步增加的，这样做不仅不会造成冲动，而且能使列车稳步起动。

五、制动机充风不足对列车制动力的影响（参见文献[2]）

所谓充风不足，实际上就是副风缸压力低于列车管定压，但只要施行对应于副风缸实际压力的有效减压，仍可获得相当大的制动力，并不存在“制动失效”的问题。比如，副风缸压力充到 400 kPa，其有效减压量还有 115 kPa，其名义减压量要达到 215 kPa，制动缸压力还有 285 kPa，实算闸瓦压力可以达到充满风时的 78.9%，即使副风缸压力只有 360 kPa（相当于减压 140 kPa 未充风），缓解后再施行最大有效减压量 106 kPa（名义减压量要达到 246 kPa），制动缸压力还有 254 kPa，仍可获得充满风时 70.4%的实算闸瓦压力。

所谓“制动失效”的几种情况包括没有进行有效的减压；制动缸活塞行程过度超长；制动机故障；折角塞门关闭。

对编组 65 辆货车的连续制动试验数据如下。

所谓连续制动试验，是指上次制动刚刚缓解（以尾部车辆缓解完为标志）接着立即进行下次制动。这是两次制动之间充风不足的一种极限情况。

试验时在机后 3 位和守前 1 位货车上安装了制动缸压力表，记录制动缸压力。试验了三种连续制动情况，有关数据见表 7-4。

表 7-4　65 辆货车的连续制动试验实测制动缸压力(kPa)

<table>
<tr><td colspan="2" rowspan="2"></td><td colspan="2">连续两次减压
100 kPa</td><td colspan="3">连续三次减压
140 kPa</td><td colspan="4">依次减压 100 kPa、140 kPa、
240 kPa、紧急制动</td></tr>
<tr><td>1</td><td>2</td><td>1</td><td>2</td><td>3</td><td>1</td><td>2</td><td>3</td><td>4</td></tr>
<tr><td rowspan="2">制动缸压力</td><td>机后 3 位</td><td>280</td><td>280</td><td>360</td><td>260</td><td>120</td><td>260</td><td>320</td><td>280</td><td>280</td></tr>
<tr><td>守前 1 位</td><td>240</td><td>0</td><td>350</td><td>100</td><td>0</td><td>240</td><td>240</td><td>250</td><td>210</td></tr>
</table>

六、起车失败后再制动时的合理减压量和起车限定次数问题

1. 起车失败后再制动时的合理减压量问题

列车在上坡道起车失败，若仍想尝试重新起车，减压量应以保证列车不发生溜逸为前提，并能容易实现带闸压钩。

因此，在上坡道减压 50 kPa 停车后，如果起车失败需要制动，保证 3 次以下制动应该不成问题。再保证 2 次制动时的参考减压量分别为 90 kPa、130 kPa。如果因制动次数过多，造成车辆副风缸定压过低，无法进行有效减压保证足够制动力时，应尽快充风，以便尽快进行有效减压，保证列车就地制动。

2. 是否重新起动列车和起车限定次数问题

若列车司机认为上次起车压钩充分，时机得当，机车牵引力发挥也很好。在此种情况下，仍不能使列车起动时，不要再浪费时间。这说明，坡度太大或列车太重，已超出机车能力范围。此时根据情况应尽快请求救援或汇报车站、列车调度员，根据其指示办理。

起车应以三次为限，要杜绝野蛮起车，防止对动轮、钢轨造成损伤。

第六节　防止或处理折角塞门关闭的微观优化操纵方法

列车运行中机车失去牵引力并不可怕，可怕的是由于折角塞门关闭失去制动控制。折角塞门关闭问题至今未能从根本上得到解决，严重威胁着运输安全。如何降伏这只猛虎，对此也是见仁见智。本节先从关闭折角塞门现象的发生原因出发，再结合实际情况，对防止处理折角塞门关闭问题的微观方法进行介绍。

一、停车状态下及起车时防止折角塞门关闭的方法

1. 折角塞门关闭的发生原因

包括始发列车列检或车站人员未接或未全部接通风管，未要求司机试验制动机，司机也未主动试验；行人有意或无意关闭；人为破坏；其他情况。

从折角塞门的结构特点来看，如果没有一定方向的作用力施加于此，它是不会自动发生关闭的。从这点看，可能都是人为的。

列检或车站人员未全部接通风管所发生的关塞门现象是发生在车站；列车在车站停车时人员扒乘（主要是在大编组站），行人过往好奇，也是发生在车站（或其他情况下停车时），人为破坏大部分也是发生在车站和其他情况下的停车时。

因此，列车（主要是指货物列车）在停车状态下发生关闭折角塞门的概率要远大于运行中。

2. 折角塞门关闭位置的危险程度

同一列车折角塞门关闭的位置越是靠近机车，其危险性也就越大；牵引重量越大，危险性越大；运行速度越高，危险性越大；下坡道越长大，危险也越大。

现场中大部分折角塞门关闭事件是当运行中制动调速或制动停车时才被发现。现象是排风时间短，制动力弱（折角塞门半关的情况是排风时间长，制动力弱）；一小部分是由于折角塞门关闭以后车辆的制动主管等泄漏量较大，发生自然制动作用后使列车被迫停车而被发现。上述情况，说明关闭辆数已是比较多了。

当无运转车长时，司机按规定自行测试列车管贯通情况所依据的是排风时间，其长短与“标准排风时间”总存在一定误差，如误差不超 20%，基本应认为全列贯通。当关闭位置靠后，如牵引 60 辆车，仅关闭 10 辆以下时，用排风时间来判定贯通情况比较困难，但关闭位置靠后，危险性小，保证制动一般不成问题。

3. 列车在停车状态下折角塞门关闭时机分类

以列车在停车状态下折角塞门关闭发生时机的不同作为划分标准，可将关塞门分为三种

情况。

(1)试闸前的关闭

此种关闭多属前两种原因。由于发生关闭，列车管不贯通，只要列检人员等能认真组织试闸，完全能及时发现。

(2)保压停车中的关闭

多为后两种原因。当开车时，由于折角塞门关闭位置以后的车辆仍然保持制动状态(短时间内不会自然缓解)，导致起车困难，而易被发现。

(3)缓解后的关闭

此种情况多属后两种原因。这种情况最危险，因为此时全列车呈缓解状态，列车能够顺利起动。又因大部分列车，列车管泄漏较小，一般被关闭的车辆不会发生自然制动作用。所以，大部分关闭需待运行中制动调速或制动停车时才被发现；其危险性显而易见。

4. 防止折角塞门关闭问题的侧重点

货物列车在运行途中发现的折角塞门关闭，绝大多数属于停车状态下“缓解后的关闭”所造成。

防止折角塞门关闭问题的侧重点应针对停车状态下的“缓解后的关闭”这一情况，并应在完善有关制度、措施上下工夫。只有这样，才能做到把运行中制动时才发现，变为未开车就发现或起动时就发现。

5. 防止停车状态下“缓解后的关闭”的对策

(1)缓解—开车的时间越长，发生关闭折角塞门开车的可能性就越大

缓解—开车时间(简称“缓开时间”)是指从自阀手把移缓解位向列车管开始充风时起至提主手柄开车时止所用的时间。显然，此时间越长，关闭折角塞门开车的可能性就随之增大。

因此，防止折角塞门关闭开车一个至关重要的环节，就是应设法降低“缓开时间”。要杜绝长时间缓解等信号开车情况的发生。

(2)最小“缓开时间”问题

现行的制动机试验(主要指由列检、车站或运转车长组织的情况)，无论是全部还是简略试验制度，最后一个步骤为缓解，即要求司机将自阀手把移缓解位，全列车呈缓解状态，试闸完毕，等待开车。但现实情况是，试闸完毕往往不能立即开车(主要指始发站、区段站)。又由于许多司机意识不到列车在长时间充风缓解状态下开车的严重危害，反倒认为，只要试闸正常就没问题。这是很不正常的，这就为“缓解后的关闭”埋下隐患。

建议简略试验完成后，对于预计超过 5 min、不超过 20 min 才能开车的列车，简略试验完成并充满风后，再行减压 100 kPa，核对排风时间，并保持制动状态，待开车条件具备后再行缓解，建议上级制定这方面规定。

列车起动应满足的条件：列车管全列贯通；列车管泄漏不超规定；尾部车辆开始缓解。

最小“缓开时间”的界定。

当得知列车起动已满足前两个条件后，最小“缓开时间”的界定是根据条件三得出的，即只要尾部车辆开始缓解，列车就可以起动。简略试验或常用制动后，“5 000 t 编组中所有车辆开始缓解的时间不会晚于 15 s。一般情况下，20～25 s 内列车全部缓解”(参见文献[2])(货物列车起非常或使用非常制动停车后，自阀自移缓解位开始充风，至尾部车辆开始缓解，要超过 1min，但此种情况再开车必须充满风进行简略试验，严禁不进行简略试验盲目强迫起车)。其最小“缓开时间”可定为 20 s。据此，可制定出司机开车前缓解列车制动机的时机标准。若将

"缓开时间"限定为 40 s 内，再借助列车运行监控记录装置进行违章分析，将能最大限度地减少关闭折角塞门开车的可能性。

若限定此种时机开车，它的优越性还体现在以下方面，在充风过程中开车，凭借充风音响是否正常，司机也可进一步确认机后折角塞门开通情况；另外，如果此时有人关闭塞门，当靠近机车时，由充风声音异常，也容易使司机提前察觉。

6. 防止折角塞门关闭开车优化程序

①简略试验必须做到只有充满风，才能减压，并且尽力做到准确。认真核对排风时间并与标准排风时间进行比较，始发站要将此排风时间写在司机手册上，以作途中自行试闸之参考。

②试闸完毕，5 min 内不能开车，待列车管充满风后，司机自行进行简略试验，并认真核对与手册上记录的时间是否一致。如正常，则一直保持保压制动状态，严禁提前缓解。

③待发车条件完备后，再行缓解。

自阀手把移缓解位的时机必须选择在发车信号给过之后。只有这样，才能有效杜绝提前缓解所带来的危害。并严格做到把"缓开时间"控制在 40 s 内，在起动的同时，注意充风音响。

当列车在车站停车等于或超过 20 min 时，按规章要求，重新进行制动机简略试验。

关于列车在运行中发生的折角塞门关闭现象其概率很小，如偶尔发生也可能属于第三种原因，即人为破坏。对此可采取以下措施予以防范，在条件许可的情况下，尽量提前试闸，以便早发现、早处理；利用列车管泄漏变化、打风周期的异常变化等间接进行判断。

7. "充满风再动车"的说法是不正确的(参见文献[2])

文献[2]指出："这一提法最初出现在防止列车断钩措施中。当时作这样规定的初衷可能是担心列车制动未完全缓解就'动车'会拉断车钩。但是，从这点出发，正确提法应当是'待列车完全缓解再动车'，说成'充满风再动车'，实际是在认识上混淆了'充风'与'缓解'的概念。"

"空气自动制动机的缓解与充风有密切联系，缓解的开始也是充风的开始，但'缓解完了'与'充满风'在时间上相差甚远。以货物列车为例，列车缓解一般只需要 20～25 s 的时间，而充满风的时间要比缓解完了的时间长的多"(参见表 7-6)。

"列车在运行中空气制动调速缓解后，都是边运行边充风，速度高了风也满了，再次制动并不受影响。"

"既然运行中的列车边运行边充风是正常现象，并不认为有危险，试风完了待发的列车，只要缓解完了，就更没有必要等'充满风再动车'。"

"在大上坡道停车的列车起动时，更不能等'充满风再动车'。"

"有的机务段因为担心缓解不彻底出站后发生坡停事故，规定出站是上坡道的车站缓解后必须充风 3 min 才能开车。其原因还是把充风时间和缓解时间混为一谈，认为只有充满风才能彻底缓解。如果真有超过 30 s 不缓解的车辆，那是因为该车制动机故障，再等多少分钟也不一定缓解。规定关键站起车前必须充风 3 min 是没有道理的，这样做，不但无助于减少坡停，还有一些副作用，比如对防止折角塞门关闭不利，不能及时发车影响运输效率等。"

"现在的规章已经不再有'充满风再动车'的提法。这一点对行车职工进行技术教育时应给以澄清，消除过去那种不正确提法的消极影响。"

需要提醒的是，列车进行简略试验前必须充满风，否则无法准确测定排风时间，不利于判断列车管是否贯通。

列车起非常停车或采用非常制动停车再开车前，必须充满风，必须认真进行简略试验正常后才能开车。

站内停车二拉等情况，应充满风再动车，以防止制动力不足发生冒进信号。

二、运行途中防止折角塞门关闭的方法

1. 贯通试验与列车制动力试验

(1)贯通试验

贯通试验是指列车司机使用自阀给列车管一定减压量，通过确认排风音响及排风时间是否正常来判定列车管是否贯通，即有无折角塞门被关闭的情况。只要排风音响及排风时间正常，不必等列车明显降速就可缓解列车制动。它是一种既能判明列车管贯通情况，又能尽量减少制动损失和优化运行秩序的微观优化操纵方法。

表 7-5、表 7-6 分别列出了货物列车排风、充风时间参考表(充风时间数据取自文献[2])，尤其是排风时间对于判断列车管贯通非常重要，列车司机必须熟练掌握。

在正常情况下 JZ-7 和 DK-1 型制动机的列车管排风时间 t_p 与减压量 r (kPa)和列车管贯通的辆数 n 有如下关系：

$$t_p=(0.24+0.006r)n$$

根据上式计算货物列车排风时间并列于表 7-5。

表 7-5　货物列车排风时间参考表(s)

减压量(kPa)	辆数						平均每辆车排风秒数
	30	40	50	60	70	80	
50	16.2	21.6	27.0	32.4	37.8	43.2	0.54
60	18.0	24.0	30.0	36.0	42.0	48.0	0.60
70	19.8	26.4	33.0	39.6	46.2	52.8	0.66
80	21.6	28.8	36.0	43.2	50.4	57.6	0.72
100	25.2	33.6	42.0	50.4	58.8	67.2	0.84
140	32.4	43.2	54.0	64.8	75.6	86.4	1.08

表 7-6　货物列车充风时间参考表(s)

列车管压(kPa)	减压量(kPa)	辆数						
		20	30	40	50	60	70	80
500	60	22	29	38	52	70	84	98
	100	24	55	72	93	120	145	172
	120	48	65	88	116	147	180	212
	140	60	82	110	140	174	212	252

(2)列车制动力试验

列车制动力试验是指列车司机使用自阀给列车管一定减压量，通过排风音响及排风时间判定列车管贯通与否，结合排风时间并通过列车降速情况来判定列车制动力正常与否的一种

微观方法。目前机务段要求的“贯通试验”其实是“列车制动力试验”。

同一货运列车在一次乘务过程中，如果没有进行任何摘挂作业，已进行过空气制动调速、停车或在规定地点进行过列车制动力试验并且正常时，在之后的其他规定地点建议只进行“贯通试验”即可。

2. 途中防止折角塞门关闭的方法

(1)有条件时，应尽量提前进行贯通或列车制动力试验。

(2)列车制动力试验可结合正常制动调速进行。

(3)首次制动调速或停车，司机必须采取保守措施，即早减压、少减压。若果真发现制动力不足时，还可以用追加减压的方式进行补救，就可万无一失。

(4)对于重货列车，具有动力制动功能的机车，制动调速时应尽量将动力制动和空气制动配合使用，以便能经常测试列车管贯通情况，及时发现列车运行过程中的折角塞门关闭现象。

(5)利用列车管泄漏变化，打风周期异常变化等间接进行判断。

(6)装有列尾装置的列车运行中，应按规定使用列尾装置对列车制动管的风压变化情况进行检查，发现异常及时采取措施。

三、发现折角塞门关闭后的处理

(1)紧急呼叫问题

列车司机如确知短时或短距离内不能停车，在立即采取制动措施的同时，根据实际情况，紧急呼叫运转车长、车站值班员或前行列车。有关人员得知某列车折角塞门关闭的情况后，应引起高度重视并立即采取相应的安全措施。如本列运转车长拉下车长阀，前方站准备好进路，前行列车加速等。

(2)是采用非常制动还是采用最大有效减压量

高速运行的重货列车，当折角塞门关闭非常靠近机车仅有少数车辆发生制动作用时，如操纵不当，极易造成机车轮箍弛缓，造成事态进一步扩大。

对于未装有动力制动的机车，当发现关塞门现象时，应立即采用非常制动；而对于装有动力制动的机车发现时应立即采用最大有效减压量。尤其是对具有动力制动功能并且与非常制动有联锁关系的机车，自阀手把切忌移非常位，否则会使动力制动失效。在空气制动调速中若发现折角塞门关闭，不要惊慌，应迅速采取以下措施。

①将自阀手把迅速移制动区极端给列车管一个最大有效减压量，切忌移至非常位。否则，动力制动将失效。如果已移非常位，应设法恢复动力制动使用。

②迅速使用动力制动，并保持最大制动力。

③接近停车前，移动单阀手把增加制动缸压力来弥补动力制动力的迅速下降(一般应从列车速度下降至 10 km/h 时开始)，停车后注意及时将动力制动手柄回零。

(3)有列尾装置的列车，立即使用列尾装置停车。

(4)如已自停，应关闭监控装置，恢复动力制动。

第七节　HXD3 型、SS_4 改型机车几种操纵方法

学习本节内容，应重点结合第二章第三节进行学习。重点掌握牵引力的恒力区、恒力变化区、线性区的有关内容，并应熟练掌握 HXD_3 型机车在恒力变化区、线性区运行速度每变化

1 km/h或手柄级位每变化 0.1 级时牵引力的变化量。重点掌握动力制动力的线性区的有关内容，并熟练掌握 HXD_3 型机车在线性区运行速度每变化1 km/h或手柄级位每变化 0.1 级时动力制动力的变化量。熟练掌握恒力准恒速电力机车手柄级位的几个概念，包括目标速度级位、负荷级位、无负荷级位、满负荷级位、满负荷开始级位。这对于科学合理操纵机车将大有裨益。

一、恒力准恒速电力机车的主手柄、制动手柄提回方法

对于电力机车运行中《机车操作规程》(以下简称《操规》)第二十一条中规定：解除机车牵引力时，牵引手柄要在接近 0 位前稍作停留再退回 0 位。这条规定并不适合恒力准恒速电力机车。

1. 提回手柄定义

通常提手柄指增加牵引力(功率)或制动力(功率)；回手柄指减少牵引力(功率)或制动力(功率)。

HXD_3 型机车主手柄(牵引控制司机控制器手柄)为 13 级，级间能平滑调节，手柄级位从低到高为提手柄，从高到低为回手柄。

HXD_3 型机车动力制动手柄(制动控制司机控制器手柄)为 12 级，级间能平滑调节，手柄级位从高到低为提手柄，从低到高为回手柄。

2. 途中主手柄调整

在牵引力的恒力变化区和线性区，需增加或减少牵引力时，原则上应缓缓提或回手柄至所需位置，牵引力的变化量每 3 s 应不超 90 kN(指整台机车或每台牵引电机不超 15 kN)。

需分次移动时，HXD_3 型机车在恒力变化区每次移动应不超 1 级(即牵引力变化量整台机车不超 80 kN 或每台牵引电机不超 13 kN)，而在线性区每次移动则应不超 0.2 级(即牵引力变化量整台机车不超 128 kN 或每台牵引电机不超 21 kN)。

在满负荷或无负荷区域可迅速提回手柄。

以 HXD_3 型机车运行速度 50 km/h 时为例。

此时主手柄级位大于或等于 5.7 级的级位均为“满负荷级位”，此时主手柄在 5.7～13 级(满负荷级位)之间根据需要可迅速移动。

运行速度 50 km/h 时 HXD_3 型机车的目标速度级位是 5 级，此时主手柄在 5～1 级(无负荷级位)之间根据需要可迅速移动。

主手柄处于线性区时的注意事项。

当手柄处于线性区尤其是级位变化幅度大的线性变化区(参见表 2-16)，列车司机要引起重视，防止一次提手柄幅度过大或不慎碰到手柄引起的较大幅度提手柄，将会使牵引力(功率)短时迅速增加，轻者不利于平稳操纵，重者可能引发不安全问题，尤其是对于单机或小编组列车更应引起重视。

以 HXD_3 型机车运行速度 50 km/h 时为例。

假如此时主手柄级位为 5 级，牵引力恰好为 0，由于司机不慎碰到主手柄使其瞬间移动了 1.5 级，牵引力瞬间将从 0 增加到外包线牵引力 446.4 kN(假如速度不变，只需增加 0.7 级牵引力就从 0 瞬间上升到 446.4 kN，功率从 0 瞬间上升到 6 200 kW，仅仅移动 0.7 级就比 2 台 ND_5 型机车的功率还要大)。

3. 途中动力制动手柄调整

在动力制动力的线性区，需增加或减少动力制动力时，原则上应缓缓提或回手柄至所需位置，动力制动力的变化量每 3 s 应不超 90 kN(指整台机车或每台牵引电机不超 15 kN)。

需分次移动时，HXD_3 型机车每次移动应不超 0.3 级(即动力制动力变化量整台机车不超 104 kN 或每台牵引电机不超 17 kN)。

在满负荷或无负荷区域可迅速提回手柄。

以 HXD_3 型机车运行速度 50 km/h 时为例。

此时动力制动手柄级位小于或等于 4.9 级的级位均为"满负荷级位"，此时手柄在 4.9～1 级(满负荷级位)之间根据需要可迅速移动。

运行速度 50 km/h 时 HXD_3 型机车的目标速度级位是 6 级，此时手柄在 6～12 级(无负荷级位)之间根据需要可迅速移动。

4. 列车开车时提手柄方法

客车开车：HXD_3 型 1 级、SS_4 改型不超 2 级，起动 3 s 后再缓缓提手柄至所需位置。

货车开车：先提 1～2 级，伸开钩后再较快移至 3～4 级，需继续增大牵引力时，应缓缓提手柄至所需位置。

5. 机车工况转化时手柄移动方法

牵引转惰行时：缓缓回手柄至牵引力不大于 15 kN 或相应的电流位置处(指每台牵引电机)，3 s 后再将手柄回 0 位(惰行时不要放在无负荷级位，以减少各风机等辅助设备电能消耗)。

惰行转牵引时：可将手柄较快提至对应运行速度约十分之一级位处(HXD_3 型机车略高、SS_4 改机车略低)，产生不大于 15 kN 或相应的电流(指每台牵引电机)，3 s 后再缓缓提手柄至所需位置。

上动力制动时：根据列车运行速度，将动力制动手柄较快移至略低于运行速度的十分之一加一级位(如 60 km/h 时，为略低于 7 级如 6.8 级)，先产生不大于 15 kN 或相应的电流(指每台牵引电机)，使车辆缓缓形成压缩状态，3 s 后再缓缓移动手柄增加制动力。

解除动力制动时：将制动手柄缓缓回至制动力不大于 15 kN 或相应的电流位置(指每台牵引电机)，3 s 后再将手柄回 0 位(惰行时不要将制动手柄放在无负荷级位，以减少各风机等辅助设备电能消耗)。

6. 紧急情况下的回手柄

出现紧急情况应快速回手柄，迅速解除牵引力，并采取相应措施。

二、恒力准恒速电力机车手柄跟进运行速度操纵法

对于恒力准恒速电力机车如果要保持满负荷牵引力或制动力的操纵是很容易做到的，只要将主手柄或制动手柄放置满负荷级位即可。但是在许多情况下，为实现阶段优化操纵目标，就不应使用最强的牵引力和制动力，这就需要根据列车运行速度变化，随时跟进(调整)手柄级位，以达到抑制空转、防止滑行、发挥较理想的牵引力或制动力实现列车安全经济平稳运行等目的。比如天气不良黏着能力大幅下降时，重货列车在困难上坡道运行时，对于 HXD_3 型机车在不同速度就需要跟进不同的手柄级位。

例如，根据 HXD_3 型机车黏着性能试验，持续下雨时，对于撒砂良好的机车如果负荷级位的名义牵引力("名义牵引力"参见第二章第三节)大约是 400～430 kN 时，往往能发挥出最佳牵引力。也就是持续下雨、撒砂良好并在困难地段运行时，在 0～45 km/h 手柄级位应保持在

约 5.3 级(建议不低于 5 级并且不大于 5.6 级,此速度范围约是 5.2～5.7 级手柄的恒力区);45～55 km/h(该速度范围已明显进入牵引力的线性区)手柄级位应保持在高于运行速度对应的目标速度级位 0.6 级以上(即调整名义牵引力在 384 kN 以上);55 km/h 以上手柄级位可保持满负荷级位运行(55 km/h 时的外包线牵引力为 431 kN)。

HXD_3 型机车在线性区,运行速度每变化 1 km/h 或手柄级位每变化 0.1 级,就会引起名义牵引力变化 64 kN 或名义动力制动力变化 36.4 kN。只有列车司机熟练掌握线性区手柄级位和目标速度的相对关系,根据速度变化及时跟进手柄,才能发挥较为恒定的牵引力或动力制动力。手柄跟进运行速度操纵法的难点就在于此,需要认真学习、细心体会。

对于 HXD_3 型机车动力制动,有的乘务员无论何种情况均习惯于使用满负荷级位,这应予以纠正。从 HXD_3 型机车动力制动特性曲线可以看出外包线以内区域全部为线性变化区,为保证列车制动平稳、安全、高效,对于动力制动跟进运行速度的操纵也需要认真学习、细心体会。对于天气不良动力制动手柄跟进运行速度操纵可参照第七章第四节第三部分中有关内容。

三、货物列车站内一次停妥特殊操纵法

①为提高效率,在确保安全平稳的前提下,货物列车进站停车时应尽量做到一次停妥。

②距出站信号机 100 m 以上列车尾部能全部进来的货物列车应采用较高速度使用空气制动一次停妥的一般操纵法。

③距出站信号机 100～50 m 能进来的货物列车应采用一次停妥特殊操纵法。其要点为,站内先使用动力制动将列车速度控到较低后,再采用空气制动停车。空气制动减压量以不超 70 kPa 为宜,此种情况可出现排风不止停车,应视为正常。

④司机对牵引列车总长度和各中间站停车股道的有效长应做到心中有数,以便及时决定是否采用一次停妥特殊操纵法。

⑤站内无明显下坡道的停车站可采用一次停妥特殊操纵法。

⑥使用动力制动时,防止因制动力或制动电流过大产生滑行导致监控数据出现滞后误差,危及安全;在阴雨、雾天及钢轨有油时可不采用一次停妥特殊操纵法。

⑦无论采用一次停妥特殊还是一般操纵法,停车后要注意确认列车是否整列到达。

⑧一次停妥特殊操纵法举例。

HXD_3 型机车牵引 5 500 t 货物列车、换长 84.0、平道、天气良好、动力制动正常、道岔限速 45 km/h、线路有效长 1 050 m。

站外合理调速,掌握 35 km/h 速度进站,33 km/h 距出站信号机 850 m 动力制动,并随着速度下降缓缓移动手柄位置,距出站信号 210 m 时以 12 km/h 解除电制,距出站信号 120 m、11 km/h 减压 50 kPa 距出站信号机约 65 m 停车。

列车总长:$11\times84.0+21=945$ m;尾部空闲:$1\ 050-65-945=40$ m。

一次停妥比二拉节省时间 2～3 min。

四、特殊情况下的手动过分相操纵方法

①慢行、等信号、机车故障、天气不良重货列车坡道运行等情况,造成电力机车牵引的列车速度过低过分相区时应手动过分相。手动过分相应掌握晚断早合原则,即尽量到断电标断电、断主断,到合电标立即合主断、加载。

②电力机车必须停车时，一般应越过分相区停车；若需停在分相区前，应留出加速距离；若已越过必须的加速距离，分相前就应尽量加速，尽量能闯过分相区，即使不能完全越过分相区，也能为安排从列车前部救援创造有利条件，缩短救援时间。

③关于停在分相区前的距离，未见规章有这方面明确规定，可参照济南铁路局机务处《机务非正常情况下行车应急处理预案》机安函[2010]209 号第二十五条："电力机车在区间被迫停车时，尽可能避免停在无电区，应在分相断电标前不少于 800 m 处或过分相后停车"。

④从断电标到合电标的距离《技规》第 376 条规定为 90 m，其中分相绝缘器长为 30 m，断合电标在分相绝缘器的两端各 30 m。但现场许多分相区从断电标到合电标的距离约 270 m，这需要引起注意。

⑤《操规》第二十一条："货物列车若通过分相绝缘器前，列车速度低于 20 km/h 时，允许快速退回牵引手柄或低负荷断开主断路器。"

⑥为便于列车司机掌握各种列车各种坡度特殊情况下的最低过分相速度，利用铁道部科学研究院的《牵引电算》V2.5 版软件，对 HXD_3 型机车牵引全列重车、全列空车、旅客列车、单机运行进行了模拟。有关情况如下。

为留有余地从断电标到合电标的距离分别按 100 m、300 m 两种情况进行计算，断电标至合电标为惰行，对应于每种列车、4 种坡道，列车至合电标速度分 15 km/h、10 km/h、0 km/h 三种情况，模拟断电标列车对应速度，相应的最短加速距离分别按一定比值增加，分别将有关数据列于表 7-7、表 7-8、表 7-9、表 7-10 中，其中断电标速度 1、加速距离 1 对应断电标到合电标的距离为 300 m的情况；其中断电标速度 2、加速距离 2 对应断电标到合电标的距离为 100 m 的情况。

表 7-7 HXD_3 牵引整列重车特殊情况过分相最低速度及最短加速距离参考表

坡度‰	平道			2‰上坡道			4‰上坡道			6‰上坡道		
断标速 1	17.5	13.5	9	21.5	18	15	24.5	22	19	28	25	23
断标速 2	16	11.5	5.5	18	14	10	19	16	12	21	17	14
合标速度	15	10	0	15	10	0	15	10	0	15	10	0
加距 1(m)	229	151	83	487	363	271	857	713	552	1 668	1 285	1 116
加距 2(m)	194	108	36	341	215	121	487	358	208	790	506	348
加距增幅%	10	20	50	5	10	20	5	10	20	5	10	20
备注	1. 编组情况：为简化编组，牵重 5 500 t、63 辆，列车总长 938 m。 2. 平道、2‰上坡道分相前停车加速距离按 5 级，4‰按 6 级进行模拟。 3. 受 HXD_3 黏着牵引力限制，6‰上坡道分相前停车加速距离是按 SS_4 改 7 级进行模拟的。											

表 7-8 HXD_3 牵引整列空车特殊情况过分相最低速度及最短加速距离参考表

坡度‰	平道			2‰上坡道			4‰上坡道			6‰上坡道		
断标速 1	20.5	17	13.5	24	21	18	27	24	22	30	27.5	25
断标速 2	17	13	8	19	15	11	20	17	13	21	18	15
合标速度	15	10	0	15	10	0	15	10	0	15	10	0
加距 1(m)	105	75	54	134	110	90	189	157	148	231	210	204
加距 2(m)	72	50	30	94	67	45	127	89	60	158	125	92
加距增幅%	10	20	50	5	10	20	5	10	20	5	10	20
备注	为详细编组，牵重 1 409 t、65 辆（其中 C_{62}-20 辆、P_{62}-10 辆、G_{60}-5 辆、C_{62A}-10 辆、N_{60}-5 辆、C_{61}-15 辆），列车总长 896 m。											

表 7-9　HXD$_3$ 型机车牵引 17 辆客车特殊情况过分相最低速度及最短加速距离参考表

坡度‰	平道			2‰上坡道			4‰上坡道			6‰上坡道		
断标速 1	19.5	15.5	12	23	20	17	26	23.5	21	28.5	26	24.5
断标速 2	17	13	7.5	18	14	10.5	20	16	12.5	21	18	14.5
合标速度	15	10	0	15	10	0	15	10	0	15	10	0
加距 1(m)	82	60	41	117	97	75	165	142	132	205	194	185
加距 2(m)	65	41	27	76	47	42	104	66	48	125	100	69
加距增幅%	10	20	50	5	10	20	5	10	20	5	10	20
备注	1. 为详细编组，牵引质量 927 t、17 辆、列车总长 472 m。 2. 分相前停车加速距离按 3 级进行模拟。											

表 7-10　HXD$_3$ 单机特殊情况过分相最低速度及最短加速距离参考表

坡度‰	平道			2‰上坡道			4‰上坡道			6‰上坡道		
断标速 1	21	17.5	14	24	21	18.5	27	25	22	30	28	25.5
断标速 2	17.5	13	9	19	15	11.5	20	17	13.5	22	18	15.5
合标速度	15	10	0	15	10	0	15	10	0	15	10	0
加距 1(m)	35			40			45			50		
加距 2(m)	26			30			32			35		
加距增幅%	100			70			50			30		
备注	分相前停车加速距离根据断电标处速度按 2 级或 3 级进行模拟。											

五、动力制动及动力制动与空气制动配合使用方法

1. 动力制动使用要求及恒力准恒速电力机车动力制动与空气制动配合调速条件

①动力制动使用要求

对于旅客列车，《机车操作规程》规定“列车在长大下坡道运行中，应采用动力制动为主，空气制动为辅的操纵方法”。

动力制动可以单独使用（单独使用的优点参见第三章第三节第四部分有关内容），也可以与空气制动配合使用。

动力制动及动力制动与空气制动配合只适用于调速，不准用于停车。

非特殊情况动力制动与机车单阀不能同时使用，以防止制动力超过黏着力造成滑行擦伤动轮。

正常天气下，HXD$_3$ 型、SS$_4$ 改型电力机车的最大制动力基本不受黏着条件限制，天气不良时最大制动力将受到黏着条件限制，此时要注意适当降低制动力，防止滑行造成 LKJ 数据滞后误差。

无论是单独使用动力制动还是与空气制动配合使用，一般情况动力制动力或电流不应超过最大值的 90%。

②恒力准恒速电力机车动力制动与空气制动配合调速条件

HXD$_3$ 型、SS$_4$ 改型电力机车为恒力准恒速电力机车，此类机车牵引及动力制动特性“硬”。要保持满负荷动力制动力（最大制动力）很容易做到，但要保持适宜的制动力则要采用跟进运行速度操纵法。

动力制动与空气制动配合调速时，如果采用满负荷动力制动力操纵，会引起列车运行速度较快下降。尤其是牵引空货列车或牵引质量较小的货物列车，易造成速度过低时才能缓解空

气制动,甚至无法再缓解空气制动。对于空货列车或空重混编列车采用跟进运行速度操纵法时,若跟进的制动手柄级位不及时,易造成列车冲动。因此,对于空货列车或空重混编列车(空车占比例超过50%),一般不适合采用动力制动与空气制动配合调速,应采用纯空气制动调速,并且减压量要尽量小。

下列情况适宜采用动力制动与空气制动配合调速:

重货列车在较长大下坡道运行,单独使用动力制动调速无法使运行速度得到有效控制时,或需要过早控制而使运行时间延长时;

重货列车高速运行受刚性波及需尽快大幅减速时;

重货列车理想条件下运行,在平坦及下坡道线路通过限速较低的慢行地点前或进站停车需站外调速时。

2. 动力制动与空气制动配合调速的方法

需要配合调速时,先使用动力制动再使用空气制动;需要解除制动力时,先缓解空气制动,再解除动力制动。

空重混编列车,尤其是前重后空的列车,其减压量要尽量小。

动力制动与空气制动配合调速过程中,前空后重列车可适当减少制动力或电流,以防形成压缩冲动;前重后空列车可适当增加制动力或电流以防产生伸张冲动。

根据速度下降情况及时跟进(提)制动手柄,防止出现无制动力、电流或制动力、电流小引起冲动。

货物列车动力制动与空气制动配合调速时,自阀减压后至缓解前机车动力制动力应不小于 30 kN。

配合调速时,一般从自阀手把移缓解位后 3~10 s 内伸张冲动最强,为避免冲动,在冲动到来之前,机车需要保持较强制动力,以提前抵消冲击力的蓄积到来。因此,自阀移至缓解位后,10 s 内机车动力制动力应不小于 100 kN,10 s 后可逐步减少,20 s 后可完全解除动力制动力。

动力制动与空气制动配合调速在自阀缓解时,普通货物列车不应低于 15 km/h,重载货物列车不应低于 30 km/h。

3. 特殊情况下动力制动的使用

正常情况下不准使用动力制动停车,特殊情况下(折角塞门关闭、空气制动失效、常用制动时易起非常的列车)可以使用动力制动停车。但要注意 HXD_3 型机车 4 km/h 以下将无动力制动力,SS_4 改型机车速度为零时要立即解除动力制动,并使用空气制动,防止倒溜。

六、电力机车牵引旅客列车的操纵问题

非特殊情况,不是在长大下坡道运行,不应使用动力制动调速、停车,特殊情况必须使用时,应缓上缓下。有关提回动力制动手柄方法参见本节第一部分中有关内容。

因制动时列车降速快,恒牵引力、准恒速电力机车低速范围牵引力变化幅度大,牵引手柄位不易掌握。因此,恒牵引力、准恒速电力机车可不采用牵引辅助制动法,但运行中采用空气制动时要使机车制动缸呈缓解状态,以防止列车冲动。

七、货物列车在高坡地段的防溜操纵(参见文献[2])

在电气化区段,因变电所跳闸或意外事故而造成接触网长时间停电后,列车在坡道停车的防溜问题非常关键。

郑州铁路局做过两次车辆在紧急制动后制动缸压力与时间关系的静止试验。试验中发现各辆车的制动缸压力下降快慢悬殊，但由于试验辆数足够多，试验数据的平均值就很有代表性，可作为确定溜逸时间依据。

根据试验结果，制动缸在制动 3 h 后平均压力还在 120 kPa 以上，而在 20‰的坡道上车辆开始溜动的制动缸平均压力为 52 kPa，由此可以认定：在 20‰的坡道上列车紧急制动 3 h 后不会自动溜走。

对于上坡方向的列车，停车制动时应使车钩处于拉伸状态。如果车钩处于压缩状态，在车辆溜动时就会对机车产生冲击而使列车容易溜动。同理，对于下坡方向列车，停车时要使车钩处于压缩状态。

停车后要将自阀放紧急制动位，排完列车管的压力空气（放紧急制动位排完列车管的压力空气，有利于防止车辆自然缓解，这一点很重要）。在列车管压力空气排完后，为切断撒砂阀空气通路以节省风源，可将自阀手把移常用制动位。

八、SS_4 型机车甩单节后操纵方法指导

SS_4 型机车牵引 5 500 t 列车甩单节后，在平道上全负荷时的均衡速度约为 80 km/h，在 3‰上坡道全负荷时的均衡速度约为 35 km/h，全列在超过 3‰上坡道停车后将无法起动。

因此，较为平坦的线路甩单节后可维持运行，但停车、等信号、天气不良等情况易造成运缓、坡停。

在区间甩单节后应尽量维持运行至前方站。当前方有超过 3‰的上坡道并且持续距离较长时，应请求在就近车站侧线停车并汇报情况。

例如，京沪线上行泰山站需要甩单节时，对于牵重超过 3 200 t（天气不良超过 2 700 t）的列车，就不应继续运行。对于界首站甩单节的列车可继续运行，但要和调度汇报，以确保张夏—炒米店间不等信号。

第八节　货物列车运行中突起非常停车的综合判断处理方法

一、突起非常停车的综合判断步骤

发生此种情况首要的是应尽快作出正确判断，否则，往往是忙中、慌中出乱，欲速则不达。

1. 是否妨碍邻线

①停车后立即从邻线一侧进行后部瞭望。

②确认影响邻线时先安排邻线防护，再安排本列检查。

③因曲线、视线等原因不能确认影响邻线时必须立即对邻线进行防护。

2. 是否列车分离、是否脱线或颠覆

①停车后先后部瞭望，确认有无列车分离、脱线颠覆迹象。

②当车辆原因造成列车管严重漏风充不满风时，可能为列车分离，需去后部进一步检查确认。

3. 列车管是否能充满风

①单阀全制动位做好防溜。

②对有关装置复位后，将自阀手把移缓解或运转位，向列车管充风，充风 2～3 min，首先初步进行列车管泄漏试验，可将自阀手柄放中立或最低减压位，以切断向列车管充风，此种试验法也称为快速测漏法（此时列车管并未充满，有段虚风压，切断向列车管充风后，管压很快将

达某一实风压，看泄漏应从实风压开始）。若风压泄漏正常，必须充满风后进行简略试验，认真确认排风音响及时间正常，泄漏量不超规定后开车。

③初步进行泄漏试验时，若风压很快降为零，可初步确定为机车或车辆制动系统严重漏泄所致。

④首先确认机车。方法是关闭机后折角塞门进行充风试验，若充不满风，就属于机车原因，属机车原因时一般多为自停动作未复位，确认后必须先恢复自停。

⑤若机车可以充满风，那就是车辆的问题。去后部检查前，司机首先应将机车制动机处置好。学习司机（换乘司机）携带有关工具和防护用品向后部查找处理。

⑥后部检查，未查明故障原因，必须检查到最后一位。

二、邻线紧急防护

按"一报告、二防护、三检查"顺序进行处理，并以最快速度对邻线进行紧急防护。

妨碍或可能妨碍邻线时的防护程序，可按《机务部门非正常情况下行车应急处理预案》第二条办理。

三、列车突起非常制动停车的原因分类

①列车分离类：车钩自动开启，断钩，机车、车辆脱轨、颠覆。

②制动系统严重漏泄类：制动软管连接器跳开，制动软管破损，主风管爆破，车辆截断塞门以里破损（如制动支管断等）等。

③列车运行监控记录装置动作。

④常用制动时列车起非常。

四、后部检查处理应携带的主要工具和防护用品

手持机、管钳子、连接器胶圈、纸笔等；信号旗或灯、短路铜线、响墩、火炬。

五、后部查找前司机对机车制动机处置的关键步骤

①单阀手把置全制动位，防止列车溜逸。

②将自阀手把放置缓解或运转位，不断向列车管充风，这是便于查找制动系统严重漏泄类故障处所的关键（在大坡道上停车，如果仅凭机车全制动不能保证停留时，应采取其他防溜措施）。

经验教训：若将自阀手把不放缓解位，就让学习司机（换乘司机）去后面盲目查找，将极难找到严重泄漏处所，而延长处理时间。

六、车辆制动截断塞门以里严重泄漏时的处理

若车辆泄漏处所在截断塞门以里无法排除时，可临时关闭该车辆截断塞门至"关门车"。然后"拉风"（即解除关门车车辆的制动，方法是将副风缸放风阀的拉把向外拉出，并持续一定时间，也可将副风缸放风阀处用石块或其他物品挤住，待副风缸风压排净后再松开，并检查闸瓦间隙）。若不符合《铁路技术管理规程》第 202 条规定时（货车关门车数不超过总辆数 6%，不得挂于机后三辆车内，在列车中连续连挂不超二辆，最后一辆不得为关门车，最后第二、三辆不得连续关门），司机应掌握安全速度运行至前方站改编或将"关门车"摘下。

七、货物列车制动主管（不包括制动软管）发生故障时的处理

根据济南局《行规》第 157 条规定，若发生故障的车辆在列车尾部 10 辆及其以内时，可关

闭故障车前位折角塞门，掌握安全速度，运行至前方站处理。但不要忘记将关闭折角塞门以后的车辆全部“拉风”处理。

如制动主管故障的车辆在列车尾部10辆以前，或虽在尾部10辆以内，但在故障车后部挂有乘坐旅客或装载爆炸品、压缩气体、液化气体、超限货物的车辆时，应分部运行，并将故障车随第一次牵出时挂出。

八、制动软管爆破或拉断后的处理

如制动软管破损，取列车后部或机车前部风管进行更换，并将损坏风管带回；使用机车风管时，到达后应将机车风管卸下取回。

九、钩舌断损时的处理

根据车钩型号取列车后部或机车前部钩舌进行更换，将损坏钩舌带回。使用机车钩舌时，到达后应取回。

十、列车分离后的处理

货物列车分离，制动调速和站内开车占大多数。这其中既有客观因素，也有人为因素。主要原因可能是车钩锁闭装置不良，车钩连挂状态不好，调速缓解时的冲动，人为提钩等(分离大多为一处，个别情况可能超过一处)。

1. 经检查确认采取措施后可整列运行的处理程序

采取措施后可整列运行时不准分部运行。

(1)连挂前注意事项

学习司机(换乘司机)必须认真检查被连挂车辆的制动情况(起非常停车后，短时间内后部分离车辆一般不会自然缓解)，若发现缓解应采取防溜措施，防止因连挂失败而造成的车向后溜逸事故。

将前部分离车辆最后面的折角门关闭。

必须认真调整好车钩钩位，确保一次连挂成功。

(2)连挂注意事项

未得到学习司机(换乘司机)手持机连挂指令或明确的连挂手信号，司机严禁擅自移动机车。

所有工作完成后要认真用手持机通知司机分离距离，并用手持机指挥连挂或显示连挂手信号。

遇手持机故障并相距较远或连挂手信号难以辨认时，应迅速返回机车汇报情况，商定具体的连挂方案。

前部车辆必须充满风后，方可实施连挂。

严格掌握速度，不超3 km/h连挂，认真倾听手持机连挂指令或密切注视手信号显示，及时停车。

(3)试拉

连挂完后，必须认真进行试拉。

(4)连接制动软管、撤除防溜措施

试拉完后，连接制动软管，缓缓开启折角塞门，司机加速充风。若之前已采取防溜措施，此时不要忘记撤除。

(5)确认列车完整

简略试验确认,故障原因消除后,有运转车长时与运转车长联系,简略试验发车;无运转车长时,充满风自行进行简略试验,一定要认真测定排风时间是否正常,并认真进行泄漏试验(放足 1 min,每分钟漏泄不超 20 kPa)。

起动时尽可能注意后部瞭望,再行确认列车的完整性,严防将车辆遗留区间。

2. 经检查确认不能整列运行需分部运行处理程序

济南局《行规》第 121 条规定,在超过 6‰坡度的线路上,不得无动力停留机车车辆。坡度不超 6‰需分部运行时需注意以下事项。

①首先做好后部分离车辆防溜防护工作

非电化区段,按规定轴数拧紧车辆手制动机;电化区段,按规定数量拧紧人力制动机紧固器。

②分部运行处理程序

司机使用列车无线调度通信设备报告前方站和列车调度员。

司机指派学习司机(换乘司机)对遗留车辆做好防溜防护工作。

司机记明遗留车辆数和停留位置。

司机方可牵引前部车辆开往前方站。

半自动闭塞区间,必须在进站信号机外停车联系(已用无线调度通信设备通知车站值班员列车为分部运行时除外),得到准许后再进站。

3. 挂取遗留车辆注意事项

①凭调度命令(命令不清、停车位置不明确时不准动车)、发车信号进入封锁区间。

②使用调车键,距车列 2 km 时,严控速度,不超 20 km/h,在防护人员处或压上响墩后停车。

③挂车前详细询问并检查停留车辆防溜情况。

④认真整理好车钩钩位,确保一次挂妥,连挂后试拉。

⑤遗留车辆挂妥后方能撤除防溜措施。

十一、突起非常停车三种危险情况及安全注意事项

1. 妨碍或可能妨碍邻线时未做或未做好防护可能带来的后果

车辆脱线、颠覆妨碍邻线,可能邻线通过信号机仍然显示进行信号,当未做好防护时,邻线列车仍然高速运行,将会酿成大祸。因此,虽然列车起非常停车妨碍邻线概率较低,但它却是一种最危险情况,机车乘务员应牢固树立邻线防护意识。

2. 分离车辆防溜及遗留车辆连挂

①坡道上的后部分离车辆若不采取防溜措施,自然缓解后将可能发生溜逸而使事态扩大。

②对遗留车辆进行连挂时若未采取防溜措施,当连挂失败时,极易造成车辆溜逸而使事态扩大。

③司机也要重视前部分离车辆的防溜工作,单阀必须保持全制动。学习司机(换乘司机)后部检查处理时,司机原则上不准离开机车(对邻线进行防护及撤除防护时除外),及时向车站报告有关情况,并不断地注视学习司机(换乘司机)的动向。遇有情况果断采取措施。

3. 人身安全

学习司机(换乘司机)后部检查处理时,要利用手持机随时联系,要在确保安全的前提下求

快，但不要盲目求快，要特别注意人身安全。

①注意邻线列车。

②注意脚下障碍物，注意桥梁，尤其是注意无栏杆桥梁，以防坠落。

③检查车钩风管时要高度警惕，发现车有移动迹象立即停止作业，并退出。

④紧松手制动机或人力紧固器也要特别注意安全，尤其是应防止闪空。

⑤拆装车钩时防止碰伤、挤伤、砸伤。

⑥没有得到学习司机（换乘司机）的连挂、试拉等使机车移动的手持机指令或手信号，严禁司机擅自移动机车。

十二、需要强化的意识和需要掌握的基本技能

1. 需要强化的意识

防护邻线意识、防溜意识、人身安全意识、确认列车完整意识。

2. 需要掌握的技能

火炬、短路铜线、响墩的使用；更换制动软管、车钩；关闭车辆截断塞门至关门车；紧松车辆手制动机；人力制动机紧固器的使用；拉风（关门车拉风、主风管故障关闭折角塞门的后部车辆拉风）；检查时应携带的工具；贯通或简略试验的方法、目的、意义。

3. 需要掌握的规章

《铁路技术管理规程》有关条款，第 202 条（关门车规定）、第 270 条（有关确认列车完整方面的条款）、第 293 条（可能妨碍邻线时的防护规定）、第 294 条（放置响墩防护规定）、第 295 及 296 条（列车分部运行规定）、第 299 条（列车运行途中发生车辆故障应急处理规定）、第 360 条（遇响墩爆炸声及火炬信号火光时的规定）等。

各铁路局《行车组织规则》中涉及列车分部运行以及列车在区间自动制动机故障的处理等规定，如济南铁路局《行车组织规则》第 121、第 157 条等。

第九节　CRH2 型动车组平稳操纵方法

动车组的开行使我国步入了高速铁路时代，动车组速度提高到 200 km/h 以上时，运行的平稳舒适已成为重要的指标之一，在保证安全的同时，必须对动车组的平稳操纵问题进行深入分析与研究，制定平稳操纵方法，以适应旅客乘坐动车组对舒适度的要求。

一、CRH_2 型动车组起动与加速的控制

CRH_2 型动车组采用动力分散型交流传动方式，以 4 辆动车和 4 辆拖车共 8 辆车构成一个编组，因此起动迅速，操作时不注意会给旅客带来明显的“推背感”。牵引手柄在 P1 级时牵引力约为 10 kN/编组，所以在起动时应将牵引手柄在 P1 级稍作停留，待列车速度达到 5 km/h 以上再逐级提手柄至目标速度所需的级位，做到起车稳、加速快，避免强烈的“推背感”。牵引手柄的使用可根据加减速需要自由操纵，这是因为动车组牵引传动系统为了控制感应电动机的扭矩和转速，逆变器采用了矢量控制方式。通过矢量控制，与电动机的扭矩有关的电流及与电动机的磁场发生有关的电流被分别独立控制，从而得到高精度的扭矩控制，不仅使系统稳定性高，也使牵引力沿轮轨间蠕滑极限得到控制，获得高的动态性能。

动车组起动前应确认各显示屏、仪表显示是否正常。在长大上坡道起动动车组时，可将牵

引手柄先置于适当级位，再缓解制动，可以减少列车的冲动。

动车组加速运行时，如果加速太快，旅客在惯性作用下会后仰。在减速时，如果制动力过大，旅客在惯性作用下会前倾。不论前倾或后仰，旅客都会有明显不适感，严重时甚至会摔倒。所以在操纵时应做到提手柄不宜过快，提、回主手柄时级与级之间应稍做停顿，以使牵引电机电流稳步上升或降低，既能保证列车的速度要求同时又能减少列车的纵向冲动。

CRH_2 型动车组双组重联时，由于前后两组动车组的牵引指令是通过电指令信号传递，在起动时，应先将换向手柄置于运行方向，并确认两组动车的牵引变流器真空接触器“K”（以下简称 K）都闭合后，再起动。如果闭合换向开关后立即起动，由于前后两组动车接触器“K”闭合存在一定的延续时间，可能会造成前组动车“K”先闭合得电，后组动车“K”后闭合得电，从而造成前后动车组牵引力不同步而使列车产生冲动。

二、使用恒速功能的时机

动车组达到目标速度后，应使用恒速功能保持速度。CRH_2 型动车组恒速设定采用实时定速，恒速控制指令的输出条件是：牵引手柄 P2 级以上，速度大于 30 km/h，ATP 与 LKJ 设备没有隔离。按下恒速按钮 SW，定速继电器 CSR 得到励磁，接点处闭合，输入到车辆信息控制的中央装置。利用动车组的恒速功能，能保证列车以均衡速度运行。

在实际的列车运行中，司机应根据线路状况，列车运行图所规定的运行时刻合理选择设定速度。但在实际操作中发现有时恒速按钮偶尔会释放，达不到恒速的目的，如果手柄级位过高，会造成动车组速度上升，容易发生超速，因而操纵时应将牵引手柄回到 P2 级再使用恒速按钮，避免恒速不良影响动车组运行。

在平道上运行时，一般低于设定速度 1 km/h 或 2 km/h 运行，有时会低于 3 km/h，但维持时间不长。在下坡道上运行时，运行速度等于设定速度且有上升趋势时，动车组的输出功率被限制为零，当运行速度继续上升且超过 3 km/h 时，便会产生再生制动，运行速度便很快降下来，在高于设定速度 2 km/h 时，再生制动停止，在长大下坡道上，运行速度最大高于设定速度 3 km/h。所以在慢行地段，小曲线半径地段应在小于限制速度 4 km/h 时使用恒速按钮，这样在最坏的条件下，也不会超速。在进侧线停车或侧线发车时，应可低于道岔限制速度 4 km/h 时使用恒速按钮，以保证安全。

使用恒速按钮时，按下按钮的同时列车根据牵引电机转子频率将牵引电机电流瞬间切断，会造成列车瞬间牵引力为零，尤其是在线路纵断面变化复杂的线路上使列车产生一定的冲动，由于动车组车钩之间是密贴连接，在起动或加速过程中纵向冲动的产生主要是惯性力大小发生变化，冲动大了会超过乘客舒适度的要求。冲动的大小和牵引手柄的位置、列车的速度、电机电流是否上升和保持稳定有一定的关系，使用时应根据当时列车的运行速度和电机电流的情况，一般情况下应将牵引手柄置于 P2 级，待电机电流下降或上升保持稳定后，再使用恒速按钮。这样做会在一定程度上减少列车特别是双组动车重联电指令信号传递时差造成的纵向冲动。

三、连续下坡道与起伏坡道的操纵要点

由于客运专线起伏坡道多、坡度大，给动车的平稳操纵带来一定难度。

1. 起伏坡道的操纵

动车组要求紧贴线路限速上限运行，才能保证正点，胶济客运专线有多处起伏坡道，在这种情况下，既要保持平稳又要确保正点运行，就必须充分灵活利用好恒速。当动车组由下坡道

即将到达坡底转上坡道运行时，应提前切除恒速，利用下坡道动能加速，在到达坡底时高于需要恒定的速度 2 km/h，然后立即按压恒速按钮，这样动车在上坡道运行时能以线路限速恒速运行；快要到达坡顶时，解除恒速，待速度降低到线路限速 3 km/h 时，再按压恒速按钮，使动车组在下坡道运行也能以线路限速恒速运行，而不超速。这样重复使用恒速按钮，就避免了牵引手柄的重复操作，充分发挥列车动能，保障了列车的正点及平稳。

2. 连续下坡道的操纵

制动系统每操作一次，在产生制动时都会有明显的加速度变化，所以此时应充分利用好动车组自身的再生制动性能以确保平稳，下面以胶济客运专线潍坊—高密区段为例来谈一下此种情况的平稳操纵技巧。

潍坊—高密区段有多处连续长大下坡道，动车组由坡顶开始运行时，若切除牵引力列车速度会不断增加，势必造成频繁的制动操作，影响列车的平稳性能，此区段线路限速 200 km/h，为确保区间平稳运行，最理想的列车速度是 200 km/h 恒速运行，显然惰力运行无法实现。因为动车组有良好的恒速性能，所以能很好地实现 200 km/h 恒速运行要求，但是在哪个速度点启动恒速功能是动车组司机运用的关键，目前正常运用的 CRH_2 型动车组恒速波动范围在(－2 至＋3)以内，所以列车到达坡顶控制速度在 197 km/h 时按压恒速键，列车将在 200 km/h 速度点实现恒速运行，动车组在此状态下，不间断输出再生制动，列车的冲动性极小，明显优于惰力运行状态下人工去制动干预。

四、过分相平稳操纵要点

电气化区段每 30～40 km 设置一次电分相，所以每个运行区段都要经过多处电分相。而过分相时由于动车组牵引系统失电，从而失去动力，而越过分相区后又重新得电。动力的失去与获得，势必造成动车产生纵向冲动，特别是动车组的重联运行，这一现象更加明显。

1. 分相点前需加速运行时(现在的规定是回牵引手柄过分相)

因为分相点处失去牵引力会引起加速度的瞬间变化，所以加速运行时，到分相点前合理使用手柄级位可以避免列车冲动。操纵时应掌握以下方法，在加速中遇分相区前，牵引手柄应及时回到保持该速度的级位，平直道各级位所能保持的速度如下，P1 级保持 25 km/h，P2 级保持 75 km/h，P3 级保持 120 km/h，P4 级保持 140 km/h，P4～P5 级保持 160 km/h，P5～P6 级保持 180 km/h，P7～P8 级保持 200 km/h，P9 级保持 250 km/h。所以在分相区前根据当时速度，及时将牵引手柄置于保持该速度所需级位，确保平稳。

2. 分相点前需减速运行时

若分相点正处于线路限速变化点，过分相时调速因列车的再生制动突然丧失而空气制动不能及时补充造成列车较大冲动，双组重联列车尤为明显，所以操作时应注意以下几点，一是限速变化点正处于分相区，应提前采取制动措施，在 VCB 断开之前，必须达到前方目标速度，保证列车惰力平稳通过分相区。二是限速变化点在分相区后方，这种情况如果及早将速度降下，会影响列车的正点运行。此时可以在 VCB 断开前的瞬间缓解列车一次，人为消除再生制动力，待 VCB 断开后立即施加制动，在分相区内保证了列车纯空气制动状态，待越过分相区后，再生制动会再次投入，但空气制动是一个逐渐减弱的过程，不会造成列车冲动。

3. 重联动车组过分相区的操纵

(1)重联动车组加速运行过分相区

当双组重联动车组加速起动过程中或以较高的运行速度运行至分相区时，电机电流较大同时前后两组动车组断电和得电的顺序和时间也不一致，所以造成了前组动车组较大电流断电而后组动车组仍保持较大电流牵引运行的情况，从而造成较大冲动。过分相后自动上电时也同样如此，所以为了避免上述情况的产生应采取预先将主控手柄位置置于切位，切断前后两组动车组的电机电流，以惰行方式越过电分相确认自动上电并且 K 合并后再提升牵引主手柄。

(2)重联动车组减速运行中过分相区

由于速度的要求需要重联动车组减速通过分相区时，前组动车失去再生制动改为空气制动，后组动车仍有动力，以再生制动为主，前后组动车的制动力在短时间内进行调整，势必造成很大的冲动。因此在实际操纵中要提前做好预想，选择制动的最佳时机，在保证运行时分的前提下，在过分相前可人为将列车速度减速至前方限速要求后，缓解列车制动，惰力滑行过电分相后再实行制动。尤其是在 ATP 控制区时，更应提前进行人为干预。

如果在分相区内必须进行调速时，为确保列车平稳，可以直接将换向手柄置于“关”位，使 K 处于断位，切除再生制动，在纯空气制动状态下越过分相，保证列车的平稳。

五、动车组制动系统的性能

CRH_2 型动车组采用电气指令式微机控制直通式电空制动，具有防滑保护、载荷自动调整制动、安全制动等功能。它充分利用动车再生制动，再生制动力不足时由空气制动力补充。由于动车组的这种性能，制动时运行速度在高速和低速时，同样制动等级的制动力是不同的，所以操纵时应注意。动车组在途中调速或站内停车时宜采用 B1～B4 级制动，这样制动力比较缓和，可以在操纵时做到准确、准时、平稳。

实施常用制动时，应考虑列车速度、线路情况、限速要求、停车目标距离等因素，准确掌握制动时机和级位，先使列车产生制动力后再逐位增加，保持均匀减速。速度较高时应使用较高级位的制动，因为动车组在高速制动时以再生制动为主，拖车基本不参与制动，这样节能的效果比较明显。在正常情况下增加或减少制动力时，手柄操纵应逐位进行，进行制动或缓解时在制动“1”级稍作停留，确保平稳。遇紧急情况施行制动时，迅速将制动手柄置于“紧急(快速)”位，并解除牵引力。

六、机控和人控的操纵要点

CRH_2 型动车组控车方式分为机控和人控两种。列控车载设备控车即 ATP 机控时只进行制动和缓解两种操作，不调整制动力的大小，因此列车减速度变化大，不利于平稳，所以在正常调速时要多加注意。进行减速时，在 CTCS2 区段由 ATP 调速的同时司机应使用 B4 级制动时列车保持均匀降速调到理想速度，避免 ATP 产生 B7 级制动，否则列车有明显冲动。在 CTCS0 区段由司机人控时，遇有线路降速区段或临时减速慢行需要制动时，应先将制动手柄置 B1 级，待动车组产生稳定的制动力后逐步推手柄置 B3、B4 级。一般情况下手柄在 B4 级时产生的制动力与 LKJ 形成的降速曲线保持同步，这样既可以使动车组平稳缓和的减速，又可以做到贴限运行，保证区间的运行时间。

在 ATP 实施常用制动时，一般在高于限制速度 5 km/h 缓解。例如，道岔侧向限制速度为 45 km/h 时，列控车载设备在 50 km/h 时缓解，而缓解后的速度一般高于道岔限制速度，这样司机会再次施行制动。所以列控车载设备实施常用制动时，在其缓解前，司机应根据线路状况，将制动手柄置于一个合适的制动级位，待列车运行速度降至安全速度后再缓解。这样冲动会明显减小，会提高旅客乘坐列车的舒适度。

七、站内侧线对标停车的操纵要点

动车组站内侧线对标停车是动车组平稳操纵的重要技能之一，在停车的同时，既要做到对标，让等车旅客的位置正好对准车门；又要做到平稳，让坐车的旅客感受不到停车带来的冲动，所以对动车组司机有较高的技术要求。

侧线对标停车时宜采用 B4 级以下的低制动位，这样制动力比较缓和，当速度降至 5 km/h 以下的时候，5SR 失电，正基联锁断开，使 10 号线失电，再生制动被切除，停车时动车组为纯空气制动，其制动力明显增强，所以动车组在停车时必须逐级减挡，采用 B1 级准确对标停车，这样在停车的瞬间冲动明显减小。

动车组进入侧线道岔前，制动调速至 45 km/h 以下缓解，根据进站前的线路纵断面，利用恒速功能，保持列车以 41～44 km/h 进入停车线。

单组动车组在距单组动车组停车位置标 400 m 左右牵引手柄回至切位，惰力运行至距单组动车组停车位置标 200 m 左右时制动手柄置于 B1 级，待列车产生制动并稳定降速后，逐级推至 B3 级，列车速度降至 28 km/h，距停车位置标 70 m 左右，逐级退回 B1 级，集中精力目视侧窗观速，列车距停车位置标 20 m 左右时，列车速度应在 14 km/h 以下，否则应追加一级制动。目测感觉前闭罩最前端对标时，B1 级制动均匀降速情况下，速度应在 8～9 km/h，列车将平稳对标停车，速度超过这个范围应追加一级制动确保对标停车。

重联动车组在距重联动车组停车位置标 400 m 左右牵引手柄回至切位，惰力运行至距重联动车组停车位置标 200 m 左右时制动手柄置于 B1 级，待列车产生制动并稳定降速后，逐级推置 B3 级，列车速度降至 25 km/h，距停车位置标 50 m 左右，逐级退回 B1 级，距停车位置标 20 m 左右时，列车速度应在 12 km/h 以下，否则应追加一级制动。目测感觉前闭罩最前端对标时，B1 级制动均匀降速情况下，速度 6～7 km/h，列车将平稳对标停车，速度超过这个范围应追加一级制动确保对标停车。

八、平稳操纵结论

通过对动车组各种情况下操纵的分析，造成动车组冲动的原因有多种，其中重联动车组在过分相及分相区内制动时的冲动尤其明显，此外速度低且手柄级位高时过分相冲动也很大。因此，动车司机在操纵时应集中精力，合理使用手柄级位和恒速按钮。ATP 控车区段及时进行人工干预，分相区内尽量不制动，重联动车组过分相手柄回至切位，以确保动车组平稳舒适运行。

侧线对标停车时，注意力集中，盯好单组或重联停车位置标，使用 B1～B3 级制动，逐级退回至 B1 级平稳对标停车，这样既保证运行时分，又做到稳、准停车。在停车的同时让旅客感受不到一丝的冲动，对标位置的准确保证了旅客等车的位置正好对准车门，上下车不多走一步路，确保动车组的服务质量，树立良好的动车司机形象。

第八章　列车优化操纵示意图

第一节　列车优化操纵示意图的编制要求

一、列车优化操纵示意图应包含的主要内容

1. 标准编组列车的开放式速度线

以牵引货物列车为例，通常情形下，一个机务段所使用机型固定、乘务区段固定，而货物列车编组却是复杂的。不同编组的列车，它们的速度特性就不相同。如全列是空车或全列是重车时，其速度特性，尤其是惰行速度特性就存在着很大差别，因而在操纵方式上也存在很大差别。根据经验，在操纵货物列车时，列车司机要重点掌握好重货列车的操纵。这是因为，空货列车的速度相比之下容易得到控制。考虑到货物列车编组的复杂性及其对速度特性的影响，不可能也没必要将各种编组列车的开放式速度线一一绘制出来。因此，在机务段“列车优化操纵示意图”上只绘制主型机车牵引标准编组货物列车时的开放式速度线。

2. 在开放式速度线之下确定无用速度(动能)范围

根据计算、分析结果，在标准列车的开放式速度线之下确定无用速度(动能)范围。这样做能使司机更加清楚列车在各参照点获得动能的有用程度，在有必要采取保守式操纵方法时，懂得在什么范围采取牵引保守式操纵和在什么范围采取制动保守式操纵来拖延必要时间，以使列车获得的有用动能得以充分利用，使列车运行秩序得到优化。

3. 依据实际情况将牵引区段划分成几个或多个操纵小区

这样能使阶段优化目标更加清晰，既便于优化操纵指导要点书写，也便于列车司机学习和使用。

4. 标出对优化操纵有较大影响的凸、凹变坡点

凸或凹变坡点是一类重要的经济控制点。如果能在列车优化操纵示意图中标出，就能使司机在实际操纵中引起足够重视。

5. 标出某些车站开放式停车牵引终了地面参照点及对应速度值

加速终了的速度值对于列车运行的经济性有较大影响，而此速度值应与地面参照点相对应。这样做是为了避免实际操纵中的两个极端，即不会过早地由牵引运行转为惰行而引起运缓，也不会过晚地转为惰行而引起过多的有用动能损失。而评价其过早或过晚应把过渡地点和过渡速度以及运行点的松紧程度综合起来考虑。

6. 标出中间站所属经济类型

采用保守式操纵时，使司机更加明确保守目标的重要程度。

7. 标出部分车站使用列车无线调度通信设备的恰当地点

能使司机清楚取得前方站列车运行信息的恰当地点，当前方站产生刚性波及时，能有足够时间、距离采用适度保守式操纵。

8. 标出有用动能倾注热点中间站

中间站是使通过列车产生有用动能损失的主要场所。对于重货列车来讲，当正常通过受

到刚性波及时，大部分有用动能是倾注于(制动消耗于)车站进站信号机外方，并且易产生连锁效应，使局部运行秩序恶化。如果能在示意图中标出，就能提醒司机及早采取措施，获得前方站影响本列正常运行的有关信息，就可化解刚性波及，优化局部运行秩序。

9. 用文字较详细地写出优化操纵指导要点

优化操纵小区和站间指导要点应结合起来。

二、优化操纵示意图应为列车司机提供全方位的操纵方法指导

优化操纵示意图不仅应提供给列车司机理想条件下开放式操纵方法指导，而且也应提供各种非理想条件下的适度保守式操纵方法指导。它强调具体问题具体分析，重视运行条件，并反复向列车司机灌输这样一种观念，即优化操纵不仅是对本列的优化，更重要的是对运行秩序的优化，是安全、经济、效率的统一；强调所提供的方法只是一种指导，完全不必拘泥于此。重要的应是对宏观、微观方法的融会贯通，熟练运用。

开放式速度线及对应工况组合为列车司机提供了理想条件下优化操纵方法指导，加之优化操纵指导要点的解释，使抽象的优化操纵方法变的具体、实在和可操作。

无用动能范围，凸、凹变坡点，恰当地点，车站经济类型，有用动能倾注热点，加之优化操纵指导要点的解说，使保守式操纵方法也变得看得见、摸得着。

因此，优化操纵示意图提供给列车司机的是全方位的优化操纵方法指导。列车司机通过学习、实践，先对此有所感悟，进而使之在一个较短时间内得到明显提高。

列车司机应熟知线路、信号设置等，并能熟练掌握一类标准编组列车在正常气候(主要指风速、风向)条件下的开放式与保守式操纵；要有丰富行车经验和对列车运行趋势的准确判断；能在正常气候条件下，通过其他列车与标准列车的比较和在非正常气候条件下通过与正常气候条件下的比较，可以适度调节牵引或制动操纵器件达到准确控制列车运行速度，尤其是各重要经济控制点的运行速度。因此，如果司机能具备这种综合能力，他便熟练掌握了机车优化操纵技术。那么，无论在什么气候条件下，也无论是什么编组的列车，在他所熟悉的线路上，能始终使列车沿优化的速度线运行。

三、操纵小区划分问题

根据实际限制条件列车司机操纵最终都可以归结为这样一个最根本的问题，即是采用开放式操纵，还是采用何种程度、何种范围的保守式操纵。

从整个乘务区段来看，范围似乎大了些。根据实际情况，可将一个乘务区段化分为几个或多个操纵小区，再逐一研究每个操纵小区列车运行中可能遇到的各种问题，以及解决这些问题的办法。在一个操纵小区内作为货物列车遇到的情况一般为下列四种。

1. 列车在不受任何波及的理想条件下运行。

2. 列车在非理想条件下运行。

3. 中间站安排停车。

4. 终点站安排停车。

当列车面临 1 中所述情况时，在该操纵小区，司机可采用开放式操纵；当面临 2 中所述情况时，依据波及强度，采用与之相对应的适度保守式操纵；当面临 3 中所述情况，应采用开放式停车操纵，一般不会使货物列车造成太多有用动能损失；当面临 4 中所述情况，对于平坦线路应按照优化操纵示意图标出的牵引终了地面参照点及其对应速度值适当控制，而在此之前一

般可采用开放式操纵。对于较不经济、不经济型中间站安排重货列车停车，通常司机所发挥的作用不大，不可避免要造成较大列车有用动能损失。

通过以上分析，较清楚地认识到，无论列车的实际运行过程如何复杂，情况如何千变万化，在列车运行限制条件下，总存在一种最优化的操纵方法与之对应。尽管以人工控制为主的机车操纵很难达到对应条件下的最优化状态，但借助列车优化操纵示意图，通过列车司机采用与之对应的操纵方法，得到满意解还是比较容易做到的。

第二节　列车优化操纵示意图设计举例

附：京沪下行线济西—大汶口间列车优化操纵示意图

HXD_3 型电力机车牵引，牵引质量 5 500 t。

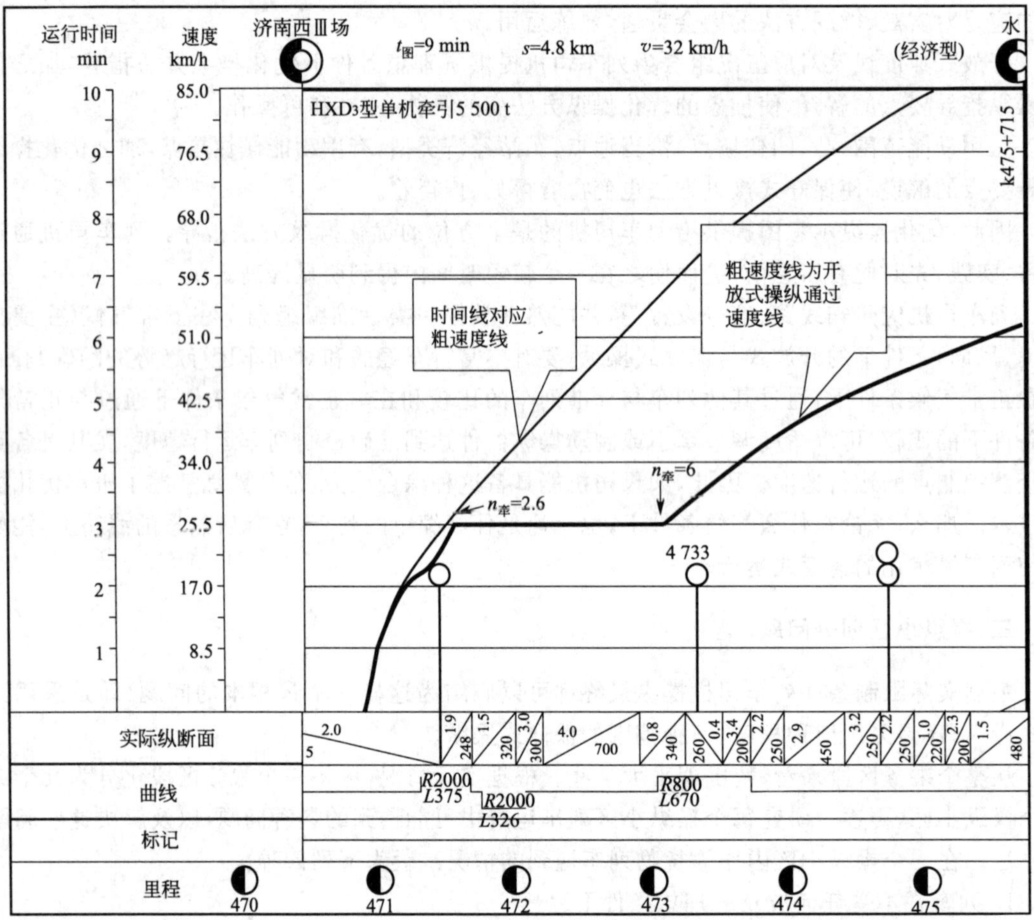

注：水屯站：

1. 停车程序(3股)：

主手柄领速 40 km/h 进站后断电，距出站 800 m，32 km/h 电制控速，距出站 100 m，8 km/h 断电后减压 50kPa，酌情追加减压 80 m 停车。

2. 股道有效长和道岔侧向限速：

1股 1 279 m；2股 1 290 m；3股 1 116 m；4股 1 095 m；5股 1 050 m；6股 1 065 m。限速：45 km/h。

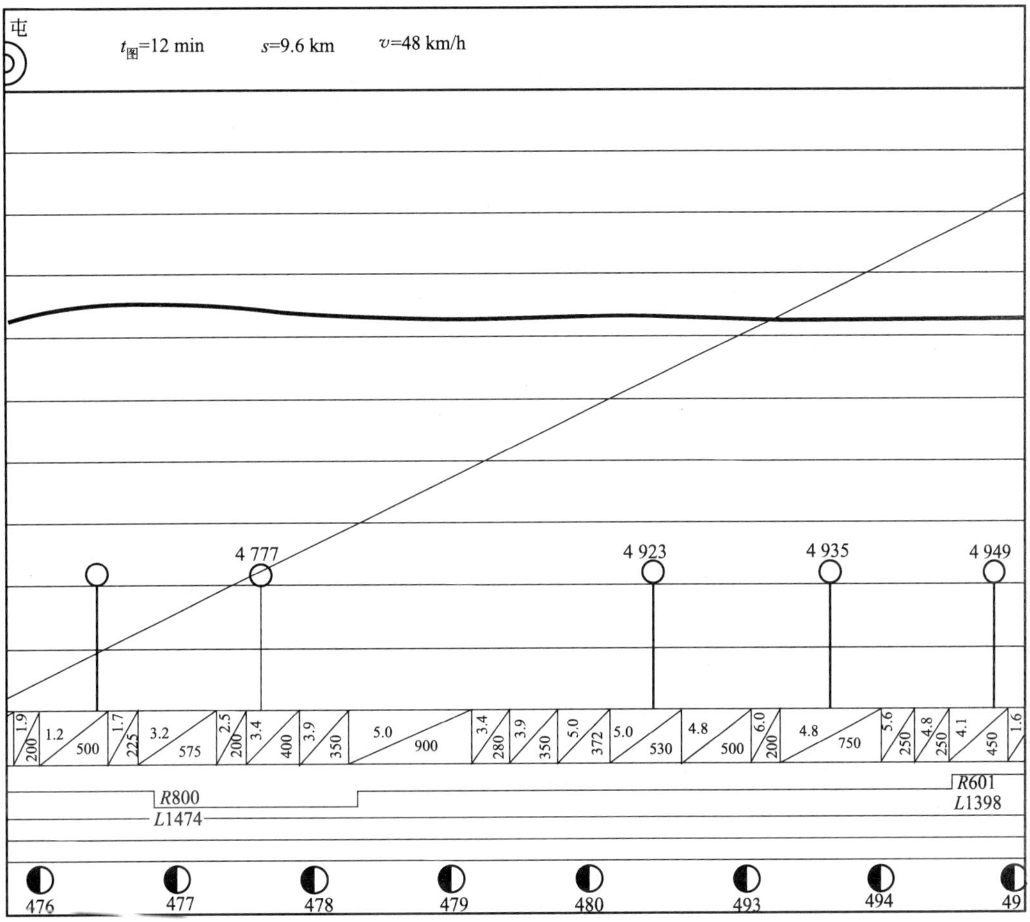

一、济西—党家庄优化操纵小区(以后简称小区)

1. 小区综述

该小区地处较大上坡道,机车高负荷运行,天气不良时水屯—党家庄间易发生运缓,坡停易发生在党家庄一接近前后,济西出库要保证砂路畅通,困难地段前保持好合适间隔,以防坡停。

2. 优化方法指导

①济西站为始发站,试闸后 5 min 未开放信号,要严格遵守作业标准进行制动保压的规定(防止折角塞门关闭)。

②为提高枢纽站的能力,理想条件下,济西站内开车应采用两段加速操纵方法,即起车后尽快加速至道岔侧向限速,尾部出岔后再加速。

③雨雪天气未减吨时,要向调度、车站提出申请。

④天气不良,前方无列车时,要尽量提高列车速度,防止党家庄一接近前后坡停。

⑤注意确认水屯出站进路表示器。

⑥党家庄对通过列车波及影响较大,一接近应及时联控获取党家庄站的运行信息,确定操纵办法。

3. 优化操纵环境建议

①济西—泰山区段是重货列车困难区段,HXD_3(150 t 自重)与 SS_4 机车(184 t 自重)相比黏着牵引力小 15%以上,HXD_3 型机车牵引的重货列车不良天气易发生坡停,建议 HXD_3 型机车

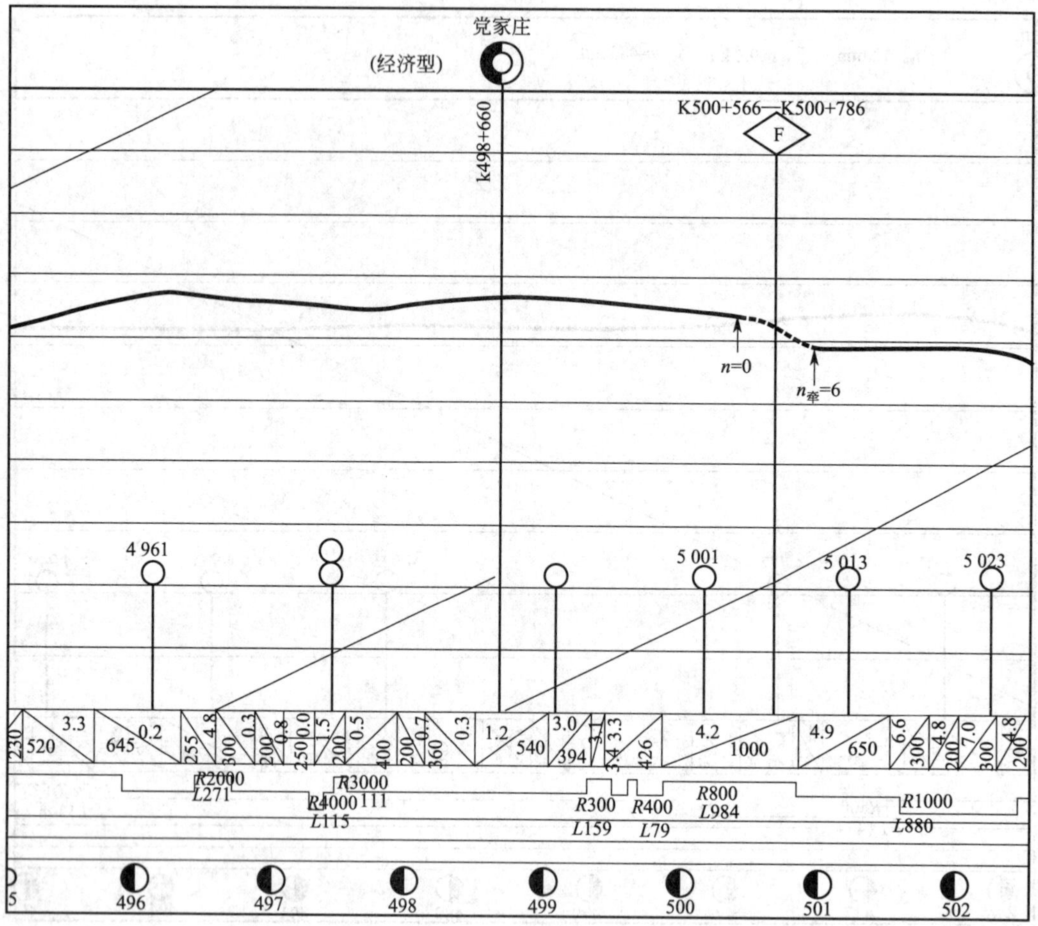

党家庄站：

1. 停车程序(3 股)：

三接近掌握 58 km/h 断电，进站前 800 m，58 km/h 电空配合减压 50 kPa。距进站 300 m，38 km/h 缓空 32 km/h 进站。站内电制控速，距出站 100 m，8 km/h 断电后减压 50 kPa，酌情追加 80 m 处停车。

2. 股道有效长和道岔侧向限速：

1 股 1 153 m；2 股 1 031 m；3 股 1 054 m；4 股 1 050 m；6 股 1 050 m；7 股 1 193 m；8 股 985 m。限速：45 km/h。

3. 过分相提示(困难型)：

①中心坐标：K500+671.03(关节式)。

②禁止双弓标距前方信号机的距离：780 m、合电标距前方信号的距离：414 m。

③重车最低通过速度：18 km/h；空车最低通过速度：21 km/h。

④最短加速距离：1 200 m。

牵引定数不上浮，天气不良等情况 HXD_3 型机车牵引的列车，建议减吨比值要超过 15%。

②加强调度指挥、车机联控，天气不良时要尽量保证重货列车在党家庄站以较高速度通过，以避免前方区间分相区停车和坡停。

③建议启用京沪下行党家庄进站前分相，关闭出站后分相。

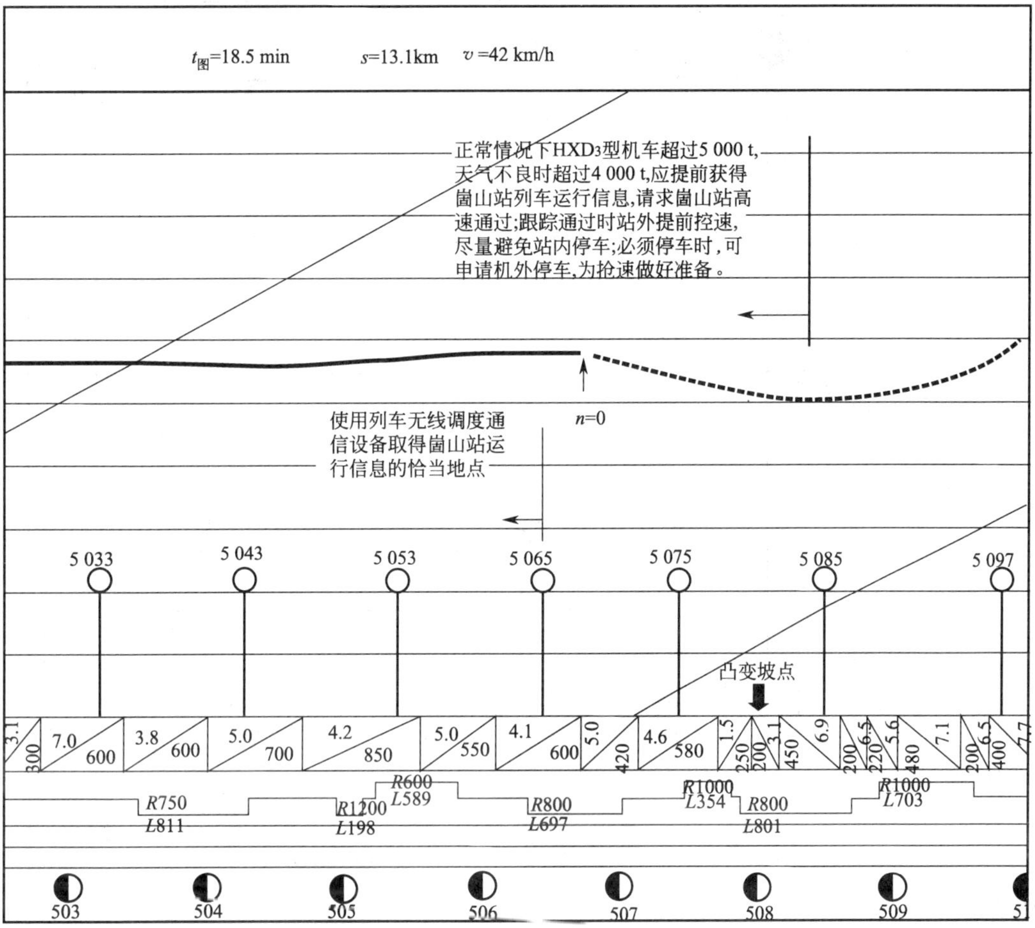

二、党家庄—崮山小区

1. 小区综述

①党家庄出站至 K508 凸变坡点(山口)处平均坡度为近 5‰的困难上坡道。

②天气不良在党家庄起车受前方分相限制,很容易造成运缓、坡停,因此在操纵上应引起高度重视。

2. 优化方法指导

①党家庄开车应采用二段加速法,尽快让出一离区,为过分相提供可靠速度同时减小对跟踪列车的波及强度(天气不良时关闭自动过分相装置,掌握晚断早合原则)。

②党家庄正进侧出进入京沪五线虽为 18 号道岔,因速度高、离心力大,大量重货列车通过,不利于道岔养护和安全,应掌握不超 60 km/h 为宜。

③党家庄跟踪黄灯运行时,在站内附近适当降低手柄抑制速度,保持合适间隔;上坡道跟踪黄灯运行,凸点附近可提前转入惰行,以防止崮山站形成的刚性波及。

④上坡道停车要为起车做好准备,起车不超过三次,不能起动要立即请求救援。

⑤应在恰当时机对崮山站进行车机联控,根据运行限制信息确定操纵方法。当跟踪通过或等信号时,应采用适度保守式操纵(提前转惰行或提前制动减速),避免站内停车,出站信号开放后,充分利用站外的下坡道及站内平道加速。

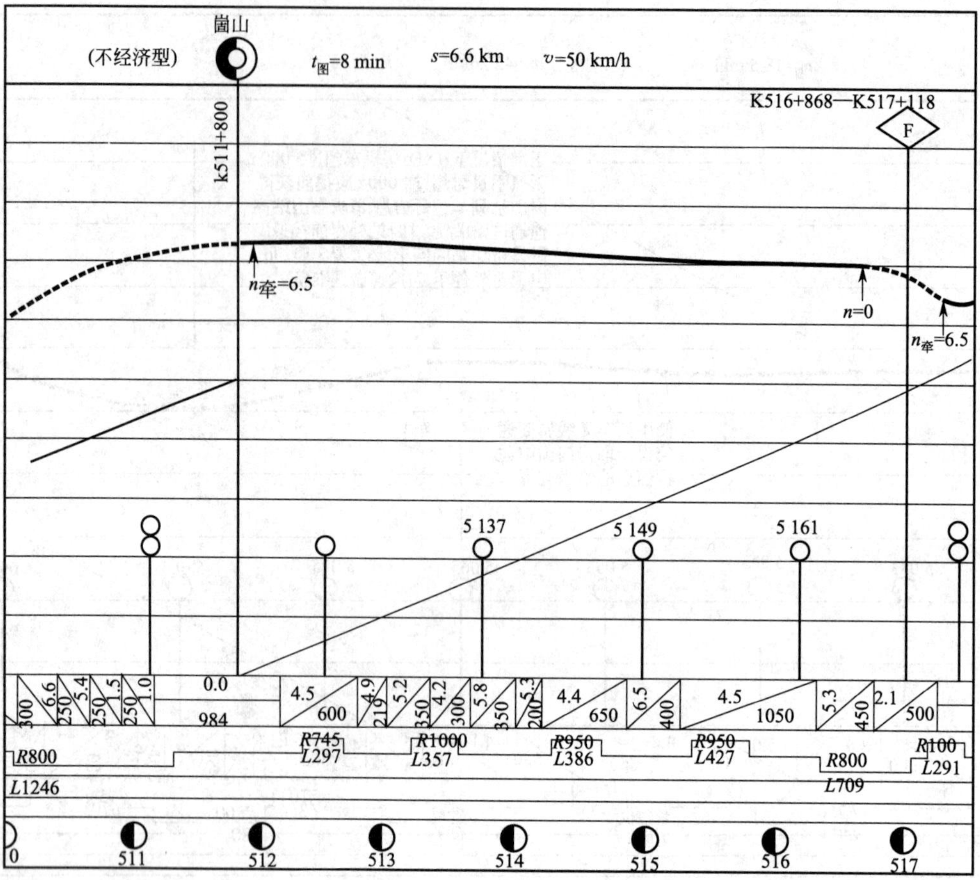

崮山站：

1. 停车程序(3 股)：

二接近电制控速，二接近 58 km/h 电空配合减压 60 kPa，进站前 300 m，35 km/h 缓空，30 km/h 进站，站内电制控速，距出站 100 m，速度 8 km/h 断电后减压 50 kPa，酌情追加减压 80 m 停车。

2. 股道有效长和道岔侧向限速：

1 股 1 091 m；3 股 1 050 m；5 股 1 050 m。限速：45 km/h。

3. 过分相提示(困难型)：

①中心坐标：K517＋005.02（关节式）。

②禁止双弓标距前方信号机的距离：650 m；合电标距前方信号的距离：280 m。

③重车最低通过速度：22 km/h；空车最低通过速度：24 km/h。

④最短加速距离：1 700 m。

---

⑥遇雨雪天气联控崮山为站内停车，重货列车应及时请求机外停车，为动能闯坡创造条件，消灭崮张间的运缓、坡停。

3. 优化操纵环境建议

①不良天气等，由于调度指挥的难度，重货列车不得已要安排在崮山站停车时，如果能安排在机外停车(机外为下坡道)，再开车时就可消灭可能出现的坡停，建议上级能制定这方面的规定。

②尽量避免安排重货列车在崮山站停车，一是该站为不经济站，停车制动耗能大(5 500 t 列车每列耗能约 350 kW·h)；二是前方为特别困难坡道，易坡停；三是起动速度低，影响该区域畅通。

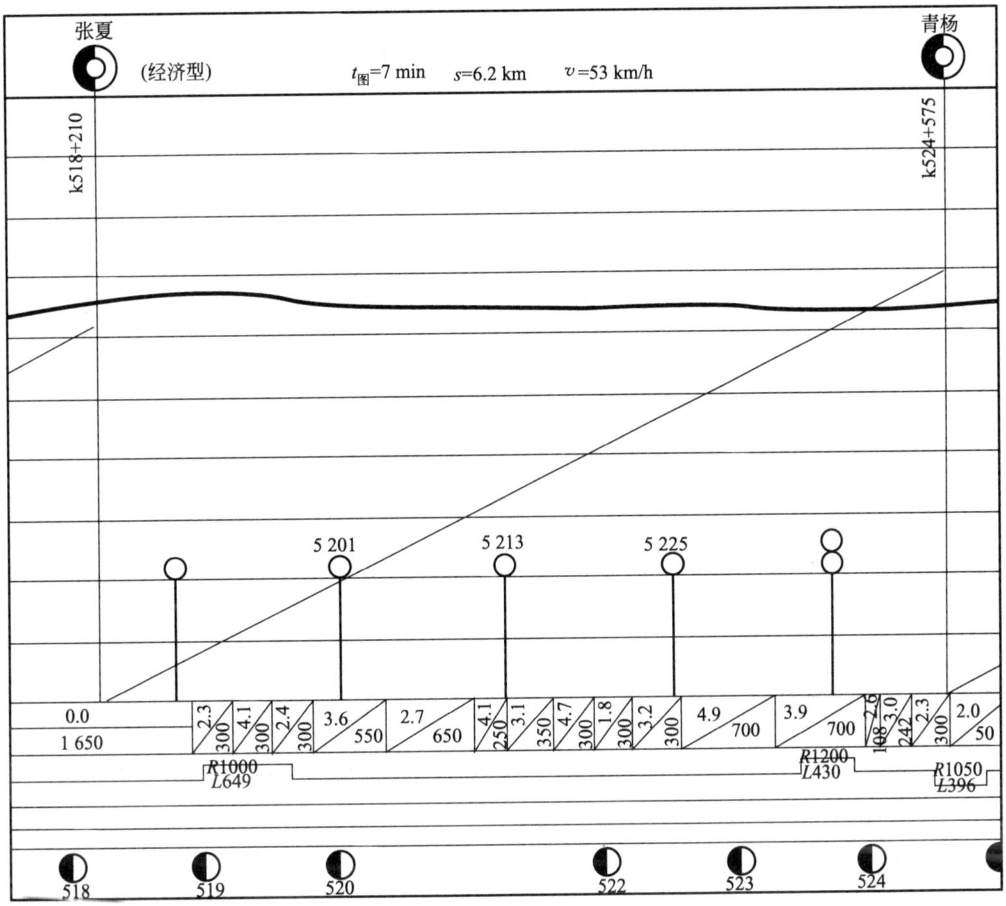

张夏站：

1. 停车程序(3 股)：

三接近 50 km/h 断电，37 km/h 进站。站内电制控速，距出站 120 m，速度 8 km/h 断电后减压 50 kPa，酌情追加减压 80 m 停车。

2. 股道有效长和道岔侧向限速：

1 股 1 114 m；2 股 1 089 m；3 股 1 080 m；4 股 1 089 m；5 股 851 m。限速：45 km/h。

青杨站：

1. 停车程序(3 股)：

三接近 55 km/h 断电，40 km/h 进站，站内电制控速，距出站 120 m，速度 8 km/h 断电后减压 50 kPa，酌情追加减压 80 m 停车。

2. 股道有效长和道岔侧向限速：

1 股 1 082 m；2 股 1 107 m；3 股 1 051 m；4 股 1 088 m；5 股 1 050 m。限速：45 km/h。

3. 过分相提示(困难型)：

①中心坐标：K538＋156.59 (关节式)。

②禁止双弓标距前方信号机的距离：800 m、合电标距前方信号的距离：414 m。

③重车最低通过速度：20 km/h；空车最低通过速度：22 km/h。

④最短加速距离：1 000 m。

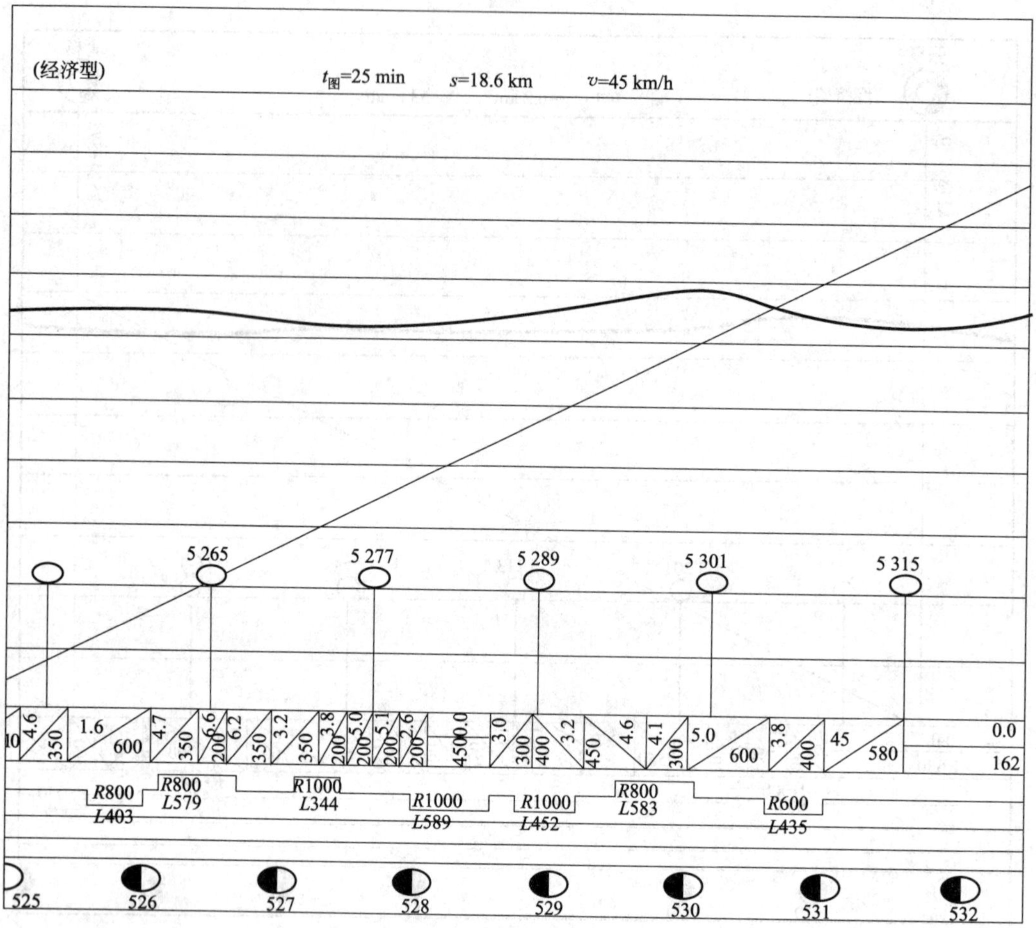

三、崮山—张夏小区

1. 小区综述

该区间为困难上坡道区间，从崮山出站—张夏进站加算坡度平均高达 5‰，并且区间有分相区，该区间是发生运缓坡停频率最高的区间，都是发生在天气不良、客车曲线涂覆作业并且是重货列车在崮山开车或低速通时。因此，尤其是 HXD_3 型机车在停车时砂路畅通检查上、操纵上应引起高度重视。

2. 优化方法指导

①正常天气情况。站内开车对跟踪列车形成较强的刚性波及，故开车时应合理利用机车轴重转移功能，在避免产生空转的情况下采用快起车、快加速操纵法，尽快让出一离区，减轻对跟踪列车的波及强度。

②在不良天气情况下跟踪开车，掌握好列车间隔。因故造成分相区停车后应及时申请越区送电或救援，减少对运输干扰。

③不良天气速度低时过分相，要提前关闭自动过分相装置。

3. 优化操纵环境建议

①天气不良等情况下 HXD_3 超过 4 000 t(正常天气超过 5000 t)、SS_4 超过 5 000 t 时，建议限制崮山站停车，并确保组织较高速度通过(安排机外停车除外)。

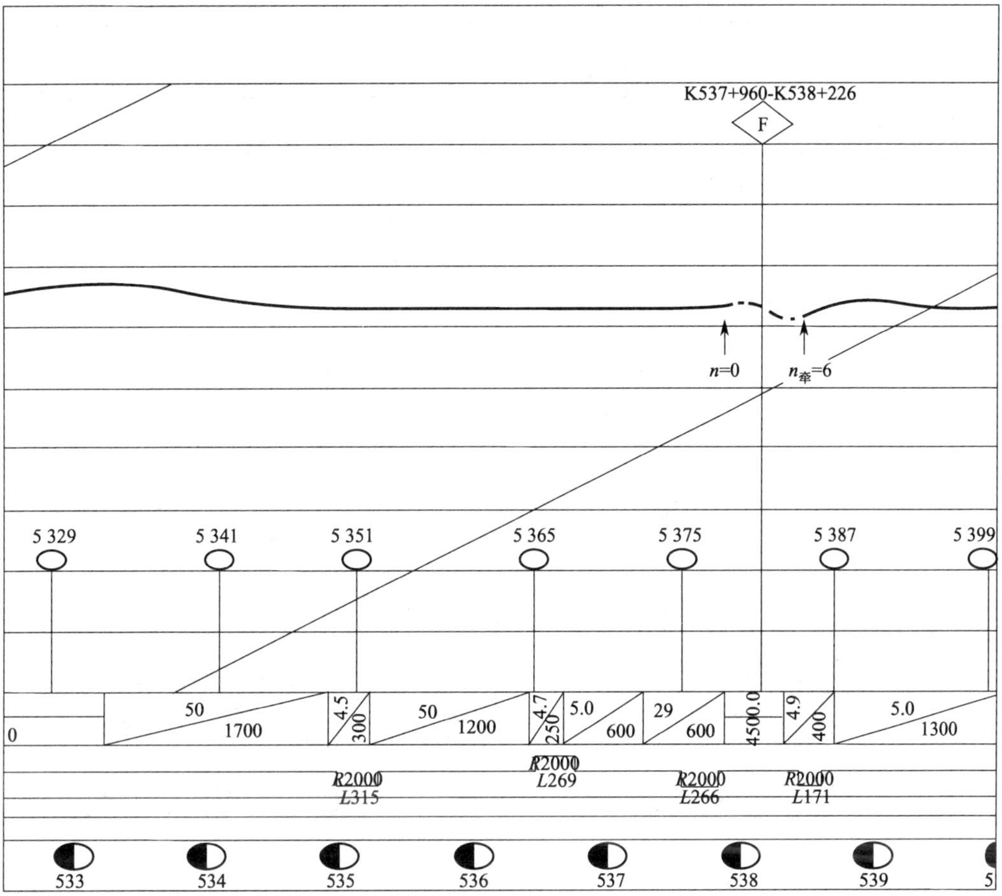

②建议京沪五线由崮山延长至张夏并与张夏三股接轨，取消崮山站，列车在张夏站3股正进侧出，侧向出站道岔设为18号及以上道岔，出站信号具有显示黄闪黄功能。

③治理好工务施工油污和客车曲线涂油。

④建议张夏站机外分相移至张夏出站一离去后。

从崮山出站信号机至张夏进站信号机距离仅为4 879 m，施工难度不大，从长远看，进行此项施工将颇具安全、经济、效率意义。张青间为缓和上坡道区间，在崮—张—青这一区域，若安排货物列车停车，在张夏最合理。为此这项施工，还应考虑增加张夏站下行侧线股道问题。

四、张夏—界首小区

1. 小区综述

张青间为缓和上坡道区间，青界间存在困难上坡道，天气不良易发生运缓、坡停。经青杨站进入京沪五线，青杨站进站逐一确认信号，及时准确输入支线号，防止错、漏输发生。

2. 优化方法指导

①张夏出站后及时获取青杨站运行限制信息，以确定操纵方法。

②正常天气张青间跟踪运行可较为紧凑；天气不良跟踪间隔则应适当拉大，以确保青界间困难坡道上以较高速度运行。

③青界间距离较长，区间为非封闭线路，应加强确认瞭望，避免路外伤亡。

④界首站转入京沪正线，受客车影响，对五线通过列车波及频率高，跟踪列车应保持合适

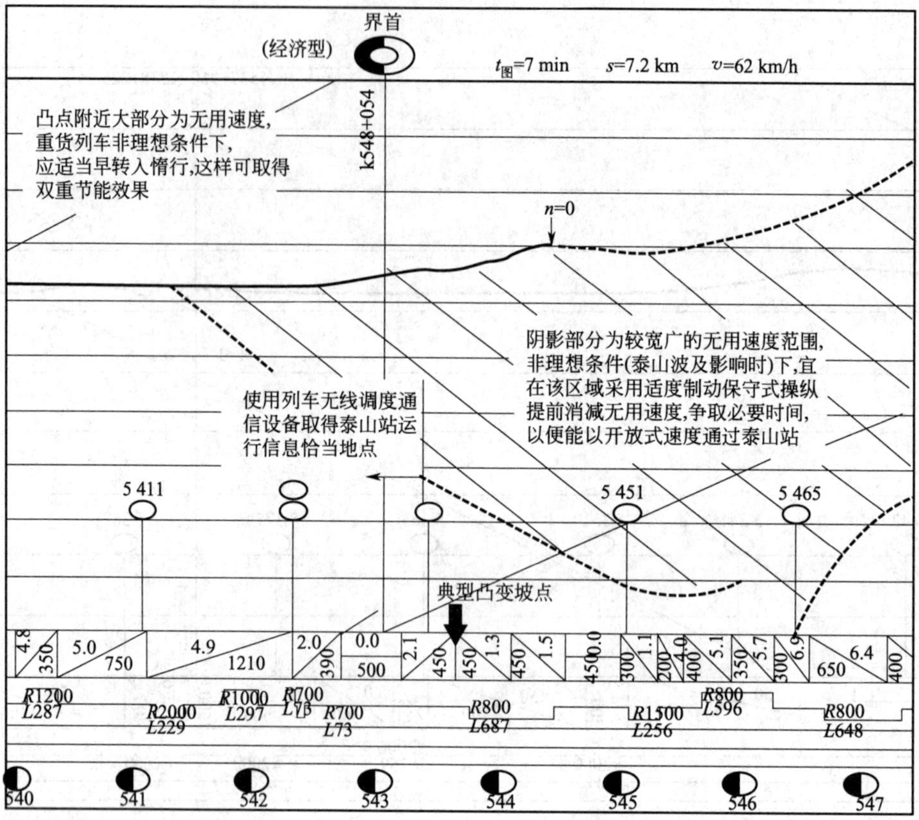

界首站:

1. 停车程序(3 股):

过三接近 50 km/h 断电,38 km/h 进站,站内电制控速,距出站 120 m,8 km/h 断电后减压 50 kPa,酌情追加减压 80 m 停车。

2. 股道有效长和道岔侧向限速:

1 股 1 129 m;2 股 1 133 m;3 股 1 050 m;4 股 1 080 m;6 股 1 080 m。限速:45 km/h。

间隔,防止坡停。

⑤走京沪下行正线时,万德进站前要尽量储足动能,因万德出站后至原皮家店线路所坡度比五线大得多,严防加速晚、预想不够造成坡停,尤其是天气不良时。

⑥界首站线路纵断面为鱼背形,站内停车减压量不宜大,应适当增加机车制动力,防止冲动。

⑦原皮家店线路所至界首间跟踪运行应紧凑,这样可适当降低界首出站转惰行的速度。

⑧不良天气低速运行时,要提前关闭自动过分相装置。

3. 优化操纵环境建议

①天气不良时,尽量避免安排重货列车走京沪下行正线。

②治理好工务施工油污。

五、界首—泰山小区

1. 小区综述

界首站为一典型凸变坡点(重货列车运行前方需制动调速),界—泰间为持续较大的下坡

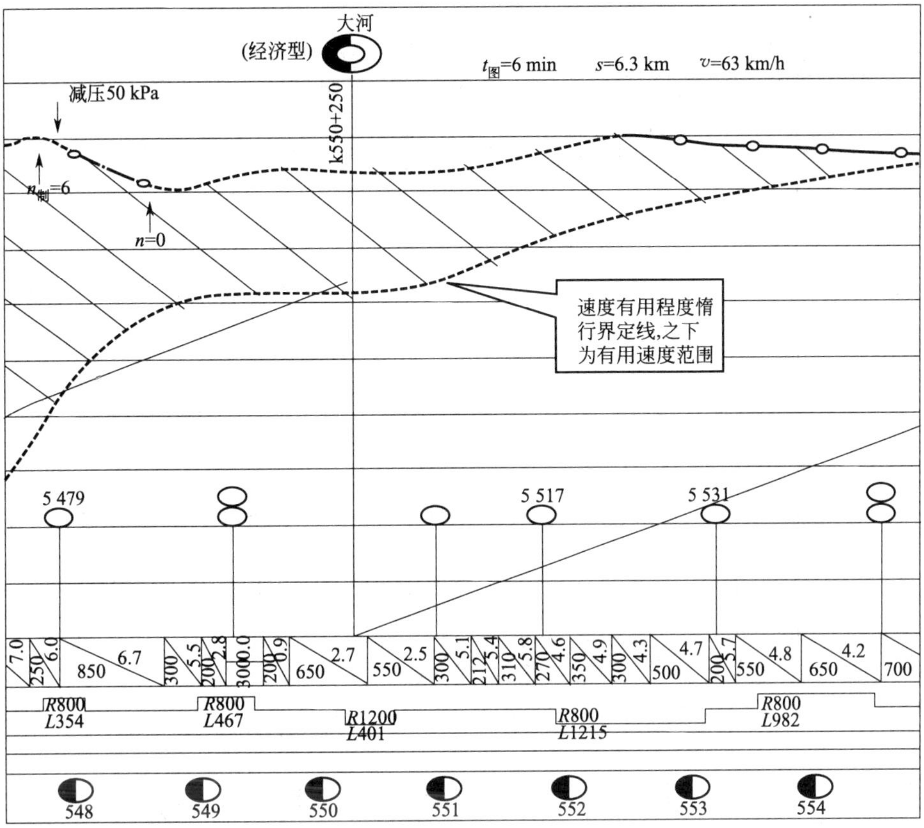

大河站：

1. 停车程序(3 股)：

二接近前电制控速，过三接近 58 km/h 减压 50 kPa，距进站 200 m，35 km/h 缓空，20 km/h 过岔。站内电制控速，距出站 120 m，6 km/h 断电后减压 50 kPa，酌情追加 80 m 处停车。

2. 股道有效长和道岔侧向限速：

1 股 1 080 m；2 股 1 080 m；3 股 1 080 m；4 股 1 080 m。限速：45 km/h。

道，无用动能速度范围较宽广，泰山站有用动能速度范围为 72 km/h 以下，通过列车波及频率高，使之成为典型的巨大有用动能倾注热点站。因此，认真研究界泰间调度指挥、列车操纵方法，显得尤为重要。

2. 优化方法指导

①跟踪货车黄灯出界首站，可适当早转惰行。

②界大间为贯通试验区间，界首出站后应尽早取得大河站列车运行限制信息，以确定贯通试验地点及列车缓解速度。应密切关注排风音响、时间及制动力是否正常，以便早发现折角塞门关闭情况。

③界首待避泰山停车的客车，客车一越过界一离去，货车便跟踪开车时，如果司机采用制动开放式操纵，百分之百要在泰受到刚性波及，并经常对后续列车形成刚性波及，产生连锁效应现象。要解决这一问题，从操纵上看关键是界大间应采用适度保守式操纵，界泰间所拖延必要时间主要应在界大间取得。

④该小区无用动能速度范围较宽广，采用制动保守式操纵时，要参照有用无用动能惰行界

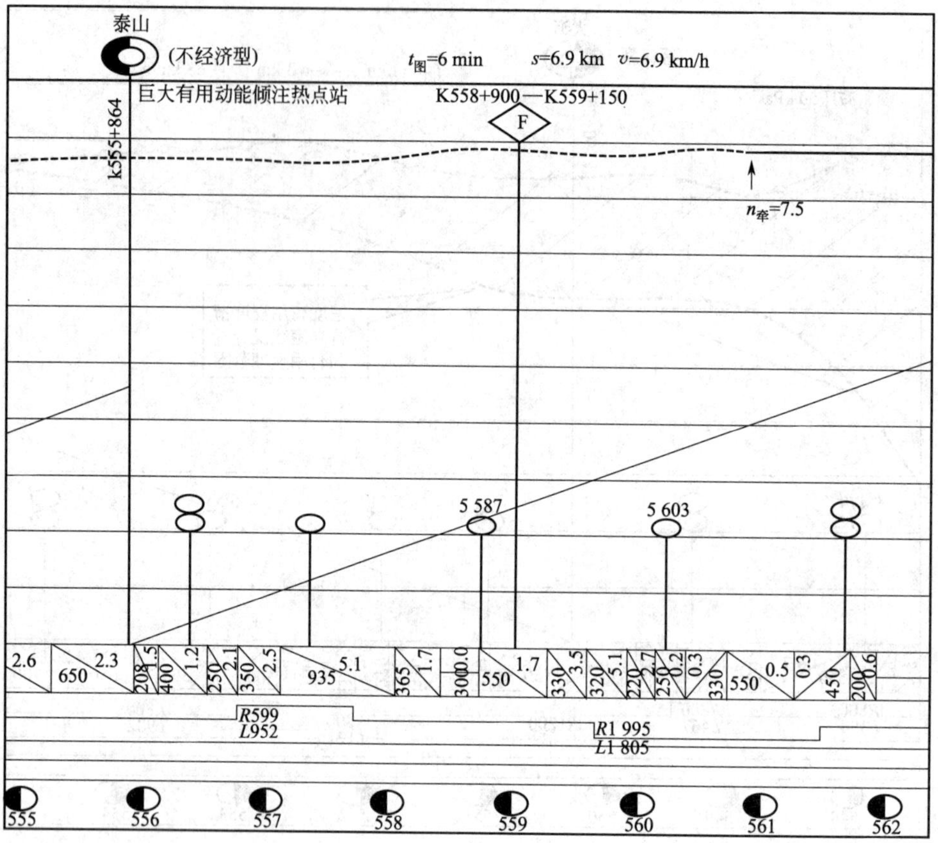

泰山站:

1. 停车程序(3股):

大河出站后电制控速,二接处 72 km/h 减压 50 kPa,过三接近后 40 km/h 缓空,电制控速 28 km/h 过岔。站内电制控速,距出站 120 m,7 km/h 断电后减压 50 kPa,酌情追加 80 m 处停车。

2. 股道有效长和道岔侧向限速:

1 股 1 133 m;2 股 1 080 m;3 股 1 086 m;4 股 1 055 m;5 股 1 087 m;6 股 1 058 m;7 股 1 058 m;8 股 1 054 m;9 股 1 056 m;10 股 1 050 m;12 股 1 050 m;14 股 1 050 m;16 股 1 050 m。限速:30 km/h。

3. 过分相提示(简单型):

①中心坐标:K559+025.00(关节式)。

②禁止双弓标距前方信号机的距离:1 420 m;合电标距前方信号的距离:1 050 m。

③重车最低通过速度:5 km/h;空车最低通过速度:10 km/h。

④最短加速距离:100 m。

定线,掌握好缓解时机;采用制动开放式操纵也应掌握好缓解时机,使通过泰山站的速度不低于70 km/h,减少或避免不必要制动损失,节省列车耗能,确保该区域畅通。

3. 优化操纵环境建议

①尽量不安排重货列车在泰山站停车,以牵引 5 500 t 为例,若停车,每列会造成 390 kW·h 的列车耗能,并且开车时,又容易对跟踪列车形成刚性波及。

②泰山站安排货车开车,选择好合适间隔,尽量减少对通过列车的影响。

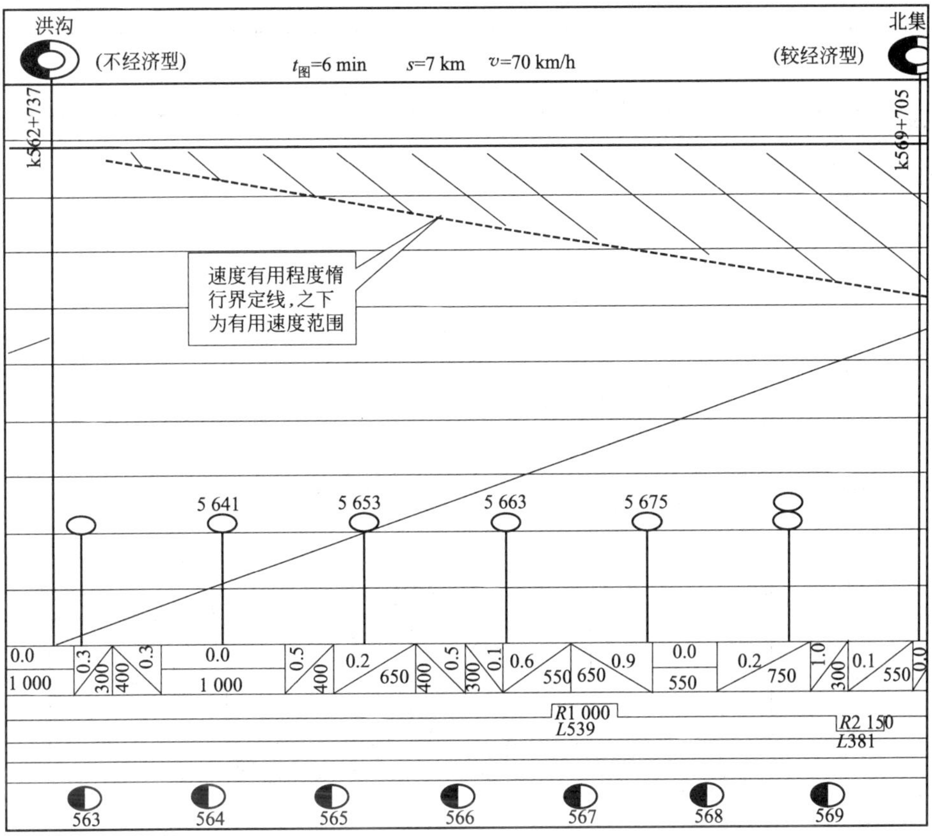

洪沟站:

1. 停车程序(3 股):

泰山出站后控速 60 km/h 过分相,三接近 58 km/h 减压 50 kPa,距进站 400 m,35 km/h 缓空,30 km/h 进站,站内电制控速,距出站 120 m,8 km/h 断电后减压 50 kPa,酌情追加 80 m 处停车。

2. 股道有效长和道岔侧向限速:

1 股 1 050 m;2 股 1 050 m;3 股 1 050 m;4 股 1 050 m。限速:45 km/h。

---

③优化车机联控制度,大河应成为泰山车机联控从属站,将列车运行限制信息和调度要求及早发出。

④尽早制定界首站货车跟踪泰山站停车的旅客列车开车时的优化调度方案,包括以下几点。

a. 界首适当拖开几分钟或告知司机自行掌握,泰山跟踪通过。

b. 预告司机客车在泰山起动时间,起动时再行通知。

c. 旅客列车快起车、快加速,尽快开出二离去。

六、泰山—磁窑小区

1. 小区综述

泰山、洪沟均为不经济型车站,非理想条件下易造成巨大有用动能损失;北极坡一离去过后 K573+500— K573+700 处为一典型凸变坡点(前方需制动调速);磁窑站波及频率高,因而接近汶口站的操纵、调度方式是该小区的一个重点。

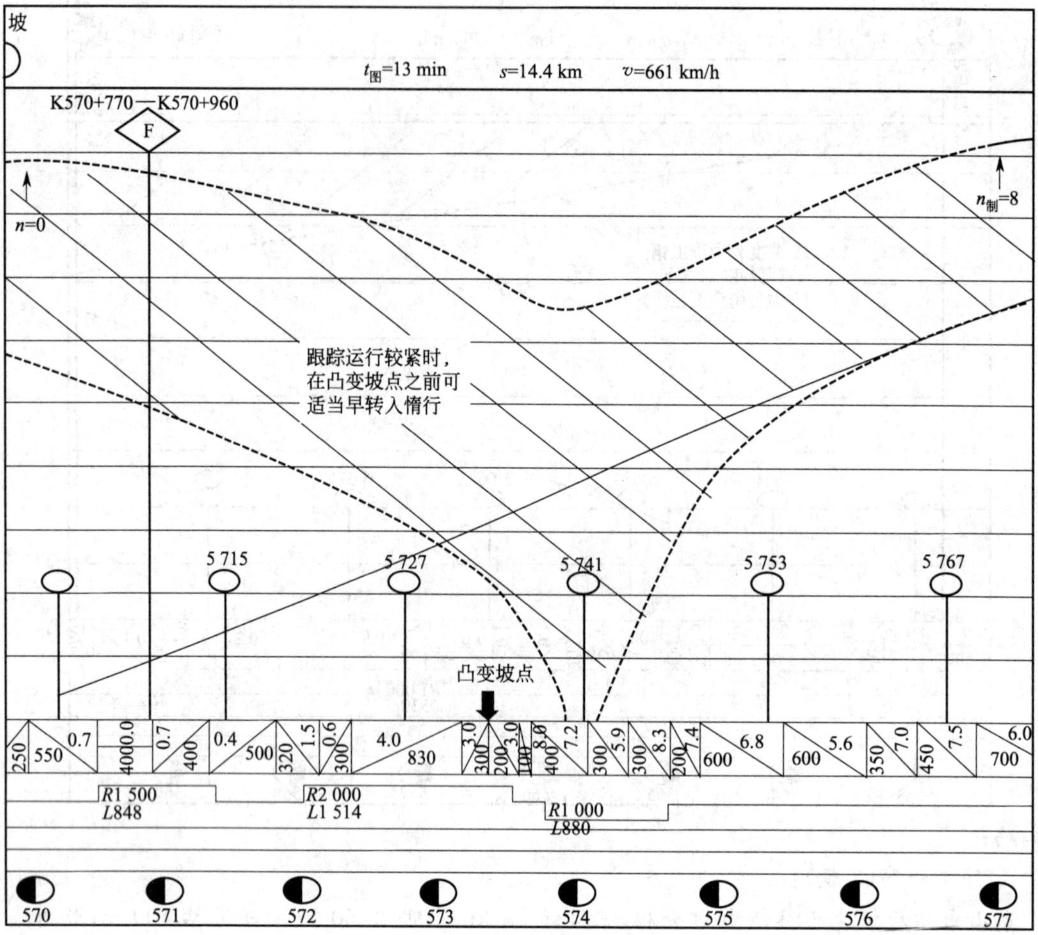

北集坡：

1. 停车程序(3股)：

二接近前电制控速，三接近 58 km/h 减压 50 kPa，距进站 400 m，40 km/h 缓空，33 km/h 进站，站内电制控速，距出站 120 m，8 km/h 断电后减压 50 kPa，酌情追加 80 m 处停车。

2. 股道有效长和道岔侧向限速：

1 股 1 169 m；2 股 1 123 m；3 股 1 112 m；4 股 1 124 m。限速：45 km/h。

3. 过分相提示(一般型)：

①中心坐标：K570＋895.00 (关节式)。

②禁止双弓标距前方信号机的距离：800 m；合电标距前方信号的距离：490 m。

③重车最低通过速度：12 km/h；空车最低通过速度：16 km/h。

④最短加速距离：200 m。

---

2. 优化方法指导

①泰山站受出站后分相影响，站内通过速度不宜过高，理想条件下行车室处惰行速度不超过 72 km/h，至 K559 前后，惰行速度将达最高值。

②泰、洪、北、大开车应快起车、快加速，减轻对跟踪列车的波及强度。

③洪北间跟踪列车运行紧凑或北集坡开车紧紧跟踪黄灯运行时，凸变坡点可早转入惰行；

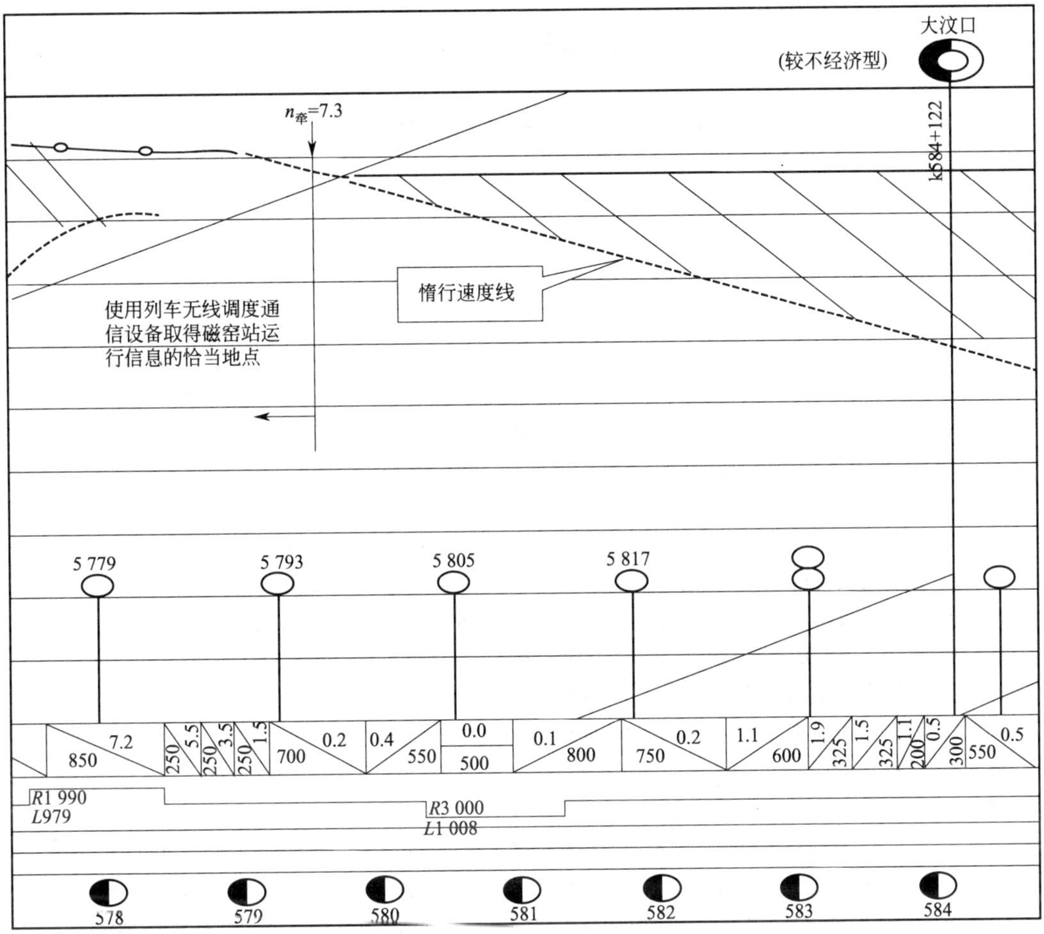

大汶口站:

1. 停车程序(3 股):

二接近前电制控速,三接近 58 km/h 减压 50 kPa,距进站 400 m,42 km/h 缓空,35 km/h 进站,站内电制控速,距出站 120 m,8 km/h 断电后减压 50 kPa,酌情追加 80 m 处停车。

2. 股道有效长和道岔侧向限速:

1 股 1 085 m;2 股 1 212 m;4 股 1 042 m。限速:45 km/h。

调速掌握好缓解时机,确保 K579+300 处达到 78 km/h 的优化速度目标。及时联控汶口,得知通过,再提手柄加速。

④由于磁窑站始发列车及交叉进路,对通过列车的波及频率较高,大汶口出站后及时联控磁窑,机外停车等信号时,受机外分相的限制,应提前调整列车速度,为过分相做好准备。

3. 优化操纵环境建议

①洪、北、汶、磁安排货车开车,选择好合适间隔,尽量减少对通过列车的影响。

②优化车机联控制度,汶口应成为磁窑车机联控从属站,将列车运行限制信息和调度要求及早发出。

参考文献

[1] 中华人民共和国铁道部. TB/T 1407—1998 列车牵引计算规程.

[2] 孙中央. 列车牵引计算实用教程. 北京：中国铁道出版社，2005.

[3] 中华人民共和国铁道部. 机车操作规程. 北京：中国铁道出版社，2000.

[4] 中华人民共和国铁道部. 铁路技术管理规程. 北京：中国铁道出版社，2006.

[5] 黄问盈. 铁道轮轨黏着系数. 铁道机车车辆，2010，(5).

[6] 夏寅荪. ND_5 型内燃机车. 北京：中国铁道出版社，1988.

[7] 韩长虎，刘杰民，徐浩东，宋宇平. HXD_3 型机车模拟淋雨条件下的黏着牵引试验研究[J]. 内燃机车，2012，457(3)：1-5，36.

[8] 罗远谋. 内燃机车经济操纵问题的初步分析. 内燃机车，1984，122(4)：37-43.

[9] B. R. Benjamin. 长大列车的节能操纵. 国外内燃机车，1991，252(6)：32-36.

[10] 张家栋. 关于建立机车经济操纵评判标准的研究. 中国铁路，1997.

[11] 韩长虎，郝建杰. 浅析内燃机车牵引经济操纵问题. 内燃机车，1991，206(4)：32-37.

[12] 韩长虎. 无线列调与内燃机车安全(经济)操纵. 内燃机车，1993，232(6)：6-8.

[13] 韩长虎. 应用开放式和保守式操纵方法的探讨. 内燃机车，1993，236(10)：5-8，41.

[14] 韩长虎. 机车安全经济操纵理论付诸实际的可行性研究. 内燃机车，1994，243(5)：22-26.

[15] 韩长虎，傅文森，王志刚. 列车跟踪运行操纵理性探讨. 内燃机车，1995，261(11)：24-28.

[16] 韩长虎. 内燃机车两种宏观经济操纵方法的构思. 内燃机车，1992，221(7)：17-20.

[17] 韩长虎，史东升. 列车牵引操纵程序的优化设计. 山东铁道，1998，53(3)：27-28，84.

[18] 韩长虎，傅文森. 也谈防止折角塞门关闭问题. 铁道安全，1999，34(1)：55-57.

[19] 王晓军，韩长虎. 重载货运列车在困难上坡道起停优化操纵方法探讨. 内燃机车，1999，304(6)：47-48.

[20] 靳承林，韩长虎. 优化货物列车运行诸问题的现实性思考. 铁道运输与经济，1999，21(11)：4-6.

[21] 韩长虎，靳承林，董学良. 内燃机车牵引运行优化操纵第一论断. 内燃机车，2000，318(8)：20-23.

[22] 韩长虎，史东升. 优化车机联控制度之研究. 山东铁道，2001，66(4)：22-24.

[23] 韩长虎，梁绍敏，王秀华. 列车节能运行两个论断之探讨. 内燃机车，2002，338(4)：16-19.

[24] 韩长虎，郝建杰，徐强. 列车制动耗能一般意义公式及机车优化操纵侧重点问题. 铁道机车车辆，2004，24(2)：47-49.

[25] 史东升，韩长虎. 货物列车运行中突起非常停车的综合判断处理. 山东铁道，2004，76(2)：13-14，26.

[26] 韩长虎，李志伟，王志刚. 机车操纵与基础设施优化. 中国铁路，2005，522(12)：25-28.

[27] 徐强，孙永胜，韩长虎. 列车节能运行第三论断. 内燃机车，2008，410(4)：34-36，39.

[28] 韩长虎，刘杰民，沈泓，汪朋辉. 列车节能运行的优化研究. 中国铁路，2011，588(6)：25-29.

[29] 高军，韩长虎，徐浩东，韩飞. 恒力准恒速电力机车黏着牵引性能研究. 山东铁道，2011，104(2)：14-16，53.